暨南大学港澳研究丛书

暨南大学高水平大学建设专项经费——应用经济与产业转型升级
暨南大学经纬粤港澳经济研究中心
共同资助

转型时期的粤港经济合作

Economic Cooperation between Hong Kong and Guangdong during the Transition Period

钟 韵 主编

暨南大学出版社
JINAN UNIVERSITY PRESS
中国・广州

图书在版编目（CIP）数据

转型时期的粤港经济合作/钟韵主编．—广州：暨南大学出版社，2017.6
（暨南大学港澳研究丛书）
ISBN 978－7－5668－2136－2

Ⅰ．①转…　Ⅱ．①钟…　Ⅲ．①区域经济合作—研究—广东、香港
Ⅳ．①F127.6

中国版本图书馆 CIP 数据核字（2017）第 123247 号

转型时期的粤港经济合作
ZHUANXING SHIQI DE YUEGANG JINGJI HEZUO
主编：钟　韵

出 版 人：徐义雄
责任编辑：曾鑫华　柳　煦
责任校对：刘雨婷
责任印制：汤慧君　周一丹

出版发行：暨南大学出版社（510630）
电　　话：总编室（8620）85221601
营销部（8620）85225284　85228291　85228292（邮购）
传　　真：（8620）85221583（办公室）　85223774（营销部）
网　　址：http://www.jnupress.com　http://press.jnu.edu.cn
排　　版：广州市天河星辰文化发展部照排中心
印　　刷：广州家联印刷有限公司
开　　本：787mm×1092mm　1/16
印　　张：17.5
字　　数：313 千
版　　次：2017 年 6 月第 1 版
印　　次：2017 年 6 月第 1 次
定　　价：45.00 元

前　言

2017 年是香港回归祖国二十周年。二十年来，“一国两制”从理论变成现实，在香港落地生根，保证了香港经济社会的繁荣稳定。本书所谓的转型时期，是指香港经济增长中两个层面的转型：一方面指“二战”后香港所经历的第三次产业结构转型，其核心任务是推进服务业向高增值方向发展；另一方面则是在香港第三次产业结构转型过程中所相伴产生的香港与广东合作模式的转型，即粤港两地从“前店后厂”式的“广东制造业 + 香港服务业”合作模式，转变为目前以服务业为产业合作重点领域的多元合作模式。这两个层面的转型相互作用并相互推动，香港的产业结构转型离不开粤港经贸合作的推动，而产业结构的转型成效与过程亦对粤港经贸合作有着不可忽视的影响。

回顾回归以来香港经济的发展，“粤港合作”无疑已成为香港经济增长的一个动力来源，亦是香港经济增长中各项创新的重要基础。香港特别行政区首任行政长官董建华先生在其首份施政报告中便提出，“要加强香港与邻近省市的经济合作关系，这对香港未来的发展极其重要”。当前，在中央实施“一带一路”战略，并提出打造“粤港澳大湾区城市群”的背景下，探讨转型时期粤港合作推动下香港经济的增长，并展望其未来发展，提出相应的合作建议，对香港探索经济增长新路径，保持长期繁荣稳定，具有重要的现实意义。

作为一所百年侨校，港澳经济研究是暨南大学的研究特色之一。早在 1982 年，暨南大学便设立了专门的港澳经济研究机构，培养了一批从事港澳经济研究的科研人员。本书围绕着转型时期粤港经济合作这一主题，选取了暨南大学经济学院 17 位老师近年来对香港经济的研究成果，从香港的产业结构转型、产业发展，粤港产业合作、合作制度的创新推进、服务贸易自由化的推进，香港经济在新契机下的发展思考，粤港重点合作区的发展等视角，对处于转型时期的粤港经济合作展开了多角度的探讨。

本书的出版得到了暨南大学高水平大学建设专项经费——应用经济与产业转型升级及暨南大学经纬粤港澳经济研究中心的共同资助。我们期望会引起有关人士的讨论，同时也希望听到方家之批评意见。

钟　韵

2017 年 4 月于暨南园

目录
Contents

前　言 …………………………………………………………… 001

第一编　香港经济与产业

香港产业结构第三次转型

——构建“1+3”产业体系 …………………………… 冯邦彦　/ 002

内地对香港直接投资的动因、特征与效应研究 …… 陈　恩　黄桂良　/ 017

香港世界旅游休闲中心竞争力

——综合评价与提升策略 …………………………… 陈章喜　/ 034

对外贸易与香港经济增长

——一个实证分析 ………………………… 刘丽玲　覃成林　/ 049

空间经济学视角下的香港经济转型研究 ………………… 贾善铭　/ 064

第二编　服务贸易自由化

回归以来粤港服务业合作回顾与展望 …………………… 钟　韵　/ 076

在广东自贸区实施负面清单管理与粤港澳服务业深度合作

……………………………………………… 刘德学　赵　灿　/ 096

服务贸易自由化与粤港合作

——CEPA 下粤港先行先试的创新思维 ……………… 封小云 / 112

自由贸易区建设中的经验、误区与对策 ……………… 陈　林 / 128

CEPA、两地贸易与香港经济增长 …………………… 周泳宏 / 143

CEPA 对内地吸引香港 FDI 的影响分析 ………… 张　珺　王肖肖 / 165

第三编　粤港合作

新时期粤港澳经济更紧密合作的基本趋向 ………………… 杨　英 / 182

加快深化粤港创新合作之建言

——《信报》专栏文章六则 ……………………… 左　正 / 190

粤港跨境区域协同创新系统研究 ………………… 谢宝剑　高洁儒 / 209

基于共生网络的内地与香港环境科技创新合作研究

…………………………………………………… 王　鹏　王艳艳 / 232

珠三角湾区城市关系测度及其网络结构特征

——生产性服务业企业选址视角 ……………… 程玉鸿　扈　岩 / 247

香港对澳门经济辐射效应分析 ………………… 赖文凤　王芳芳 / 264

第一编　香港经济与产业

香港产业结构第三次转型

——构建“1+3”产业体系

冯邦彦[1]

第二次世界大战后，香港经济经历了两次产业结构转型。第一次是在20世纪50年代初至70年代，转型的基本方向是“工业化”；第二次是在20世纪70年代后期至90年代中期，转型的基本趋势是“经济服务化”。但是，到20世纪90年代，香港产业结构转型中存在的问题逐渐暴露，包括香港经济的“空心化”，制造业转型升级困难、步伐缓慢；转口贸易开始转向离岸贸易，经济增长动力进一步被削弱。随着经济转型的进程，在多种复杂因素的刺激下，香港地产、楼市、租金大幅飙升，扯动香港股市的大幅上涨，并带动通货膨胀，形成港元资产的急剧膨胀，进而产生整个经济中的“泡沫”成分，进一步推高香港整体的经营成本，严重削弱了香港经济的竞争力。与此同时，还衍生了一系列的社会问题，包括结构性失业以及贫富差距扩大等，不单直接影响整体经济的持续发展，而且成为影响香港社会稳定的重大因素。

一、回归以来香港经济的发展定位与产业政策

1997年香港回归后不久，便受到亚洲金融危机的冲击，香港虽然成功捍卫了联系汇率制度，但面对亚洲外围国家和地区货币的大幅贬值，其整体经济陷入“二战”后最严重的衰退，产业结构升级转型的压力和迫切性大大增加。1997年10月，首任行政长官董建华在他的首份施政报告中表示：“我们认识到，包括工业和服务业在内的低收入生产模式已经不再适应香港的长远发展。一方面，香港由于生活水平高企，和邻近地区相比，早已失去了依靠低工资竞争的条件；另一方面，若试图通过拉低居民收入去维持香港竞争力，这个想法既不实际，也不能保障市民的整体利益。香港工业北移，反映出市场竞争的无形之手，已经向我们指出必须行走的路

① 冯邦彦，暨南大学经济学院特区港澳经济研究所教授，博士生导师，主要研究方向为港澳经济、区域经济、国际金融。E-mail：bangya112008@126. com。

线。无论是工业，还是服务业，只能向高增值发展。”① 董建华明确提出了香港产业结构转型的必要性，实际上揭开了香港产业结构第三次转型的序幕。

1999 年 10 月，董建华在他的第三份施政报告中，进一步明确指出香港未来发展的定位：“我两年来多次讲到政府的长远目标，就是要为香港明确定位。去年，我听取了策略发展委员会的意见后，在施政报告里认定香港将来不但是中国主要的城市，更可成为亚洲首要国际都会，享有类似美洲的纽约和欧洲的伦敦那样的重要地位。”② 为实现香港“世界级大都会”的地位，董建华强调香港与内地尤其是以广东珠江三角洲为核心的华南地区的经济合作。他在施政报告中指出：穗、港、澳、深、珠之间的五万平方公里，必将形成更紧密的区域经济。整个区域的经济实力大大提升，将成为香港进一步富裕繁荣的动力。

2003 年 1 月，董建华发表他连任行政长官后的第一份施政报告。在这份题为“善用香港优势，共同振兴经济”的报告中，董建华在详细分析了香港的优势和不足后明确提出“一个方向”和“四大支柱”的发展思路，即加快香港与广东珠江三角洲地区的经济整合，促进香港经济转型，同时强化金融、物流、旅游和工商业四大支柱产业的发展。董建华指出：“我们的方向和定位十分明确，就是要背靠内地，面向世界，将香港建设成亚洲的国际都会，巩固和发展香港的国际金融、工商业支持服务、信息、物流和旅游中心的地位，运用新知识、新技术，提供高增值服务，推动新的增长。”③

2008 年，由美国次贷危机引发的金融海啸席卷全球，受此冲击，香港经济从 2008 年第二季度起经历了连续四个季度的衰退。面对全球经济危机的冲击，特区政府接纳了 2008 年 10 月成立的香港经济机遇委员会提出的关于发展六项优势产业的建议，这些产业包括：文化及创意产业、检测和认证、环保、创新科技、教育、医疗。④ 第二任行政长官曾荫权在 2009 年 10 月的政府施政报告中指出：“除四大支柱产业外，六项优势产业对经济发展起着关键作用。现时六项优势产业中，私营企业整体上对本地生产总值的直接贡献为 7% ~8% 左右，雇用约 35 万人，占总就业人口约 10%。

---

① 香港特别行政区行政长官董建华施政报告．共创香港新纪元，1997 -10.

② 香港特别行政区行政长官董建华施政报告．培育优秀人才，建设美好家园，1999 -10.

③ 香港特别行政区行政长官董建华施政报告．善用香港优势，共同振兴经济，2003 -01.

④ 香港经济机遇委员会．有关六项优势产业的小组研讨会讨论摘要，文件编号：TFEC - INFO -12，2009 -06 -20.

只要政府在政策上适当扶持，解决业界面临的发展障碍，这六项优势产业会踏上新台阶，推动香港走向知识型经济。"①

2013年1月，第四任行政长官梁振英表示，香港要将产业"做多做阔"："做多"，即发挥优势，增加现有产业的业务量；"做阔"，就是要在现有产业内增加门类，并且开拓新的产业。他宣布将成立高层次、跨部门、跨界别的"经济发展委员会"，以制定全面的产业政策。该委员会将下设"航运业""会展及旅游业""制造、高新科技及文化创意产业"及"专业服务业"等小组，负责向政府提出具体建议。

二、回归以来香港产业结构的演变和发展

香港作为一个小的开放型经济地区，自1997年回归以来，由于受到1997年亚洲金融危机、2001年美国"9·11"事件、2003年"非典"事件、2008年由美国次贷危机引发的全球金融海啸等一连串的外部冲击，以及内部结构性因素的影响，先后于1998年和2009年两次陷入经济衰退。总体而言，回归以来香港经济增长基本上是走过了一个"W型"的发展轨迹。在经济低增长的背景下，香港产业结构的转型调整显得更加迫切。在香港既有资源禀赋的推动和特区政府政策的倡导下，回归以来香港的产业结构展开了第三次转型升级，其基本趋势是服务业进一步迈向高增值方向，并形成了以下几个方面的基本特点：

1. 制造业进一步式微，香港经济演变成全球服务业比重最高的经济体之一

20世纪80年代中期以后，在高经营成本的压力下，香港制造业大规模向广东珠三角地区转移。进入21世纪，制造业承续这种趋势继续萎缩。据统计，制造业增加值从2000年的613.99亿港元逐渐下跌至2013年的301.56亿港元，13年间跌幅超过50%。同期，制造业在香港本地生产总值中所占比重亦从4.8%下降至1.4%。从就业人数方面看，根据新的统计标准，制造业的就业人数从2000年的20.78万人下降至2013年的10.37万人，13年间跌幅亦超过50%（见表1）。这一时期，香港进一步演变成全球服务业比重最高的经济体之一。1997—2013年，服务业占香港本地生产总值的比重从85.2%进一步上升至92.9%。

① 香港特别行政区行政长官曾荫权施政报告．群策创新天，2009-10.

表 1　回归以来香港制造业发展概况

年份	增加值（亿港元）	占 GDP 比重（%）	就业人数（万人）	占总就业人数（公务员除外）比重（%）
2000	613.99	4.8	20.78	9.1
2002	457.73	3.7	16.56	7.3
2004	394.68	3.1	14.73	6.4
2006	396.85	2.7	13.95	5.8
2008	315.05	1.9	13.06	5.3
2009	287.14	1.8	12.49	5.0
2010	304.10	1.7	11.76	4.6
2011	305.78	1.6	11.04	4.2
2012	306.00	1.5	10.53	4.0
2013	301.56	1.4	10.37	3.8

数据来源：香港特别行政区政府统计处 . 2014 年本地生产总值；香港统计年刊（2001—2014 年）.

2. 金融、贸易及物流、专业服务及其他工商业支持服务、旅游四大产业在本地生产总值中所占比重总体呈上升趋势，成为香港服务业的主体

回归以来，金融、贸易及物流、专业服务及其他工商业支持服务、旅游四大产业发展加快，对经济增长和就业的贡献日益加大。从 1998 年至 2013 年，四大产业的增加值从 5 984 亿港元增加到 12 125 亿港元，15 年间增加了 102.62%；占香港本地生产总值的比重从 49.6% 上升至 57.8%，增加了 8.2 百分点。其中，金融业增加值从 1 263 亿港元增加到 3 460 亿港元，增加了 1.74 倍，金融业占 GDP 的比重从 10.5% 上升到 16.5%，增加了 6 百分点；旅游业的增加值从 267 亿港元增加到 1 059 亿港元，增加了 2.97 倍，旅游业占 GDP 的比重从 2.2% 增加到 5.0%，上升了 2.8 百分点（见表 2）。

表 2　四大产业以当时价格计算增加值及在本地生产总值中所占比重

（单位：亿港元；%）

增加值与比重	1998	2003	2005	2007	2009	2011	2012	2013
金融业增加值	1 263	1 540	1 707	3 226	2 599	3 068	3 193	3 460

（续上表）

增加值与比重	1998	2003	2005	2007	2009	2011	2012	2013
金融业占 GDP 的比重	10.5	13.1	12.7	20.1	16.2	16.1	15.9	16.5
银行业占 GDP 的比重	7.6	8.6	8.0	10.8	9.3	9.4	9.7	10.4
保险及其他金融服务占 GDP 的比重	2.9	4.5	4.7	9.3	6.9	6.7	6.2	6.1
贸易及物流增加值	2 854	3 280	3 849	4 089	3 778	4 854	4 954	5 005
贸易及物流占 GDP 的比重	23.7	27.9	28.6	25.5	23.9	25.5	24.6	23.9
贸易占 GDP 的比重	19.5	22.6	23.4	21.0	20.4	22.0	21.3	20.6
物流占 GDP 的比重	4.2	5.3	5.2	4.5	3.5	3.5	3.3	3.3
专业服务及其他工商业支持服务增加值	1 600	1 350	1 422	1 818	2 015	2 359	2 576	2 602
专业服务及其他工商业支持服务占 GDP 的比重	13.3	11.5	10.6	11.4	12.7	12.4	12.8	12.4
专业服务占 GDP 的比重	3.6	3.7	3.7	3.7	4.2	4.6	4.7	4.8
其他工商业支持服务占 GDP 的比重	9.7	7.8	6.7	7.7	8.5	7.8	8.1	7.6
旅游业增加值	267	293	319	540	510	862	946	1 059
旅游业占 GDP 的比重	2.2	2.5	3.2	3.4	3.2	4.5	4.7	5.0
入境旅游占 GDP 的比重	1.6	1.8	2.4	2.6	2.5	3.8	3.9	4.2
外访旅游占 GDP 的比重	0.6	0.7	0.8	0.8	0.7	0.7	0.8	0.8
四大产业增加值	5 984	6 463	7 297	9 674	8 862	11 143	11 668	12 125
四大产业占 GDP 的比重	49.6	54.9	55.1	60.3	56.0	58.6	58.0	57.8

注：四大产业占本地生产总值的百分比是用以基本价格计算的名义本地生产总值来编制的。这与我们常用的以当时市价计算的本地生产总值有少许不同，后者包括产品税。

数据来源：香港特别行政区政府统计处．香港经济的四个主要行业及其他选定行业［J］．香港统计月刊，2015.

就业情况亦反映了同样的趋势。1998 年至 2013 年，四大产业雇佣的就业人数从 135.42 万人增加到 176.42 万人，15 年间增长了 41 万人，增幅达 30.3%；四大产业就业人数占总就业人数的比重从 43.3% 增加到 47.3%，增加了 4 百分点，约占香港就业总人数的半壁江山。其中，旅游业从 9.58 万人增加到 26.97 万人，增加了 1.82 倍，所占比重从 3.1% 增加到 7.2%，增加了 4.1 百分点；专业服务及其他工商业支持服务业从 30.14 万人增加到 49.56 万人，增加了 19.42 万人，所占比重从 9.6% 上升到 13.3%，增加了 3.7 百分点；金融业从 17.52 万人增加到 23.17 万人，增加了 32.2%，所占比重从 5.6% 上升到 6.2%，增加了 0.6 百分点。值得注意的是，同期贸易及物流业的就业人数却从 78.18 万人轻微减少到 76.72 万人，减少了 1.9%，所占比重从 25% 下降到 20.6%，下降了 4.4 百分点，这在一定程度上反映了服务业内部有进一步向高增值领域发展的趋势。

3. 特区政府倡导的六项优势产业有所发展，具有潜力，但仍然未能成为香港服务业增长的引擎

2009—2010 年度特区政府在施政报告中倡导发展六项优势产业，随后，政府统计处于 2011 年起统计六项优势产业的各类数据。根据相关统计，包括文化及创意产业、医疗产业、教育产业、创新科技产业、检测和认证产业、环保产业在内的六项优势产业，其增加值从 2008 年的 1 202.29 亿港元增加到 2013 年的 1 905.63 亿港元，5 年间增长了 58.5%，在香港 GDP 所占比重从 7.6% 上升到 9.1%，上升了 1.5 百分点（见表 3）。从就业人数看，六项优势产业的就业人数从 2008 年的 38.89 万人增加到 2013 年的 45.03 万人，增加了 15.79%，所占比重从 11% 轻微增加到 12.1%。总体而言，六项优势产业具有一定的发展潜力，但由于受到土地、人力资源、政策等方面的限制，仍然未能成为香港服务业增长的引擎。

表 3　六项优势产业增加值及在本地生产总值中所占比重

（单位：亿港元；%）

产业	2008		2010		2011		2012		2013	
	增加值	比重	增加值	比重	增加值	比重	增加值	比重	增加值	比重
文化及创意产业	632.75	4.0	778.63	4.6	895.51	4.7	978.29	4.9	1 060.50	5.1
医疗产业	221.85	1.4	260.40	1.5	274.01	1.4	294.64	1.5	324.46	1.5
教育产业	158.09	1.0	175.42	1.0	199.75	1.1	226.03	1.1	242.15	1.2
创新科技产业	102.83	0.6	117.83	0.7	123.71	0.7	134.22	0.7	147.38	0.7
检测和认证产业	44.99	0.3	51.57	0.3	53.68	0.3	58.27	0.3	60.11	0.3

（续上表）

产业	2008		2010		2011		2012		2013	
	增加值	比重	增加值	比重	增加值	比重	增加值	比重	增加值	比重
环保产业	41.78	0.3	56.03	0.3	65.15	0.3	67.50	0.3	71.03	0.3
六项优势产业合计	1 202.29	7.6	1 439.88	8.4	1 611.81	8.5	1 758.95	8.8	1 905.63	9.1

数据来源：香港特别行政区政府统计处．香港六项优势产业在2010年的情况[J]．香港统计月刊，2012；香港特别行政区政府统计处．香港经济的四个主要行业及其他选定行业［J］．香港统计月刊，2015.

三、第三次转型：迈向全球性国际金融中心

2008年1月，美国《时代周刊》（亚洲版）发表了一篇由该杂志副主编迈克尔·埃利奥特（Michael Elliott）所写的题为“三城记”（*A tale of three cities*）的署名文章。该文章创造了一个新概念——“纽伦港”（Nylonkong），即世界上三个最重要城市——纽约、伦敦、香港的合称。文章强调：在金融全球化时代，香港金融业的重要性正迅速提升，香港有可能成为金融全球化总体格局中的重要一级。

目前，能够真正称之为全球性金融中心的实际上只有纽约和伦敦。一个全球性金融中心必然会以一个巨大的经济体作为后盾，纽约依托的是北美经济体，伦敦依托的是欧盟经济体。在全球24小时运作的金融体系中，纽约和伦敦分别占了一个8小时时区，换言之，剩余的8小时时区（即亚洲区）需要第三个全球性金融中心。而在亚洲特别是东亚的经济体当中，中国内地经济、日本经济和东盟十国经济，分别位居前三位，依托这些经济体的香港、上海、东京、新加坡等城市正在激烈角逐亚太区的全球性金融中心的战略地位。其中，香港具有资金流通自由、金融市场发达、金融服务业高度密集、法制健全和司法独立、商业文明等种种优势，是最有条件发展成为全球性金融中心的，但香港最明显的弱势是经济体积小。

香港要扬长避短，突围而出，最重要的策略就是深化与内地的合作，特别是与深圳、广州联手共同构建以香港为龙头的大珠三角金融中心圈。2009年年初国务院颁布的《珠江三角洲地区改革发展规划纲要（2008—2020年）》就明确提出：要“发展与香港国际金融中心相配套的现代服务业体系”，并且授予广东“在金融改革与创新方面先行先试，建立金融改

革创新综合试验区”的权限。2010 年 4 月粤港两地政府共同签署的《粤港合作框架协议》更首次提出，要“建设以香港金融体系为龙头，以广州、深圳等珠江三角洲城市金融资源和服务为支撑的具有更大空间和更强竞争力的金融合作区域”。《CEPA 补充协议六》规定，允许香港银行在广东省内开设的分行设立“异地支行”。目前已有多家香港银行，包括汇丰、恒生、东亚、永亨等在珠三角地区开设支行。这项规定被认为是 CEPA 先行先试的重大突破。

在金融改革创新综合试验区、CEPA 先行先试以及广东自贸区建设等制度框架下，香港应深化与广东珠三角特别是深圳、广州的金融合作，形成以香港国际金融中心为龙头，深圳和广州为两翼，珠三角地区其他城市为主要支点的大珠三角金融中心圈。在大珠三角金融中心圈内，香港与深圳、广州之间应实现错位发展。根据各自的比较优势，香港应重点发展成内地企业最重要的境外上市和投融资中心，亚太地区特别是大中华地区主要的资产与财富管理中心，全球首要的人民币离岸业务中心、亚洲人民币债券市场；深圳应发展成香港国际金融中心功能的延伸和重要补充，中国首要的创业投资中心和中国的“纳斯达克市场”；广州则应发展成南方金融总部中心和区域性资金结算中心，华南地区银行业务中心、银团贷款中心和金融创新基地，区域性商品期货交易中心和产权交易中心。① 可以说，合作共建大珠三角金融中心圈，将是香港与广东金融业合作发展最重要的策略。

香港金融发展的重点之一，是要成为内地企业首要的境外上市和投融资中心。香港作为亚太区国际金融中心，拥有除日本之外亚洲最大的证券交易所，资本市场规模庞大，市场成熟且规范，有着众多包括国际基金、信托基金、财务机构、专业投资者、投资大众等多元化投资者，参与性极高；特别是由于香港的众多股票分析员对内地了解较深，研究报告在质量和数量上远胜其他市场，大部分在香港上市的公司，上市后都能够再进行股本集资。从法律的角度看，香港更是拥有强大的优势。香港拥有廉洁的政府、健全的法制、简单的税制，还有自由的流动市场制度，对海外与内地的投资者均一视同仁，证券及期货条例、上市规则、收购合并守则等资本市场法规也日趋完善。当然，从长期的眼光看，香港要真正成为内地企业首要的境外上市和投融资中心，在发展策略上还需要加强以下几方面：第一，香港证券监管当局须进一步完善对内地企业的上市监管制度；第

① 冯邦彦．香港：打造全球性金融中心——兼论构建大珠三角金融中心圈［M］．香港：三联书店（香港）有限公司，2012：234－265.

二，积极推动更多经营规范的大中型民营企业和科技型民营企业到香港上市；第三，积极推进香港与深圳证券交易所的合作，乃至合并；第四，进一步完善香港与内地的金融监管，特别是证券监管的合作。

香港金融发展重点之二，是要成为亚太地区首要的国际资产管理中心。从中长期看，在东亚特别是中国内地，作为全球经济增长最快的地区，将吸引大量区外资金到区内投资，资产与财富管理业务的增长潜力庞大。而香港金融市场高度成熟，拥有良好的发展基础，得天独厚，具备成为世界一流资产管理中心的潜质。国家“十二五”规划纲要指出：“支持香港发展成为离岸人民币业务中心和资产管理中心。”资产管理业作为香港金融业未来重点发展的范畴之一，将占有愈来愈大的比重，并且成为巩固香港金融中心地位、增强全球影响力的一个重要支撑环节。因此，香港作为国际金融中心，应该进一步巩固和发展基金管理、私人银行、财富管理以及企业资本性融资、金融衍生产品等方面的高附加值和资本市场业务，发展成为亚太地区（包括香港、台湾、澳门及内地等大中华地区）首要的资产管理中心。目前，在亚太地区，作为国际资产管理中心，香港与新加坡可以说是旗鼓相当。香港要超越新加坡而成为亚太地区首要的资产管理中心，当前需要注意以下发展策略：第一，加强在资产管理方面的软硬件以及监管、人才等方面的建设，使香港金融业发展趋于完备；第二，充分发挥“中国因素”的重要作用，将香港发展成为大中华地区主要的资产管理中心；第三，积极把握伊斯兰金融带来的发展机遇。

香港金融发展重点之三，是要成为全球主要的人民币离岸业务中心、亚洲人民币债券市场。2004 年以来，随着人民币国际化进程的展开，香港作为人民币离岸业务中心的地位逐步凸显。香港背靠大陆、地处东北亚和东南亚的中心位置，传统上与东北亚和东南亚各国有着广泛的经济往来。香港巨大的贸易和投资往来，为发展人民币业务提供了巨大的市场，其境内的人民币规模迅速扩大。不过，香港要真正发展成为全球最重要的人民币离岸业务中心、亚洲人民币债券市场，目前还存在不少问题，突出表现在：人民币资金池的规模仍然总体偏小，人民币资产创造的进程仍然较缓慢，人民币回流机制的建设仍须进一步发展。针对上述问题，当前香港推动人民币离岸业务中心的发展，还需加强以下几方面的工作：第一，巩固和扩大香港与广东跨境贸易人民币结算规模，拓展与贸易结算相关的人民币跨境业务；第二，进一步扩大人民币资金池规模，建立多元化的人民币交易市场，推出多元化的人民币投资产品；第三，进一步拓宽人民币投资渠道，完善和优化人民币回流机制；第四，积极推动深圳前海发展成为人民币国际化的境内桥头堡以及香港的后援基地，支持香港人民币离岸业务中心的发展；第五，处理好香港人民币离岸业务与上海人民币在岸业务之间的协议发展和错位发展。

四、第三次转型：巩固提升三大中心战略地位

1. 巩固、提升香港作为国际贸易中心及物流枢纽的地位

长期以来，香港一直是亚太地区最著名的自由港和贸易转口港。香港的区位条件极佳，背靠经济快速增长的内地，位居亚洲太平洋的要冲，是东北亚和东南亚诸国航运要道的枢纽，拥有全球三大天然良港之一——维多利亚海港及其良好的基础设施。香港是一个信息高度发达的国际大都会，拥有自由开放的市场经济，加上长期实行的低税率简单税制和健全的法律制度，这些都为企业家和商人提供了得天独厚的营商环境。香港的贸易地位长期位居全球前列，目前是全球第九大贸易经济体。香港拥有逾 10 万家贸易公司，汇集了各类采购公司、货运代理商和贸易融资专才，组成了全球规模最庞大、技术最先进的专业队伍，其市场网络已伸延至全球逾 150 个国家和地区。

正是基于这些地理的、历史的、经济的、制度的比较优势，香港在可预见的将来以及未来相当长的时期内，将会继续保持亚太地区著名的国际贸易中心、航运中心、航空中心和物流枢纽的地位，贸易及物流产业将是香港最主要的支柱产业之一。然而，也应该看到，一些不利的因素正在影响香港国际贸易中心的地位，这些因素包括：香港产业的“空心化”；港资企业在广东珠三角地区的制造业正在向外迁移或向越南等东南亚地区转移；香港的转口贸易正向离岸贸易转变；香港本土的贸易、物流成本持续上升等。最典型的例子是，自 2005 年起，香港失去了保持多年的世界吞吐量最大集装箱港的地位，取而代之的是新加坡；2007 年香港进一步被上海超越。目前，香港集装箱港的地位已跌至第三位，居于上海、新加坡之后，而深圳则紧随其后排第四位。随着生产基地的再转移和内地港口的兴起，香港转口港地位的重要性已相对下降。

因此，有必要进一步巩固、提升贸易及物流产业的国际竞争力，进而巩固、提升香港作为国际贸易中心及物流枢纽的战略地位。当前需重视的主要有以下几方面：第一，巩固欧美等传统市场，积极拓展亚洲市场特别是内地市场，发展离岸贸易；第二，巩固和提升香港作为亚太地区航运中心和航空货运中心的战略地位；第三，进一步提升香港作为全球供应链管

理中心和亚洲区域配送中心的战略地位。根据香港贸易发展局的研究，目前香港的货运及仓库服务行业正受到全球多个发展趋势的影响，包括供应链全球化、度身订造服务普及化、产品周期缩短、降低存货和快速回显请求等。面对这些趋势，越来越多的企业认为有必要寻求外界帮助，以优化其供应链管理，因此，第三方及第四方物流服务供货商遂应运而生。① 这种发展趋势正推动着香港贸易商的转型。近年来，随着贸易形势发展的需要，越来越多的贸易公司开始提供若干增值服务，如有的为供货商采购原材料，并提供融资；有的则与多家工厂建立外判关系，并对这些工厂的生产管理，特别是质量控制进行监管。其中更有一部分贸易商提供全球供应链管理服务，包括选择生产商和供货商、融资、产品设计、生产管理，直至出口、销售。其中的典型就是香港的利丰集团。② 特区政府和香港业界应积极推动这一转变，致力于将香港发展成为全球供应链管理中心。

2. 巩固、提升香港作为世界旅游中心的战略地位

香港旅游业是从二十世纪六七十年代起步发展的。凭借着“自由港”及低税制的优势，凭借着风貌多样的名胜景点、郊野景致，尤其是迷人的维多利亚海港景色，再加上购物点和美食，亚太地区中心及其国际交通枢纽地位，完美的酒店设施和优质的服务，高效便捷的航运交通，旅游业的综合意识和教育成就，以及殖民地色彩和中西文化交汇的独特都会文化，香港因而发展成为亚太地区著名的旅游中心，享有“东方之珠”和“购物天堂”的盛誉。

回归以后，由于先后受到 1997 年亚洲金融危机、2001 年美国“9·11”事件以及 2003 年“非典”的影响，香港旅游业一度受到严重冲击。2003 年 7 月 28 日，为了使香港能够早日从“非典”的阴影中走出来，中央政府宣布实施内地居民赴港澳“自由行”政策。在内地居民赴港“自由行”的带动下，旅游业及其相关行业成为香港四大支柱产业之一。旅游业的蓬勃发展不仅促进了餐饮、酒店、交通、零售业的发展，而且还带动了房地产、股市、银行、公用事业等相关行业的发展。根据香港旅游发展局的预测，未来十年，访港旅客人数可能达到 8 000 万至 1 亿人次。因此，在香港第三次产业转型过程中，旅游业将是香港经济中越来越重要的支柱产业之一。不过，当前香港旅游业的发展，仍然存在不少障碍，特别是近年来香港的经营成本大幅上涨，租金、地价高企，直接造成物价的高涨，

---

① 袁淑妍. 香港货运代理业概况 [R]. 香港贸易发展局，2012.

② 冯邦彦. 百年利丰：跨国集团亚洲再出发 [M]. 香港：三联书店（香港）有限公司，2012：216－242.

直接或间接地影响了香港作为“购物天堂”的地位。

根据上述分析，香港旅游业的发展战略和定位，是致力于发展为全球首屈一指的旅游胜地，巩固和提升香港作为世界旅游中心和“购物天堂”的地位。为实现这一战略目标，香港旅游业的发展必须重视以下几个方面的问题：第一，根据香港的战略定位，应从长远规划着眼，发展和加强旅游业的基础设施建设，切实改善香港旅游业发展的基础设施和基本条件。要以政府为主导，有序推动促进香港旅游业长远发展的交通设施、旅游设施，包括大型新兴景点和酒店等的硬件建设，打造一批能引领时尚和满足高端消费需求的旅游项目和活动；切实改善购物环境狭窄、交通拥堵、中低端酒店不足、营商成本高企等根本问题，维护香港“购物天堂”的美誉，从而不断增强香港作为世界级旅游目的地的多元化特色和吸引力。第二，大力发展商务旅游、会展旅游等高端旅游，积极拓展海外市场尤其是长途客源市场，致力发展为世界级的商务和度假旅游目的地。第三，大力整顿旅游市场秩序，规范旅游业的发展，加强对旅游业发展的监管和对外形象宣传。第四，加强粤港澳旅游业的合作与错位发展，共同建设“世界级旅游休闲中心”。

3. 巩固、提升香港作为国际创意产业及科技创新中心的战略地位

其实，早在20世纪90年代，香港社会就有不少有识之士提出要发展科技创新产业，以改变香港经济结构过分依赖地产、金融业的状况。回归后，尤其是亚洲金融危机后，香港经济所受到的重创凸显了产业转型的重要性，加上当时美国以信息科技革命为特征的“新经济”浪潮迅速席卷全球，以知识为本的理念渐成潮流，于是以董建华为首的特区政府改变政策重点，积极推动香港高科技产业的发展，主要措施包括：斥资33亿港元在大埔白石角兴建科学园第一期；向应用基金注资7.5亿港元并设立应用科技研究院；拨款50亿港元设立创新及技术基金等。为推动科技产业发展，香港特区政府于2000年成立创新科技署，专职推动科技创新工作。2002年香港科学园一期正式开幕。

2008年，面对全球金融及经济危机的冲击，以曾荫权为行政长官的特区政府接纳了香港经济机遇委员会提出的关于发展包括教育、医疗、检测和认证、环保、创新科技和文化及创意产业这六项优势产业的建议。这实际上是再次回到董建华时期特区政府关于发展科技创新产业的基本思路上，只不过这次的产业涵盖面更广，包含了科技创新与创意产业。及至2013年梁振英出任行政长官后，更明确表示特区政府决定再次启动创新及科技局的工作，并与各界共同制定香港创新及科技发展的目标和政策。总

体而言，经过20世纪90年代以来的发展，香港的创意及科技创新产业的发展已具备了初步的基础。

因此，在香港第三次产业转型的过程中，创意产业及科技创新无疑将是香港经济发展不可或缺的重要一环。香港要成功发展成国际性的创意产业及科技创新中心，其基本策略有以下几个方面：第一，以六项优势产业为基础，制定明确的、倾斜性的产业政策，重点发展文化及创意、创新科技、检测和认证、环保等具发展潜力的新兴产业，积极推动这些产业在CEPA“先行先试”的框架下与广东珠三角地区的合作发展。第二，提升香港科技创新产业政策制定的级别和权威，加强统筹规划，以香港科技园公司为核心，重整香港创意及科技创新的发展平台和基础设施。第三，加强粤港科技合作，建立粤港两地科技创新合作的统筹协调机制和平台，制订长远的区域性发展计划，构建“香港—珠三角科技创新湾区”。

五、构建“1+3”产业体系的政策前提

1997年香港回归以来，特别是经历了1997年亚洲金融危机及2008年全球金融海啸的两次冲击，香港原有的经济发展模式和产业结构的缺陷已充分暴露，第三次产业结构转型已不可避免，实际上亦已启动。根据香港的资源禀赋和比较优势，香港第三次产业结构转型的趋势，是迈向全球性金融中心，同时巩固和提升其作为国际贸易及物流中心、国际旅游中心和国际创新中心的战略地位，构建“1+3”的产业体系，从而继续保持和提高其在国际经济中的竞争力。

回顾过去半个世纪，面对风云变幻的世界经济形势，香港凭借自己特有的优势，成功地进行了两次产业结构转型，推动了经济的持续发展，跻身世界先进经济体系之列，并从中演变出一套极富弹性和灵活性的经济制度和经济发展模式，积累了丰富的经验，在国际经济中确立了其独特的角色和地位。应该说，香港有条件也有优势成功实现产业结构的第三次转型，从而建立起其作为“亚洲的纽约”或“亚洲的伦敦”的世界大都会地位。

然而，必须指出的是，香港在未来的发展道路上实际上存在不少值得忧虑的深层次问题，香港在过去数十年间的一些促使成功的因素似乎正在消失。根据我们的研究，香港要成功实现第三次产业结构转型，其政策前提是：

1. 维持香港政治、经济、社会的繁荣稳定，进一步改善投资营商环境

回归之前，特别是进入过渡时期之前，香港是一个高度经济化的城市，这是它经济成功发展的奥秘之一。然而，回归以后，在中美两大国全球角力的大背景以及在本土政党政治迅速崛起的影响下，香港正快速发展成为一个高度政治化的地区。2003 年 7 月 1 日由亚洲金融危机、通缩、“非典”及基本法 23 条立法等一系列事件触发的 50 万人上街游行就是这一转变的标志。2013 年，香港特区政府宣布启动为期五个月的 2017 年普选行政长官的政改咨询工作。这一年，香港还爆发了“二战”之后历时最久的工人运动。种种迹象显示，香港正成为各种矛盾交织的焦点。政治、经济、社会的种种不稳定性、不确定性，直接影响了香港特区政府的施政及其效率，影响了香港的投资营商环境，影响了投资者的投资意欲。在这种背景下，特区政府连制定照顾弱势群体的政策都受到立法会“拉布”的阻碍，更遑论制定有远见的、能强力推动经济转型的长远战略、政策。因此，在“一国两制”的框架下如何有效维持香港政治、经济、社会的繁荣稳定，进一步改善香港的投资营商环境，是第三次产业成功转型的重要政策前提。

2. 特区政府和香港社会转变“积极不干预”的思维方式，制定和实施“适度有为”的产业政策，积极推动经济转型

长期以来，香港政府实行的是“积极不干预”政策。20 世纪 70 年代，港英政府时期的财政司司长夏鼎基最早提出了这一政策。已故诺贝尔经济学奖得主弗里德曼曾将香港的经验视为“良好经济政策的持久样板”。不过，“积极不干预”的前提是市场结构的高度竞争性，市场价格能够发挥自动调节社会资源的作用。然而，时移世易，今天“积极不干预”的基础已发生改变。香港回归后，特区政府在面对金融风暴的冲击时，已加强了对经济的干预，典型例子是大规模入市干预。而在 2008 年、2009 年的全球金融风暴中，欧美等号称“自由经济”的实体，它们政府的出手力度比香港更强。目前，全球的经济大环境正在发生着极大的变化，各种高新技术、产业、观念等都在冲击着全球经济，特区政府如果仍然抱着过去那套思维方式，无为而治，则必将落伍。以金融业为例，长期以来，香港金融市场实行的是拿来主义，金融变革与创新大体是效仿纽约与伦敦的成功实践。这种做法在香港只是一个区域性国际金融中心时，风险小，成效大。但是，香港倘若要发展成为全球性金融中心，则必须克服过去这些拿来主义的思维定式。特区政府和香港社会要真正有所作为，借鉴新加坡的经

验，制订金融发展的长远战略规划，实施“适度有为”的产业发展政策，积极推动经济转型。

3. 深化与内地特别是广东珠江三角洲地区的经济融合，重建香港在国际经济中的战略优势

在过去相当长的时期内，香港得益于内地的封闭，其与内地相联系又相区别的特点，使得它成功担当起国际经济与内地的中介角色。然而，在中国加入 WTO 之后，香港面对的是一个全方位开放的内地，传统的优势已无可避免地消失。值得重视的是，随着长江三角洲地区的迅速崛起，上海在全国经济中的中心地位凸显，对香港的地位构成压力；而广东经济特别是广州经济实力上升，亦使香港在华南地区的“龙头”城市地位受到质疑。

香港回归祖国后，其与内地的关系构建在“一国两制”的框架下，香港与内地是不同的独立关税区，两者之间的经贸交往受到“边界”的限制，这是全球任何一个商业大都会都没有的特例。在经济全球化、区域经济一体化的时代，这制约了香港的发展。为突破这一限制，2003 年香港与内地签署 CEPA 协议，其后中央政府又在广东实行 CEPA“先行先试”政策。从香港的角度看，香港要发展成全球性国际金融中心，其中的关键，是要打通香港与内地特别是广东珠三角地区之间的金融经脉，构建大珠三角金融中心圈。因此，香港特区政府的重要政策之一，就是深化与内地特别是广东珠江三角洲地区的经济融合、金融联系，重建香港对内地尤其是广东珠三角地区的战略优势，从而重建其在国际经济中的战略优势。

当然，从当前香港的现实情况来看，香港要成功实施上述政策，存在不少困难。正因为如此，不少论者认为，香港经济的最高峰已经过去，未来的发展很可能会走下坡路，问题只是走得快还是慢。这种观点并非没有理由，因此值得引起高度重视。在亚太地区的竞争格局中，香港将面对新加坡、上海甚至广州、深圳的挑战，应对不当，香港从灿烂归于平淡并非没有可能。因此，可以这样判断：香港产业结构的第三次转型，前途是乐观的，但道路却是曲折的，或者说任重道远，甚至可以说充满不确定性。

（本文原载于《港澳研究》2015 年第 4 期）

内地对香港直接投资的动因、特征与效应研究

陈　恩[①]　黄桂良

一、引言

对外直接投资是一个国家或地区融入国际经贸体系的重要途径。改革开放以来，随着我国综合国力的持续增强、对外开放水平的不断提升，我国内地对外直接投资呈现迅速增长的态势。2013 年，内地对外直接投资流量为 901.7 亿美元，比 1984 年增长 671.9 倍，年均增长 24.2%，增速高于全球平均水平 12.3 百分点；占全球对外直接投资流量规模的比重为 6.1%，比 1984 年提高 5.8 百分点。[②] 目前，内地对外投资规模在发展中国家和新兴经济体中居首位，在世界各个国家和地区中位居第三，仅次于美国和日本。

我国内地对外投资规模的迅速扩大以及我国在全球地位的不断上升，引起理论界和实务界的广泛关注，成为国内外学术界研究的重点领域。目前，国内外学者在这一问题上的研究主要集中于内地对外投资的动因、区位、效应等方面。在动因的研究方面，Cai（1999）、刘阳春（2008）等学者运用国际生产折衷理论、垄断优势理论来探讨我国企业对外直接投资的动因，认为中国企业对外投资的动因既包括应对国际竞争压力、适应全球发展战略等外部因素，还包括开拓海外市场、寻求战略资源、学习先进技术等内部因素。在区位的研究方面，程惠芳等（2004）、Buckley 等（2007）、李猛（2011）等学者从东道国经济特征的角度来探讨我国企业对外投资的区位选择，认为东道国的距离、市场规模、资源禀赋、贸易联系等因素对吸引我国直接投资具有正向作用；Kolstad 和 Wiig（2009）、王建（2011）等学者则从东道国的制度层面来考察我国企业对外投资的区位选

① 陈恩，经济学博士，暨南大学广东产业发展与粤港澳台区域合作研究中心常务副主任，经纬粤港澳经济研究中心主任，经济学院特区港澳经济研究所、台湾经济研究所教授、博士生导师，长期从事港澳台问题研究。E-mail：tchenen@163.com。

② 数据来源：根据 UNCTAD Handbook of Statistics On-line（2012）相关数据计算而得。

择，认为东道国政治稳定、市场经济发展等制度环境也是影响我国企业对外投资区位选择的重要因素。在效应的研究方面，已有文献主要从贸易、技术、就业、产业等角度研究对外直接投资对我国产生的经济效应。项本武（2007）、刘明霞（2010）等学者的研究发现，我国对外直接投资的发展对出口贸易、全要素生产率、经济增长等方面产生了显著的促进效应。

作为内地联系国际市场的主要桥梁，香港是内地企业“走出去”的重要平台和最主要的投资目的地。截至2013年年末，内地对香港非金融类直接投资金额累计为3 619.5亿美元，占全部非金融类对外直接投资总额的比重为68.9%。为此，研究内地对香港直接投资的动机、进入模式、布局特征等问题，对于总结内地对外直接投资的发展规律具有重要意义。然而，受到资料难以收集、数据统计不完整等因素的影响，目前学术界关于内地对香港直接投资的研究成果不多，探讨也不够深入。鉴于此，本文将基于20世纪90年代以来的数据，深入分析内地对香港投资的背景与动因，总结内地对香港投资的演进历程与布局特征，并运用计量方法实证分析内地对香港投资的经济效应，在此基础上提出扩大内地对香港投资对策的建议，以期为我国制定对外直接投资战略提供参考依据。

二、内地对香港直接投资的背景与动因

（一）内地综合经济实力持续增强，成为仅次于美国的全球第二大经济体

根据国际生产折衷理论，一国对外直接投资的规模与其经济发展水平密切相关，对外投资净额随着经济发展水平的提高而逐渐增大。改革开放以来，我国内地经济社会迈上快速发展的轨道，经济总量加速扩张，综合实力不断增强。1978年，内地GDP只有2 141.6亿美元，在世界排名第15位；人均GDP仅227.7美元，仅相当于全球平均水平的1/10，居世界倒数第二位。2010年，内地GDP增长至5.9万亿美元，跃居世界第二位，仅次于美国；人均GDP达到4 514.9美元，接近全球平均水平的一半（48.8%），在世界排名第93位。2013年，内地GDP达9.2万亿美元，是1978年的42.9倍，年均增长率达10.8%，超过全球平均水平4.9百分点，是全球经济增长最快的经济体；人均GDP达6 747美元，是1978年的29.6倍，占全球平均水平的比例为64.3%，比1978年提高53.8百分点。经济实力的不断增强，为内地在香港投资提供了有利的经济条件。

（二）内地与香港具有紧密的地理、人文与历史联系

从地理联系来看，香港处于中国大陆的东南端，位于珠江口东侧，北部与内地的广东陆路相连、水陆相通，距离广东省省会广州仅150公里，与内地可通过铁路、公路、水路、航空等多种交通方式相互往来。从人缘联系来看，内地有大批居民迁徙到香港，参与香港的开埠和建设，这些迁移到香港地区的居民与内地同胞长期保持着密切的亲缘关系和民间往来。目前，在香港的人口构成中，华人占94%，有1/3左右的人口出生于内地。从文化联系来看，广东与香港同属岭南文化体系，文脉相连，语言相通，习俗相近。目前，约90%的香港人以粤语为惯用语言。由此可见，内地与香港具有地缘近、血缘亲、文缘深的天然优势，这为内地企业在香港开展直接投资提供了有利的历史条件。

（三）内地与香港形成一体化的经贸合作关系

早在明清时期，香港就是我国重要的外贸港口，是当时内地对外贸易的重要桥梁。内地改革开放以来，有效承接了香港的产业转移，与香港形成“前店后厂”的合作模式，推动两地形成相互依存、互补互利、休戚相关的经贸合作格局。从内地的角度来看，2013年，内地与香港的进出口额为4 010.1亿美元，占内地进出口总额的9.6%。目前，香港已成为内地第四大贸易伙伴、第三大出口市场和最大的转口贸易平台。从香港的角度来看，2013年，香港与内地进出口贸易金额为38 913.8亿港元，占香港进出口贸易总额的51.1%。其中，与内地的转口贸易为19 244.6亿港元，占香港转口贸易总额的54.9%。目前，内地已成为香港最大的贸易伙伴，贸易量稳居香港出口目的地和进口来源地的首位。紧密的经贸关系，为内地对香港投资奠定了坚实的经济基础。

（四）服务香港社会、稳定香港经济的社会政治动因

政治因素是二十世纪八九十年代内地对香港投资的一个特殊动因。香港主权回归前后的一段过渡期内，受中英双方出现政制争拗、国际反华势力“兴风作浪”等因素的影响，部分港人对香港经济社会发展前途的信心不足，曾一度出现“移民潮”。为确保香港平稳过渡和顺利回归，中央政府借助香港中资企业的力量，通过收购香港当地的破产企业、参与香港重大基础设施建设等方式，加大对香港的直接投资，以增强香港民众对香港经济社会发展的信心。例如，1984年中银香港、华润集团、招商局共同出

资4.7亿港元收购面临倒闭的香港最大的电子公司Conic Investment，使数万名员工免于失业；中国国际信托投资公司于1985年以3.5亿港元收购濒临破产的嘉华银行，随后于1990年又以100亿港元收购了香港电讯有限公司20%的股份；1986年，招商局收购了破产的上市银行——友联银行（Union Bank）。

（五）利用香港作为国际金融、贸易和航运中心的优势，服务内地的生产制造业

二十世纪八九十年代，香港成功实现了产业转型，建立了以金融、贸易、物流为主体的服务型经济体系，逐步成为著名的国际金融、贸易和航运中心。1981—2012年，香港服务业增加值由1 112亿港元迅速上升至18 725亿港元，服务业占GDP的比重由67.5%提高至91.9%，服务业出口额由218亿港元增长至7 640亿港元。在此背景下，内地企业投资香港的一个重要动因在于利用香港高度发达的服务业体系，促进香港服务业优势与自身生产制造业优势的有机结合，以增强生产制造业的国际竞争力。具体的实现途径包括：第一，在香港金融市场上开展资本运作活动，获取香港以及海外优质的生产要素，进一步增强企业在国际市场的生产经营优势。例如，2003年8月，京东方（BOE）收购香港上市公司冠捷科技26.36%的股份，以取得其光电技术。第二，在香港开展投资，依托香港发达的商贸体系建立海外经营网络，实现境内外营销市场的有效结合。例如，1996年TCL集团兼并香港陆氏公司彩电项目，利用香港的平台搭建了海外经营网络。第三，在香港建立起与海外营销相配套的运输、仓储等中介服务体系，以降低交易成本，促进贸易活动。例如，华润集团、招商局等企业先后在香港投资集装箱码头、空运、仓储等与贸易有关的中介服务行业。

（六）利用香港“自由港”和低税率的优势，以香港为中介开展国际化经营

与国际对外投资动因的一般规律相符，开展国际化经营、拓展海外市场是内地企业对香港投资的重要动机之一。香港经济体系国际化、市场化程度高，是内地企业走向海外的最优运营平台。在经济制度方面，香港特区政府长期以来实施“积极不干预”政策，建立了高度自由化的经济管理体制，对外来投资的限制少。根据美国传统基金会2013年1月公布的《经济自由度指数》报告，香港连续19年被评为全球最自由的经济体。在营商环境方面，香港特区政府廉洁高效，法制透明，税制简单、税种少、税率低，基础设施完善，资讯流通便利，具有良好的投资营商环境。在区位关联方面，香港作为世界投资中心，与国际市场联系紧密，市场规则、运作模式与世界接轨，是内地企业“借船出海”的理想之地。由于香港具有以上得天独厚的优势，内地企业纷纷以香港为平台实施“走出去”战略。商务部统计显示，内地对外直接投资中有65%通过香港投向世界各地。

三、内地对香港直接投资的布局特征

由于具有紧密的地理、人文和经贸联系，内地对香港的投资具有悠久的历史。早在晚清和民国初年，一些官办机构开始在香港设立分支机构，当时招商局、商务印书馆等在香港先后成立。自1949年新中国成立以来，内地对香港投资迅速发展起来，其历史演进大致可分为四个阶段：第一阶段是贸易服务型投资阶段（1949—1978年）。这一时期，内地主要在香港设立贸易企业，拓展对外经贸往来，进口一些必需的生产资料、生活资料和战略物资，以打破西方国家的经济封锁。第二阶段是扩大开放型投资阶段（1979—1996年）。这一时期，内地实施“改革开放”战略，在香港设立了一批“窗口”企业，大力引进境外资本、技术、设备、战略性资源等生产要素，密切与海外的经济往来，以支持内地经济建设。第三阶段是政策稳定型投资阶段（1997—2003年）。这一时期，香港由于先后遭受亚洲金融风暴、“非典”等的冲击，经济一度跌落低谷，出现国际资本撤离的现象。为此，内地加大对香港社会民生、基础设施等领域的投资，填补外资撤离的空缺，以维护香港经济社会的繁荣稳定。第四阶段是中介平台型投资阶段（2004年至今）。这一时期，随着CEPA及其补充协议逐步减少内地与香港在经贸往来中的体制性障碍，内地进一步加大对香港的投资，依托香港作为国际金融、贸易中心的地位以及“自由港”的制度优势，以香港为“跳板”积极开拓国际市场。概括说来，目前内地在香港的投资呈现以下布局特征。

（一）香港是内地对外投资最大的目的地

近年来，尤其是CEPA实施以来，内地对香港的投资规模迅速扩大，香港长期保持内地对外投资最大目的地的地位。从流量来看，据商务部、国家统计局等部门的统计，2012年内地对香港直接投资的流量为512.4亿美元，比2003年增长了43.6倍，占内地对外投资流量总额的58.4%，比2003年提高18.2百分点。从存量来看，2012年年末内地对香港直接投资的存量为3 063.7 亿美元，比 2003 年末增长了 11.4 倍，占内地对外投资流量总额的比重为 57.6%，比位居第二的英属维尔京群岛高 51.8 百分点。

表 1　2003—2012 年内地对香港直接投资规模变动情况

（单位：亿美元;%）

年份	流量	占比	存量	占比
2003	11.5	40.2	246.3	74.1
2004	26.3	47.8	303.9	67.9
2005	34.2	27.9	365.1	63.8
2006	69.3	39.3	422.7	56.3
2007	137.3	51.8	687.8	58.3
2008	386.4	69.1	1 158.5	63.0
2009	356.0	63.0	1 645.0	66.9
2010	385.1	56.0	1 990.6	62.8
2011	356.6	47.8	2 615.2	61.6
2012	512.4	58.4	3 063.7	57.6

资料来源：商务部，国家统计局，国家外汇管理局．中国对外直接投资统计公报（各年度）.

表 2　内地对外直接投资规模前五位的国家与地区

（单位：亿美元;%）

序号	2012 年流量			2012 年年末存量		
	国家（地区）	规模	比重	国家（地区）	规模	比重
1	香港	512.4	58.4	香港	3 063.7	57.6
2	美国	40.5	4.6	英属维尔京群岛	308.5	5.8
3	哈萨克斯坦	29.9	3.4	开曼群岛	300.7	5.7
4	英国	27.8	3.2	美国	170.8	3.2
5	英属维尔京群岛	22.4	2.6	澳大利亚	138.7	2.6
6	其他	245	27.8	其他	1 337	25.1
合计		878	100	合计	5 319.4	100

资料来源：商务部，国家统计局，国家外汇管理局．中国对外直接投资统计公报（2012 年）.

（二）内地超越英、美、荷等国成为香港最大的投资来源地

从流量来看，据香港特别行政区政府统计处统计，2012 年内地对香港直接投资的流量为 2 327 亿港元，比 1998 年增长了 10.5 倍，占香港外来投资流量总额的 42.8%，比 1998 年提高 25.1 百分点。从存量来看，2012 年年末内地对香港直接投资的存量为 35 683 亿港元，比 1998 年年末增长了 15.7 倍，占香港外来投资存量总额的 37%，比 1998 年年末提高 24.7 百分点。目前，内地对香港的投资不仅超过了英国、美国、荷兰等国家，而且超过了世界避税天堂——英属维尔京群岛，成为香港最大的外资来源地。

表 3　1998—2012 年内地对外直接投资在香港外来直接投资中的地位

（单位：亿港元;%）

年份	内地对港投资流量	中资占港外资比重	内地对港投资存量	中资占港外资比重
1998	202	17.7	2 137	12.3
1999	386	20.2	8 148	25.9
2000	1 107	23.0	11 122	31.3
2001	385	20.8	9 581	29.3
2002	317	42.0	5 946	22.7
2003	380	35.7	7 701	26.0
2004	620	23.4	10 201	29.0
2005	729	27.9	12 719	31.4
2006	1 087	31.1	20 243	35.1
2007	1 042	24.6	37 374	40.7
2008	1 797	38.7	23 114	36.5
2009	2 148	49.9	26 036	37.1
2010	2 882	52.6	31 271	37.7
2011	3 181	42.3	30 428	36.3
2012	2 327	42.8	35 683	37.0

资料来源：香港特别行政区政府统计处．香港对外直接投资统计（各年度）.

（三）中央与地方国企是内地对香港投资的重要主体

改革开放以来至20世纪中后期，内地把香港作为拓展对外经贸联系的主要桥梁和窗口，中央部委以及省、市、县政府纷纷到香港投资，在港设立“窗口”企业。中央部委在香港设立的“窗口”企业包括中国海外集团、华电公司、中国统计咨询公司等，省、市政府设立的“窗口”企业包括粤海集团、华闽集团、京泰实业、华海集团等。目前，中央各部委在香港设立的“窗口”企业有60多家，各级地方政府在香港设立的“窗口”企业有40多家。这些国有企业成为内地对港投资的主要力量，在香港经济体系中占据重要地位。例如，在金融领域，中银香港还是香港人民币业务的清算行、人民币兑换市场的主要做市商、人民币现钞市场的主要供应者，成为香港市场实力最雄厚的银行之一。在生活物资供应领域，香港的蔬菜、肉禽、淡水、天然气等基本生活物资长期主要依靠内地供应，绝大多数业务是由在港设立的国有企业承担。目前，东江水占香港总供水量的75%以上，内地供应的活猪、牛、鸡占香港总供应量的70%以上，中资企业分销的各类成品油占香港市场总销量的25%以上。

（四）服务业特别是商务服务、金融业成为内地在香港投资的主导产业

从三个产业来看，2012年年末，在内地对香港的累计投资总额中，第三产业投资额占比为87.6%，分别比第一和第二产业占比高87.5%和75.3%。

从服务业内部来看，2012年末，商务服务，金融，批发和零售，交通运输、仓储和邮政等行业在内地对香港累计投资金额中的比重分别为39%、20.3%、16%、7.2%，四者之和超过80%，是内地在香港投资最集中的领域，表明内地企业在香港投资的最主要动因在于利用香港国际贸易、金融、航运中心地位来拓展海外市场。采矿业是内地在香港投资的第二产业中占比较大、上升较快的行业。2012年末，采矿业在内地对港投资中的占比为8.6%，比2008年末提高6.7百分点，表明内地企业越来越注重利用香港的平台作用来获取海外战略资源。

表 4　2008—2012 年年末内地对香港直接投资存量的行业分布情况

（单位：%）

行业	2008	2009	2010	2011	2012
第一产业				0.1	0.1
农、林、牧、渔业				0.1	0.1
第二产业	5.4	16.7	13.2	15.5	12.3
制造业	3.1	3.1	2.6	4.1	3.3
采矿业	1.9	13.3	10.3	11.1	8.6
建筑业	0.4	0.3	0.3	0.3	0.4
第三产业	94.6	83.3	86.8	84.4	87.6
商务服务业	30.2	28.2	30.8	35.7	39
金融业	26.9	24.2	22.7	20.4	20.3
批发和零售业	22.5	18.6	17.9	15.6	16
交通运输、仓储和邮政业	9.8	7.9	9.4	7.6	7.2
房地产业	2.9	2.4	3	2.8	2.4
水利、环境和公共设施管理业	0.9	0.7	0.6	0.9	
电力、煤气及水的生产和供应业	0.3	0.2	0.2	0.4	0.4
居民服务和其他服务业	0.4	0.4	1.3	0.3	0.8
信息传输、计算机和软件业		0.3	0.4	0.3	1
科学研究、技术服务和地质勘查业		0.3	0.2	0.2	0.3
文化、体育和娱乐业			0.1	0.1	0.1
住宿和餐饮业			0.1	0.1	0.1
其他行业	0.7	0.1	0.1		
合计	100	100	100	100	100

资料来源：商务部，国家统计局，国家外汇管理局．中国对外直接投资统计公报（各年度）.

（五）香港在内地对外投资中的中介和平台作用日益凸显

随着越来越多内地企业以香港作为“走出去”的“练兵场”，香港在内地对外投资中的中介和平台作用日益突出。根据香港特别行政区政府统计处公布的调查数据，2013 年年末，按照负责管理地区来划分的境外企业驻港地区总部中，负责管理内地经营的企业驻港地区总部有 1 128 家，占全部境外企业驻港地区总部数量的 81.8%，其中负责管理广东经营事务的地区总部占 26.5%。按照负责管理地区来划分的境外企业驻港地区办事处中，负责管理内地经营的企业驻港地区办事处有 1 912 家，占全部境外企业驻港地区办事处的比重为 77.9%，其中负责管理广东经营事务的地区办事处占 28.1%。

表 5　2005—2013 年年末负责管理内地经营的企业驻港地区总部、地区办事处

（单位：家；%）

年份	地区总部				地区办事处			
	内地	占比	广东	占比	内地	占比	广东	占比
2005	1 046	89.6	324	27.8	2 212	84.1	784	29.8
2006	1 073	87.4	294	23.9	2 182	83.4	780	29.8
2007	1 089	87.4	308	24.7	2 176	82.3	728	27.5
2008	1 138	87.7	365	28.1	2 133	82.5	800	31
2009	1 079	86.2	355	28.4	1 898	81.5	720	30.9
2010	1 102	85.8	362	28.2	1 881	79.9	711	30.2
2011	1 120	83.6	356	26.6	1 911	79.2	693	28.7
2012	1 137	83.2	357	26.1	1 989	79.1	707	28.1
2013	1 128	81.8	365	26.5	1 912	77.9	691	28.1

注：地区总部是指代表香港境外母公司对区内（即香港及另一个或多个地方）各办事处拥有管理权的一家机构；地区办事处是指代表香港境外母公司负责协调区内（即香港及另一个或多个地方）各办事处运作的一家机构。

资料来源：香港特区政府统计处．代表香港境外母公司的驻港公司按年统计调查报告（各年度）．

（六）广东是内地对香港投资最活跃、跨境资金流动规模最大的省份

广东由于与香港具有紧密的地缘、人缘联系以及密切的经贸往来，且处于内地改革开放的前沿阵地，一直以来都是内地对香港投资最活跃、跨境资金流动规模最大的省份。从对外投资规模来看，2012 年年末广东对外直接投资存量为 251.8 亿美元，是内地对外投资规模最大的省份，比位居

第二的上海多80.5%；占内地对外直接投资存量的比重为5.8%，比上海高2.6百分点。而在广东对外投资中，香港是最主要的目的地。2011年，广东对香港投资金额为21.9亿美元，占当年对外投资总额的比重为75.5%。从跨境资金流动来看，2012年，广东跨境资金流出规模占内地跨境资金流出规模的比重为17.6%，是内地跨境资金流动最活跃的省份。而在广东跨境资金流出规模中，流向香港的占比最高。2012年，广东对香港跨境资金流出量在全省跨境资金流出总量中的比重为50.8%。

表6 2012年年末内地对外直接投资存量前五位的地区

（单位：亿美元;%）

序号	地区	存量	占内地比重
1	广东	251.8	5.8
2	上海	139.5	3.2
3	山东	119.7	2.7
4	浙江	85.5	2.0
5	北京	75.8	1.7

资料来源：商务部，国家统计局，国家外汇管理局．中国对外直接投资统计公报（2012年）.

四、内地对香港直接投资的效应与问题

从理论角度来看，内地对香港直接投资的快速增长，具有以下经济效应：一方面，通过带动产业升级、获得逆向技术外溢、扩大就业、获取战略性资产等途径，促进内地的经济增长；另一方面，通过带动资金、商品、人员等生产要素在内地与香港之间自由流动和优化配置，促进内地与香港经贸合作。然而，由于缺乏合理的规划和引导，内地对香港投资在行业布局、地区分布、投资主体等方面也存在一些问题，增长后劲受到制约。下面从实证与经验的角度，进一步分析内地对香港直接投资的效应与问题。

（一）内地在港投资对内地经济增长促进效应的实证分析

以内地生产总值（*GDP*）、内地对香港的投资（*ODI*）两个变量，构造协整方程和误差修正模型，分析内地投资香港对内地经济增长的促进效应。内地生产总值（GDP）的数据来自国际货币基金组织（IMF）WEO数

据库，以美元现价为单位；内地对香港投资（ODI）的数据来自香港特别行政区政府统计处①，时序长度为1990—2012年（1990—1997年数据根据已有的香港外来投资数据进行估算而得），按照年末汇率转化为美元。为消除异方差，取变量的自然对数，分别记为ln*GDP*、ln*ODI*。

ADF检验结果表明，ln*GDP*、ln*ODI*两个变量在5%的显著性水平下都是不平稳的，而它们的一阶差分都是平稳的，满足协整检验的前提条件。

表7　ln*GDP*和ln*ODI*的ADF平稳性检验结果

变量	检验类型（c，t，k）	ADF检验值	5%临界值	平稳性
ln*GDP*	（c，0，4）	1.219 9	-3.004 8	不平稳
Δln*GDP*	（c，0，4）	-5.114 6	-3.012 3	平稳
ln*ODI*	（c，0，4）	-0.618 0	-3.004 8	不平稳
Δln*ODI*	（c，0，0）	-4.926 8	-3.012 3	平稳

运用Johansen方法检验ln*GDP*与ln*ODI*两个变量之间的协整关系。协整检验结果显示，在5%显著性水平下，ln*GDP*与ln*ODI*两个变量之间只有一个协整关系。

表8　ln*GDP*与ln*ODI*的Johansen协整检验结果

零假设	特征值	迹统计量	5%显著性水平的临界值
0个协整向量	0.590 4	23.613 9	0.016 6
至多1个协整向量	0.250 2	5.760 2	0.210 1

计量结果表明，ln*GDP*与ln*ODI*两个变量间的长期均衡方程为：

$$\ln GDP = 0.594\,4 \times \ln ODI + 2.889\,8$$

t 值　　（15.77）　　（42.96）

由方程可知，就长期而言，内地经济增长与内地对香港投资之间存在一个长期稳定的关系。其中，内地经济增长对于内地在香港投资的弹性为

① 与内地的统计数据相比，香港特别行政区政府关于内地对香港直接投资的统计数据时序更长，更适宜进行计量分析。

0.594 4。也就是说，内地在香港的投资每增长1%，将拉动内地经济增长0.594 4%。

进一步建立 ln*GDP* 与 ln*ODI* 的误差修正模型。计量结果见下式：

$$\Delta \ln GDP_t = 0.162\,1 \times \Delta \ln ODI_t + 0.126\,5 \times \Delta \ln ODI_{t-1} - 0.053\,7 \times \Delta ecm_{t-1}$$

t 值　　(2.78)　　(2.41)　　(-1.29)

修正项 *ecm* 的修正系数（-0.053 7）小于零，符合反向修正机制的原则。模型估计结果表明，从短期的动态关系来看，内地经济增长（ln*GDP*）的短期波动受到内地对香港投资（ln*ODI*）短期变化的影响。当短期波动偏离长期均衡时，非均衡误差将以0.053 7的比率对内地经济增长做出修正。这表明，内地在香港的投资对内地经济增长形成了正向反馈机制，有利于促进内地的经济增长。

（二）内地在港投资对内地与香港经贸合作促进效应的实证分析

运用协整方程和误差修正模型，分析内地投资香港（ODI）对内地与香港经贸合作的促进效应。在实证分析的过程中，选取贸易结合度指数(Itra)① 作为衡量内地与香港经贸合作紧密程度的指标，指标数据来源于联合国 UNCTADstat 数据库，时序长度为1990—2012年。为消除异方差，取变量的自然对数，记为 ln*I*。

ADF 检验结果表明，与 ln*ODI* 相同，ln*I* 在5%的显著性水平下是不平稳的，而它的一阶差分是平稳的，满足协整检验的前提条件。

表9　ln*I* 和 ln*ODI* 的 ADF 平稳性检验结果

变量	检验类型（*c*，*t*，*k*）	ADF 检验值	5%临界值	平稳性
ln*I*	(*c*，1，4)	1.038 2	-1.958 1	不平稳
Δln*I*	(*c*，0，0)	-6.637 9	-3.012 3	平稳
ln*ODI*	(*c*，0，4)	-0.618 0	-3.004 8	不平稳
Δln*ODI*	(*c*，0，0)	-4.926 8	-3.012 3	平稳

① 贸易结合度指数最早由经济学家布朗（A. J. Brown）于1947年提出，主要用以反映两国贸易相互依存的程度。计算公式为 *I*ab =（*X*ab/*X*a）/（*M*b/*M*w），*X*ab 为 a 国对 b 国的出口额，*X*a 为 a 国出口额，*M*b 为 b 国进口额，*M*w 为世界进口总额。该比值以1为平均值，数值越大，两国在贸易方面的联系越紧密。

运用 Johansen 方法检验 $\ln I$ 与 $\ln ODI$ 两个变量之间的协整关系。协整检验结果显示，在 5% 显著性水平下，$\ln I$ 与 $\ln ODI$ 两个变量之间只有一个协整关系。

表 10　$\ln I$ 与 $\ln ODI$ 的 Johansen 协整检验结果

零假设	特征值	迹统计量	5% 显著性水平的临界值
0 个协整向量	0. 520 0	21. 618 0	0. 032 3
至多 1 个协整向量	0. 255 7	6. 202 5	0. 175 6

计量结果表明，$\ln I$ 与 $\ln ODI$ 两个变量间的长期均衡方程为：

$$\ln I = 0.0862 \times \ln ODI + 1.6109$$

t 值　　(2. 94)（20. 04)

由方程可知，就长期而言，内地与香港之间的贸易结合度与内地对香港投资之间存在一个长期稳定的关系。其中，内地与香港之间的贸易结合度对于内地在香港投资的弹性为 0. 086 2。也就是说，内地在香港的投资每增长 1%，将拉动内地与香港之间的贸易结合度提高 0. 086 2%。

进一步建立 $\ln I$ 与 $\ln ODI$ 的误差修正模型。计量结果见下式：

$$\Delta\ln I_t = 0.0897 \times \Delta\ln ODI_t - 0.6727 \times \Delta ecm_{t-1}$$

t 值　　(2. 74)　　　(-3. 64)

修正项 ecm 的修正系数（ -0. 672 7）小于零，符合反向修正机制的原则。模型估计结果表明，从短期的动态关系来看，内地与香港之间的贸易结合度（$\ln I$）的短期波动受到内地对香港投资（$\ln ODI$）短期变化的影响。当短期波动偏离长期均衡时，非均衡误差将以 0. 672 7 的比率对内地与香港的贸易结合度做出修正。这表明，内地在香港的投资对内地与香港的贸易结合度形成了正向反馈机制，有利于促进内地与香港的经贸合作。

（三）内地在港投资存在与面临的主要问题

尽管近年来内地对香港的投资迅速发展，但仍存在与面临一些问题，制约其进一步增长。突出表现在：一是投资行业高度集中。内地对香港的投资主要集中在商务服务、金融、批发与零售等服务业，在制造业以及信息传输、科学研究、文化体育等新兴服务业领域的投资规模仍较小。这表明，内地企业利用香港服务业的优势培育先进制造业、现代服务业、战略性新兴产业的效果有待增强。二是地区分布不均衡。在内地各地区中，广东、山东、江苏、浙江、上海等东部沿海省市对外投资活动最活跃，也是对香港投资规模最大的地区，而中、西部地区对香港投资的规模较小，占比较低。三是投资主体结构有待优化。国有企业尤其是内地相关部委、地方政府所属企业是内地对香港投资的主要力量，民营企业在香港投资的力度仍显不足。四是投资的促进与服务体系不完善。目前，内地企业对香港直接投资的财政、金融等支持政策有待完善，专业服务机构、行业组织的服务能力仍需进一步加强。

五、结论与建议

综合上述研究，可以得出如下结论：第一，近年来，内地对香港直接投资的规模迅速扩大，香港已成为内地对外投资的最大目的地，在内地对外投资中的中介和平台作用日益凸显，内地则成为香港最大的外资来源地。第二，内地综合经济实力持续增强，内地与香港具有紧密的地理与人文联系，内地与香港经贸往来日趋密切，为内地企业对香港投资提供了有利的条件和良好的环境。第三，维护香港平稳过渡和顺利回归，促进香港服务业优势与内地生产制造优势有机结合，以香港作为桥梁开展国际化经营，是内地企业在香港开展直接投资的主要动机。第四，实证研究表明，内地对香港直接投资不仅有利于促进内地经济增长，而且有利于带动内地与香港之间资金、商品和人员的流动，从而推动两地建立更紧密的经贸关系。第五，内地对港投资面临行业高度集中、地区分布不均衡、投资主体结构有待优化、投资促进与服务体系不完善等问题。

针对以上结论，建议从以下方面着手，进一步推动内地对香港的直接投资。一是优化内地对香港投资的行业布局。引导内地符合国际市场需求、具有较强优势的加工制造业企业在香港设立生产基地，以香港为桥梁开拓国际市场；鼓励内地科技企业在香港设立研发中心，开展研发合作，获得国际先进技术；支持内地商贸、金融、物流等生产性服务业企业利用香港优势构建全球营销网络、创建国际知名品牌；增加内地文化创意、旅游等消费服务业企业在香港的投资，带动新兴服务业的发展。二是按照分类指导原则推动内地各省区扩大对香港的投资。根据内地不同地区的经济发展水平、资源禀赋条件科学规划“走出去”的地域、行业布局，在鼓励东部地区企业进一步扩大对香港投资的同时，支持中西部地区企业联合大型中央企业和东部地区优势企业，借助外力带动优势产能以香港为平台向国际转移。三是鼓励民营企业扩大对香港的投资。选择一批有实力、有品牌、有市场的民营企业予以重点扶持，推动有实力的大型民营企业实现从由产品经营、资产经营向以品牌经营为核心的国际化经营转变，着力打造一批具有较强国际竞争力的跨国经营的民营企业，促进内地对港投资主体的多元化。四是完善内地对香港投资的促进与服务体系。要发挥财政杠杆的作用，鼓励中央和地方合作设立企业“走出去”专项扶持资金，适当向内地企业赴香港投资予以倾斜；引导金融机构利用内地与香港金融市场相互连接的有利条件，针对在香港投资经营的内地企业开展银团贷款、“内保外贷”、境外资产抵押贷款等创新业务；建议内地与香港有关政府部门建立协调机制，定期对内地企业利用香港平台“走出去”的重大问题进行磋商，协调解决内地企业对香港投资面临的问题；加强商会、协会等组织建设，增强香港中国企业协会等行业组织的服务能力，支持内地企业加入香港商会组织，为内地企业更好地在香港经营、增进对外联系提供有利条件。

参考文献：

［1］CAI K. Outward foreign direct investment：a novel dimension of China's integration into the regional and global economy［J］. China quarterly，1999（160）.

［2］刘阳春．中国企业对外直接投资动因理论与实证研究［J］．中山大学学报（社会科学版），2008（3）.

［3］程惠芳，阮翔．用引力模型分析中国对外直接投资的区位选择［J］．世界经济，2004（11）.

［4］BUCKLEY P，CLEGG J，CROSS A，et al. The determinants of Chinese outward foreign direct investment［J］. Journal of international business studies，2009，40（2）.

［5］李猛，于津平．东道国区位优势与中国对外直接投资的相关性研究［J］．世界经济研究，2011（6）.

［6］KOLSTAD I，& WIIG A. What determines Chinese outward FDI?［R］. CHR Michelsen Institute Working Paper，2009.

［7］王建，张宏．东道国政府治理与中国对外直接投资关系研究——基于东道国面板数据的实证分析［J］．亚太经济，2011（1）.

[8] 项本武. 中国对外直接投资的贸易效应研究——基于 Panel Data 的地区差异检验 [J]. 统计与决策, 2007 (24).

[9] 刘明霞. 中国对外直接投资的逆向技术溢出效应——基于技术差距的影响分析 [J]. 中南财经政法大学学报, 2010 (3).

[10] 商务部网站. http://www.mofcom.gov.cn.

[11] 国家统计局网站. http://www.stats.gov.cn.

[12] 谢梦. 内地对外直接投资六成以上以香港为跳板 [N]. 南方日报, 2012-08-23.

[13] 王悦欣, 朱华颖. 香港中资企业为香港繁荣稳定做出重要贡献 [EB/OL]. (2007-06-28). http://news.xinhuanet.com.

(本文原载于《澳门理工学报》2014 年第 4 期)

香港世界旅游休闲中心竞争力

——综合评价与提升策略

陈章喜①

一、引言

随着科学技术的进步、收入和闲暇时间的增多，越来越多人将对物质生活的追求转向对精神享受的追求，也将越来越多的时间和收入花费在旅游、娱乐、运动等各种休闲项目中，人们越来越多地青睐于高品质的旅游休闲，而世界旅游休闲中心正是一国经济社会不断发展和人民生活水平不断提高的产物。根据美国学者的权威预测，2015 年前后，主要发达国家相继进入了“休闲时代”，发展中国家也紧随其后。以娱乐、旅游、体育健身、文化传播等为主的休闲产业将在 2015 年左右主导世界劳务市场，并在世界 GDP 总额中占有一半份额，成为世界的支柱性产业。国内有学者（冉斌，2004）认为，休闲与旅游的结合是实现产业资源配置的一种最佳形式，让旅游业的发展适应休闲时代的需求，是中国经济发展面临的一个新的战略任务。

香港是世界重要旅游休闲中心之一。香港的旅游业、金融业、专业服务业、贸易与物流业是现代香港经济的四大支柱行业，在香港经济发展中具有举足轻重的战略地位。自 19 世纪 50 年代开始兴起的香港旅游业，利用其完善的航运交通运输体系、优质的餐饮及酒店服务、独特的文化、宽松适度的入境政策、较雄厚的经济实力和浓厚的旅游业综合发展意识等旅游休闲元素吸引着来自世界各地的游客，成为国际上重要的休闲旅游目的地。自 1997 年香港回归祖国后，中央政府对香港实行“一国两制”的特殊政策，尤其是“自由行”政策的推行，为香港世界旅游休闲中心的发展注入了新的活力，带来了新的发展机遇。

---

① 陈章喜，暨南大学经济学院特区港澳经济研究所教授，广东产业发展与粤港澳台区域合作研究中心、暨南大学经纬粤港澳经济研究中心研究员，主要研究方向为城市与区域经济。E-mail：tchenzhx@ 163. com。

目前，国外对旅游休闲中心竞争力的研究，基本集中在对旅游目的地竞争力评价指标研究这一方面。Metin 在研究旅游者满意度、旅游经历以及重游意愿之间关系的过程中发现，游客的旅游经历与满意度是影响旅游休闲中心竞争力的重要因素；Ritchie 等根据旅游休闲中心竞争力的 36 个部分，构建了一套融合了主观评价指标和客观评价指标的综合指标体系；Larry 等通过对韩国和澳大利亚的旅游产业相关利益者进行调查研究，提出了定义旅游目的地竞争力的决定因素和评价指标；Sanja 阐述了在现代旅游竞争力的评价指标体系构建中，需要考虑人力资源、信息技术、政策等要素的问题。国内对旅游休闲中心竞争力的研究，主要集中在旅游目的地国际竞争力、旅游目的地竞争力两方面。根据现有的研究文献不难发现，目前国内外理论界关于旅游休闲中心竞争力的研究文献甚少，且主要集中在旅游目的地竞争力评价体系分析方面，对香港世界旅游休闲中心竞争力的研究文献甚少。基于此，本文对香港世界旅游休闲中心的竞争力展开评价与分析。

二、香港世界旅游休闲中心发展的描述

（一）世界旅游休闲中心发展的一般特征

1. 市场规模较大

从世界著名旅游休闲中心的发展情况来看，世界旅游休闲中心均具备了一定的市场规模特征。美国拉斯维加斯面积 340 平方公里，人口 210 万，以博彩业发展为契机逐步成为世界旅游休闲中心，根据 LVCVA（Las Vegas Convention and Visitors Authority）的统计，拉斯维加斯作为现代化的沙漠城市，每年到访的游客有 4 000 万人次左右，博彩收入约为 172.11 亿美元（2014）。意大利威尼斯面积不到 7.8 平方公里，每年接待的游客超过1 500 万，旅游总收入超过 126 亿欧元。

2. 国际化程度较高

世界旅游休闲中心均具备国际化程度高的特点。首先是客源结构国际化。世界旅游休闲中心一般都具有较大的开放度，通常是以国际游客为目标市场，国际游客在游客总数中占有较高的比例，国际旅游收入在旅游总收入中所占的比例也较高。2014 年拉斯维加斯吸引了 4 112.65 万的游客，其中超过 20% 的游客来自国际。其次是较高的国际知名度。世界旅游休闲中心的国际知名度均较高，总体形象和旅游资源具有鲜明的个性，对游客具有较强的吸引力。

3. 旅游基础设施完善

世界旅游休闲中心都具备旅游基础设施完善的特征。“食、住、行、游、购、娱”是休闲旅游的六大要素，世界旅游休闲中心具备旅游饭店、旅游宾馆、旅游交通、旅游景区、旅游购物街、旅游娱乐消遣等主要的旅游休闲设施，而且还拥有相应数量和高质量配套服务的旅游咨询服务中心、旅行代理商、旅游集散中心站、停车场等旅游公共服务基础设施。除此以外，世界旅游休闲中心还拥有高素质的旅游服务人才。例如，拉斯维加斯虽然位于美国西部荒凉的沙漠腹地，然而却拥有全世界最为奢华的酒店、赌场和餐厅。

4. 旅游休闲资源丰富独特

世界旅游休闲中心具备丰富多彩且有自身特色的旅游休闲资源。包括一定的旅游休闲场所及能满足游客多样性需求的旅游休闲产品，如观光游览、娱乐消遣、文化体验、养生度假旅游休闲等项目。美国拉斯维加斯形成了以博彩业为中心的庞大的旅游、购物、度假产业资源；意大利威尼斯是世界著名的水上城市，其特有的水上生活情趣吸引着来自世界各地的游客，118 个岛屿被纵横交错的 177 条运河和 400 多座桥梁连成一个城市整体，有“因水而生，因水而美，因水而兴”的美誉。作为独一无二的水上城市，威尼斯旅游休闲资源丰富，城内古迹众多，有各式教堂、钟楼、男女修道院、博物馆和宫殿 450 余座，除此以外还有四通八达的水道、无可替代的风景和丰富的艺术宝藏。

（二）香港世界旅游休闲中心发展现状

1. 市场规模

①旅客入境人数规模。香港面积约为 1 104 平方公里，人口 737 万人，2004 年入境人数达到 2 181. 06 万人次，2010 年达到 3 603 万人次，2011 年达到 4 192. 13 万人次，2013 年达到 5 429. 88 万人次，2014 年达到 6 083. 88 万人次，其中接待国内入境游客 4 724. 77 万人次，占入境游客总量的 77. 66%。2015 年全年访港旅客人数约为 5 930 万，较 2014 年下跌 2. 5%。②旅游休闲收入规模。2007 年达到 1 014. 83 亿港元，2011 年达到 2 060. 52 亿港元，2012 年达到 2 384. 47 亿港元，2014 年达到 2 764. 82 亿港元。根据《香港统计年刊》的数据分析，2012 年，香港接待国内入境游客 3 788. 3 万人次，来自国内旅游收入 1 860. 41 亿元。香港接待国际入境游客的国际旅游收入在 2012 年达 433. 40 亿元，占旅游总收入比重的 18. 18%。

2. 国际化程度

①国际知名度方面。香港作为国际化大都市，是粤港澳旅游休闲大湾区的重要组成区域，是世界各国游客进入中国内地的桥梁和窗口之一，也是亚太地区乃至国际重要的金融、会展、专业服务、航运和贸易中心，被冠以“东方之珠”“美食天堂”“购物天堂”等美誉。②旅游休闲客源国际化方面。2012 年，香港接待国际入境游客 105. 3 万人次，国际入境游客占入境游客总量的比例达 22. 1%。据香港旅游发展局公布的统计数据，2014 年，香港接待国际入境游客 884 万人次，国际入境游客占入境游客总量的 14. 5%。

3. 旅游基础设施

香港拥有完善的公共交通网络，车辆 24 小时川流不息，其地下铁路、海底隧道几乎都是世界最繁忙的交通网络之一。作为名扬海内外的世界旅游休闲中心和亚太地区的交通和旅游中心，公共交通运输网几乎伸展到香港的每一个角落，航运业和航空业也非常发达。目前，香港已与 200 个国家和地区的 472 个港口有航运往来，形成了以香港为枢纽，航线通达五大洲、三大洋的完善的海上运输网络，香港国际机场是全球最繁忙的机场之一，在 2011 年的国际客运量已经位列世界第三 。

4. 旅游休闲资源

香港拥有发达的商品零售网络，本地佳肴结合中西饮食文化精粹，景色怡人的郊野和独特的文化遗产，如各具特色的宗教建筑，以及寺庙、围村、祠堂、殖民地建筑等法定古迹。香港拥有一流的旅游休闲服务设施，2012 年末，全特区有星级酒店 211 家，其中甲级高价酒店 34 家；2011 年，住宿服务机构已达 943 家，各种餐饮及酒楼有 14 532 家，零售商店有 53 094 家。

三、香港世界旅游休闲中心竞争力评价：兼与澳门比较

（一）评价指标选择

根据影响世界旅游休闲中心竞争力的相关因素及其内在关系，将旅游休闲中心竞争力评价基本层次归纳为旅游休闲国际化（B1）、旅游休闲资源（B2）、旅游休闲基础设施（B3）、人力资源（B4）以及支持政策（B5）五个方面。旅游休闲国际化可以从国际旅游者入境人数（C1）、国际旅游收入（C2）和逗留时间（C3，指过夜游客平均逗留时间）三个方面去考察；旅游休闲资源可以从土地面积（C4）、娱乐资源（C5，指娱乐总消费）、观光资源（C6，指观光总消费）、购物资源（C7，指购物总消

费）和会展资源（C8）五个方面去评价和分析；旅游休闲基础设施通过对外交通（C9）、餐饮场所（C10）、住宿场所（C11）和旅行社数（C12）四个方面去评估；人力资源主要从在校大学生人数（C13）和旅游业从业人员数（C14）两个方面考察；支持政策则是从国际政策（C15）方面分析。再将第二层的住宿场所具体细分为评价指标层：客房总量（D1）、高级酒店客房总量（D2），共 5 个综合指标、15 个单项指标和 16 个原始指标，具体层次结构模型如下图所示：

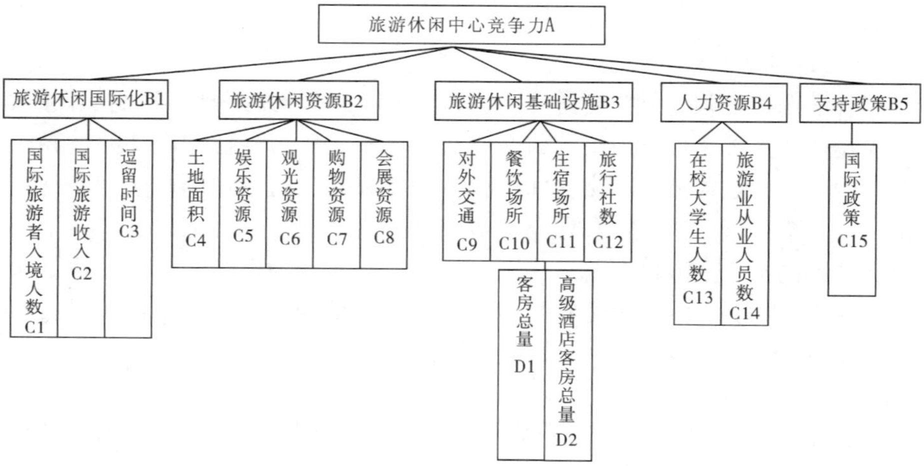

旅游休闲中心竞争力评价指标层次结构模型图

（二）分析方法

运用层次分析法（AHP）和专家函询调查法，并借助计算机进行指标权重的确定，具体操作步骤如下：

第一步，向有关专家发放征询问卷，根据相关专家征询结果，确定评价因子的相对重要性，按照 1—9 比例标度法得出相应评价指标的标定值（即评价因子之间重要性比较标定值），如表 1 所示。

表 1　因子相对重要性标定值

两因子相对重要性比较	极其重要	重要得多	明显重要	稍显重要	同等重要	稍不重要	不重要	很不重要	极不重要
标定值	9	7	5	3	1	1/3	1/5	1/7	1/9

第二步，根据层次结构模型，通过对相应层次中各因子之间的相对重要性做出比较判断（即对于上一层次某一准则而言，在其下一层次中所有与之相关的元素中依次两两比较），构成两两比较的判断矩阵，并采用表 1 的规则进行判断评分，从而构造出各因子间相对重要性的标定值判断矩阵。

第三步，计算判断矩阵的最大特征根 T_i，计算公式为：

$$T_i = \sqrt[n]{\prod_{k=1}^{n} X_{ik} \cdot K} \quad (i=1, 2, \cdots, n; K=1, 2, \cdots, n)$$

上式中，X 为评价因子，n 为评价因子的个数，K 为 X_{ik} 的数目。则各评价因子在上一级指标中的权重值为 W_i，权重计算公式为：

$$W_i = \frac{T_i}{\sum_{i=1}^{n} T_i} \qquad (i=1, 2, \cdots, n)$$

第四步，进行一致性检验。为了检验层次分析法得到的结果是否基本合理，还需要对判断矩阵的一致性进行检验。当判断矩阵的平均随机一致性指标 $CR<0.1$ 时，本文认为判断矩阵具有令人满意的一致性；当检验系数 $CR \geqslant 0.1$ 时，则不具有令人满意的一致性，需要对判断矩阵进行调整，直到出现令人满意的一致性为止，最后得到确定的指标权重，如表 2 所示。

表 2　旅游休闲中心竞争力指标权重

综合指标	权重	单项指标	权重	原始指标	权重
旅游休闲国际化	0.514 7	逗留时间	0.053 9	过夜游客平均逗留时间	0.053 9
		国际旅游者入境人数	0.132 9	国际旅游者人数	0.132 9
		国际旅游收入	0.327 9	国际旅游收入	0.327 9
旅游休闲资源	0.266 2	土地面积	0.008 8	区域土地面积	0.008 8
		娱乐资源	0.135 8	娱乐总消费	0.135 8
		观光资源	0.016 9	观光总消费	0.016 9
		购物资源	0.034 5	购物总消费	0.034 5
		会展资源	0.070 2	每年举办大型国际会展次数	0.070 2

（续上表）

综合指标	权重	单项指标	权重	原始指标	权重
旅游休闲基础设施	0.064 2	对外交通	0.038 1	每周航班数目	0.038 1
		餐饮场所	0.004 8	餐饮场所数目	0.004 8
		住宿场所	0.004 8	客房总量	0.002 1
				高级酒店客房总量	0.002 7
		旅行社数	0.016 6	旅行社总数	0.016 6
人力资源	0.118 1	在校大学生人数	0.029 5	在校大学生人数	0.029 5
		旅游业从业人员数	0.088 5	旅游业从业人员数	0.088 5
支持政策	0.036 8	国际政策	0.036 8	入境免签证国家或地区数量	0.036 8

（三）数据来源及无量纲化处理

1．无量纲化处理

考虑到数据的权威性、可获得性、全面性和可靠性，本文采用的是规范的统计资料，绝大部分数据来源于香港特别行政区政府统计处、香港特别行政区政府教育局、香港旅游业网，以及澳门统计暨普查局等公布的 2013 年的数据，只有在校大学生人数为 2012 年的数据。对于一些无法直接获取的指标数据，采用代用数据，比如旅游休闲资源采用的数据为相应的旅游总收入，会展资源采用的数据为每年举办的大型国际会展次数，对外交通采用的数据为每周航班数目，国际政策采用的数据为入境免签国或地区数目。

无量纲化，也叫数据的标准化、规范化，是一种通过数学变换来消除原始变量不同单位影响的方法，是指标进行综合评价的前提和基础，本文运用的是直线型无量纲化方法中的比重法，具体转换公式为：

$$P_i = \frac{10D_i}{\sum_{i=1}^{n} D_i} \qquad (i=1,\ 2,\ 3,\ \cdots,\ n)$$

上式中，P_i 为某指标转换后无量纲化后的指标数值，D_i 为转换前该指标的原始值，n 为同一评价指标所选取的样本总数。按上述公式对香港和澳门各指标数值进行无量纲化处理后指标值如表 3 所示。

2. 综合竞争力大小计算

综合评价值由加权求和多指标综合评价模型求得，即将各评价指标的权重值和无量纲化后的指标值代入以下公式加权求和：

$$F = \sum_{i=1}^{n} W_i P_i$$

上式中，F 为旅游休闲中心竞争力综合评估结果值，P_i 为第 i 个评价指标无量纲化后的分值，W_i 为第 i 个评价指标的权重，n 为评价指标的总数。最终得出香港和澳门旅游休闲中心竞争力的总评价值。

第一步，最后一级原始指标按上述公式依次进行计算得出各单项指标数值，如表 3、表 4 所示。

表 3 各指标原始数值和无量纲化后的指标值

评价指标	香港		澳门	
	原始值	无量纲化后的指标值	原始值	无量纲化后的指标值
过夜游客平均逗留时间（晚）	3.4	6.42	1.9	3.58
国际旅游者人数（百万人次）	13.6	5.60	10.7	4.40
国际旅游收入（亿港元）	557.2	5.50	455.4	4.50
区域土地面积（平方公里）	1 101.0	9.77	25.8	0.23
娱乐总消费（亿港元）	70.5	0.20	3 513.4	9.80
观光总消费（亿港元）	7.3	2.97	17.3	7.03
购物总消费（亿港元）	1 275.8	8.15	289.0	1.85
每年举办大型国际会展次数	85.0	5.56	68.0	4.44
每周航班数目	3 109.0	7.83	863.0	2.17
餐饮场所数目（千所）	8.5	8.33	1.7	1.67
客房总量（千间）	70.0	7.21	27.1	2.79
高级酒店客房总量（千间）	44.5	6.50	24.0	3.50
旅行社总数	309.0	5.94	211.0	4.06
在校大学生人数（千人）	330.4	9.22	28.1	0.78
旅游业从业人员数（千人）	1 183.2	8.50	208.3	1.50
入境免签证国家或地区数量	163.0	6.85	75.0	3.15

数据来源：香港旅业网. http：//partnernet. hktb. com；
香港特别行政区政府教育局网站. http：//www. edb. gov. hk；
香港特别行政区政府入境事务处网站. http：//www. immd. gov. hk；
澳门保安部队网站. http：//www. fsm. gov. mo；
香港特别行政区政府统计处. http：//www. censtatd. gov. hk；
澳门特别行政区政府统计暨普查局. http：//www. dsec. gov. mo.

表 4　单项指标分值

单项指标	香港	澳门
逗留时间	0. 346	0. 193
国际旅游者入境人数	0. 744	0. 585
国际旅游收入	1. 804	1. 475
土地面积	0. 086	0. 002
娱乐资源	0. 023	1. 331
观光资源	0. 050	0. 119
购物资源	0. 281	0. 064
会展资源	0. 390	0. 312
对外交通	0. 298	0. 083
餐饮场所	0. 040	0. 008
住宿场所	0. 033	0. 015
旅行社数	0. 099	0. 067
在校大学生人数	0. 272	0. 023
旅游业从业人员数	0. 753	0. 132
国际政策	0. 252	0. 116

第二步，单项指标也按照加权求和公式进行计算，得到综合指标分值，如表 5 所示。

表 5　综合指标分值

综合指标	旅游休闲国际化	旅游休闲资源	旅游休闲基础设施	人力资源	支持政策
香港	2. 894	0. 834	0. 470	1. 024	0. 252
澳门	2. 253	1. 826	0. 173	0. 156	0. 116

把综合指标的数值代入加权求和公式计算得出旅游休闲中心竞争力大小数值，得出香港世界旅游休闲中心竞争力得分为5.474，澳门世界旅游休闲中心竞争力得分为4.526。旅游休闲中心竞争力最终计算结果显示，香港世界旅游休闲中心竞争力高于澳门世界旅游休闲中心竞争力，香港世界旅游休闲中心竞争力综合评价值是澳门的1.2倍。根据表5综合指标的竞争力评价值，除旅游休闲资源外，其余各综合指标香港均具有绝对优势，如旅游休闲国际化综合评价值比澳门高0.641分，人力资源综合评价值是澳门的6.564倍。从表4单项指标竞争力评价值来看，虽然香港土地面积远远高于澳门，但娱乐和观光资源这两个指标的评价值，澳门明显高于香港，尤其是娱乐指标的评价值大约是香港的58倍，这表明澳门的博彩业在澳门旅游业中占有举足轻重的位置；在旅游休闲国际化、人力资源、支持政策方面，香港单项指标评价值都高于澳门，与目前两地旅游休闲资源分配实际情况相符。在每年举办的大型国际会展方面香港不占绝对优势，而在国际旅游收入方面则明显高于澳门，这可能是由于香港入境免签国家或地区数量多和区域面积大，因此国际游客人数较多且逗留时间较长，国际旅游收入较高。旅游休闲基础设施和人力资源方面，香港要明显优于澳门，其中旅游休闲基础设施方面的差值达0.297分，主要差距在于每周航班数目上；人力资源方面的差值高达0.868分。

四、香港世界旅游休闲中心竞争力存在的问题

（一）旅游休闲客源内地化

内地游客占访港游客的比例近年来呈不断上升的趋势，1998年占26.30%，2013年占75.04%，16年间上升了48.74百分点。2003年，内地游客占到访港游客一半以后，2009年又呈现快速上升的态势。除内地游客之外的访港游客，1998年为748.8万人次，2013年上升到1 355.38万人次，是1998年的1.81倍。而2013年内地的访港游客是1998年的15.25倍，2015年，访港游客5 930.7万人次，其中内地游客为4 584.2万人次，占77.3%。可见，内地游客是香港旅游休闲市场的重要力量，如表6所示。

表 6　香港入境旅游人数中内地游客人数及占比（1998—2015 年）

（单位：万人次;%）

年份	入境总人数	内地入境人数	占比	年份	入境总人数	内地入境人数	占比
1998	1 015. 96	267. 16	26. 30	2007	2 816. 93	1 548. 58	54. 97
1999	1 132. 83	320. 65	28. 31	2008	2 950. 70	1 686. 20	57. 15
2000	1 305. 95	378. 58	28. 99	2009	2 959. 10	1 795. 70	60. 68
2001	1 372. 53	444. 86	32. 41	2010	3 603. 00	2 268. 40	62. 96
2002	1 656. 64	682. 52	41. 20	2011	4 192. 13	2 810. 00	67. 03
2003	1 553. 68	846. 72	54. 50	2012	4 861. 51	3 491. 10	71. 81
2004	2 181. 06	1 224. 59	56. 15	2013	5 429. 88	4 074. 50	75. 04
2005	2 335. 94	1 251. 14	53. 56	2014	6 083. 88	4 724. 77	77. 66
2006	2 525. 11	1 359. 13	53. 82	2015	5 930. 70	4 584. 20	77. 30

注：资料来自各年《香港统计年刊》。

（二）旅游休闲市场规模下降

1．旅客入境人数下降

赴港旅游人次数骤跌，增速放缓，甚至出现负增长。2014 年 9 月以后，赴港旅游人次数下跌。2015 年春节期间，访港旅游人次数小幅度下降，3 月内地游客访港人次数同比下降 10%；4 月清明节期间，内地游客访港平均每天 11. 98 万人，同比下降 8%；6 月内地游客访港人次数同比下降 1. 8%；7 月内地游客访港人次数同比下降 9. 8%，其中过夜游客人次数下降 14. 7%；12 月游客访港人次数为 506. 106 4 万，同比下降 10. 7%。

2．旅游休闲收入下降

过夜游客人均消费额减少，零售业销售总额下降。2014 年，访港游客人次数虽有增加，但游客消费力不足，过夜游客的人均消费下跌近 2. 6%，约 8 700 万港元，是自 2005 年以来的首次下跌。2014 年香港零售业总销售额为 4 933 亿港元，同比下跌 0. 2%，是实施“自由行”十一年来的首次负增长。2015 年 1 月，香港零售额下跌 14. 6%，成为继 2003 年“非典”以来最差的一个月。2015 年第一季度香港零售业整体销售额同比下跌 2. 9%。

（三）旅游休闲基础设施承载压力

在旅游休闲基础设施方面，香港虽然车多路少，自身交通压力大，但香港采用了精细化的管理模式，使得交通拥堵状况并不明显。近年来，由于外来游客尤其是大量内地游客的到访，使香港交通特别是香港地铁变得拥挤不堪，影响了当地人及游客的乘车舒适度。根据有关研究，内地赴港旅游人次数与港铁乘客人次数二者相关性比较显著，内地游客每增加 1 百分点，港铁乘客人次数就会增加 0.17%。随着内地游客赴港人数的不断增长，港铁乘客人次数也呈曲线性不断增高，给香港交通带来巨大压力。如在最繁忙的香港地铁港岛线金钟站，香港乘客表示要等五趟车才能上车，从屯门至尖东原本只需 36 分钟的车程，为了实现“坐地铁”带来的方便得花 75 分钟，所花费的时间是原来的两倍多。为了疏导乘客，港铁工作人员不得不增加班次。到 2014 年，香港地铁每星期已增加逾 1 300 班列车，每班列车由原来的 3 ~5 分钟一趟提到 1 ~2 分钟一趟，但香港地铁运输量仍然“爆棚”。在大围、九龙塘等中转车站的乘客要等 2 ~3 班车才能坐上，这不仅延长了乘客的等待时间，不利于乘客的安全，也加大了港铁工作人员的工作量。

（四）旅游休闲资源开发比较单一

由于香港的自由港地位，香港旅游休闲业的发展往往侧重于购物旅游特别是短期购物旅游。2014 年，访港游客中不过夜的短期游客为 3 307 万人，比 2013 年增长 15.5%；过夜游客为 2 777 万人，比 2013 年增长 8.2%，不过夜短期游客远超过夜游客的相应数字。据旅游行业市场调查分析报告统计显示，2003 年，香港批发及零售业的生产总值为 351.4 亿元，占当年 GDP 的 2.9%。2013 年，香港批发及零售业的生产总值达到 1 102 亿元，占当年 GDP 的 5.3%。另外，香港增加值较高的长期深度体验旅游资源开发不够，旅游业务创新不足，旅游业对购物旅游过分依赖，无法朝向深度体验香港人文、自然旅游资源以及高素质休闲娱乐服务方向转型，导致旅游业附加值偏低且易受到内地海关扩大商品进口带来的负面影响。短期购物旅游的主导地位虽然大幅度增加了香港旅游业的业务收入，却给游客留下了香港是购物港的刻板印象，妨碍了香港自然旅游及人文旅游比较优势的发挥，以及香港旅游业向高增值环节的转型。

五、香港世界旅游休闲中心竞争力提升路径

（一）提升旅游休闲国际化程度

1. 大力吸引国际游客

旅游签证因素是影响入境旅游业发展的必要条件之一，它对吸引国际

游客，增加国际旅游收入，促进旅游休闲业繁荣与发展具有重要的作用。世界上许多国家和组织为吸引国际游客，例如欧盟、美国、韩国等，纷纷采取免签证或施行很简便的签证制度。目前，香港面临的一个重要问题，就是旅游休闲客源的内地化倾向加大，国际化客源偏少，脱离了世界旅游休闲中心的发展目标。中央政府在确保香港的国家主权和社会安全的基础上，可以考虑简化落地签证程序及实行免签制度，适度降低入境旅游签证门槛，增加入境旅游免签国家或地区数量，延长入境旅游可逗留时间，刺激国际游客在香港消费，带动香港旅游休闲业的发展，增强香港旅游休闲业在国际上的持续竞争力。

2. 扩大国际知名度

香港旅游发展局应充分运用现代传播平台和手段进行全球营销，力争客源组合的多元化。除做好主要客源地的营销推广工作外，香港旅游发展局还应不断拓展新的客源地，并采取策略加大对增长较快的国家或地区的营销推广工作，同时做好效益评估。

（二）扩大旅游休闲市场规模

1. 拓展旅游休闲空间

香港世界旅游休闲中心的发展，面临着旅游休闲资源不足而带来的市场规模受限问题。要突破这些瓶颈，最优的解决方式就是发挥区域合作优势，深化区域旅游休闲合作，加强与周边地区的广泛合作，积极拓展旅游休闲空间，借助外力发展旅游休闲经济，共同建设具有较强国际竞争力的“粤港澳旅游休闲大湾区”。这将大大促进香港旅游休闲业的发展，更有利于将香港建设成为世界旅游休闲中心。

2. 充分利用国家“一带一路”倡议所带来的机遇

香港是全球最受欢迎的旅游休闲目的地之一，对世界各地游客包括“一带一路”沿线国家的民众具有较大的吸引力。利用“一带一路”所带来的旅游休闲产业发展机遇，发挥香港旅游休闲业在文化、景观、购物、美食等方面的比较优势，将香港打造成“一带一路”的多元旅游休闲平台，形成“一程多站”的旅游体，扩大市场规模，做大做强香港旅游休闲业。同时，提高旅游休闲服务水平，提高旅游从业人员的技能和服务水平。按照国际化的目标要求，提高旅行社的接待能力，尤其是接待国际游客的能力。

（三）完善旅游休闲基础设施

基础设施是改善旅游休闲环境，提高旅游休闲竞争力的重要组成部分。近年来，香港虽然加大了对城市基础设施建设的重视，注重打造旅游休闲的核心吸引力，但旅游休闲基础设施建设仍然无法满足日益增长的休闲旅游需求。因此，必须加强基础设施建设，进一步改善对外交通运输条件，提高休闲旅游服务水平，进一步改善食宿条件，扩大机场容量和提高机场的服务水平，增加高档酒店的数量和提高其服务水平。同时，要适当增加青年旅社、快捷酒店设施，降低旅游休闲者的住宿成本，延长游客在香港的逗留时间，提高旅游休闲经济效益。香港特区政府应继续通过整合资源和政策调节，在综合开发、财政支持、土地供应等多个方面出台或修订相关政策，大力投资旅游休闲基础设施建设，增加酒店等基础建设的供给。

（四）开发旅游休闲资源

1. 构筑多元化的旅游休闲资源

通过多元旅游休闲资源的开发，使香港旅游休闲业向深度体验的高增值方向转型。随着“港珠澳大桥”及“广深港高铁”的建成通车，香港与广东沿线城市实现了“一小时生活圈”，为粤港澳共建“一程多站”旅游区域创造了良好的条件。推动粤港澳“一程多站”旅游产品开发，可使粤港澳旅游景点不断增加，拉近香港、广东、澳门景点的距离，充分利用“粤港澳旅游休闲大湾区”的景点资源，提升香港旅游休闲业的吸引力与产业竞争力。

2. 发挥香港休闲娱乐文化旅游的优势地位

随着香港世界旅游休闲中心建设的深化，香港旅游休闲业的产业空间、资源有望得到大大扩充，行业发展动力源源不断，香港旅游休闲业者可充分发挥香港娱乐、休闲、文化、会展、旅游的比较优势地位，探索多种路线、多种定位的旅游休闲产品设计。例如，旅游休闲业者可以利用香港丰富的东南亚、南亚文化痕迹，以及精通英文、具备多元文化、熟悉人脉关系的本地导游，侧重多元文化交流的线路设计，探索面向世界各国的中国“香港+内地”旅游休闲线路，吸引国际游客在香港深度旅游，欣赏香港的文化特色，获得独特且丰富的旅游体验，消除香港作为购物中心的刻板印象。

参考文献：

[1] 杰弗瑞·戈比. 21世纪的休闲与休闲服务［M］. 张春波，译. 昆明：云南人民出版社，2000.

[2] 马惠娣. 21 世纪与休闲经济、休闲产业、休闲文化 [J]. 自然辩证法研究, 2001 (1).

[3] 冉斌. 我国休闲旅游发展趋势及制度创新思考 [J]. 经济纵横, 2004 (2).

[4] METIN K. Repeaters' behavior at two distinct destinations [J]. Annals of tourism research, 2001, 28 (3).

[5] RITCHIE JR, CROUCH GI. The competitive destination: A sustainability perspective [J]. Tourism geographies, 2000, 21 (1).

[6] LARRY D, CHULWON K. Destination competitiveness: A model and indicators [J]. Current issues in tourism, 2010, 6 (5).

[7] SANJA V. Destinations' competitiveness in modern tourism [C]. Tourism & Hospitality management 2010, Conference proceedings, 2010.

[8] 陈章喜. 世界旅游休闲中心模式比较与澳门的选择 [J]. 澳门理工学报, 2015 (4).

[9] 珠江三角洲城市群年鉴编纂委员会. 珠江三角洲城市群年鉴 [M]. 广州: 广东人民出版社, 2012.

[10] 陈章喜, 李霞. 休闲旅游中心的国际竞争力评价——以香港特区与澳门特区为例 [J]. 国际商务 (对外经济贸易大学学报), 2016 (4).

[11] 陈章喜. 粤港澳口岸合作的现状分析与对策探讨 [J]. 澳门研究, 2005 (4).

[12] 毛艳华, 荣健欣, 钟世川. "一带一路" 与香港经济第三次转型 [J]. 港澳研究. 2016 (3).

对外贸易与香港经济增长[①]

——一个实证分析

刘丽玲[②]　覃成林[③]

一、引言

贸易、投资、消费是影响经济增长的三大需求因素。在开放条件下，对外贸易已经成为影响一个经济体经济增长的重要动力。古典经济学创始人亚当·斯密深刻揭示了贸易对于经济增长的作用。在其绝对优势理论中，他指出，如果一个国家根据其绝对优势进行生产，然后开展对外贸易，可以促进分工的深化和生产率的提高，从而加速经济增长。英国经济学家罗伯特逊将对外贸易称作是"经济增长的发动机"，提出了"增长引擎"理论。他认为，对外贸易，尤其是出口贸易促进了经济增长。改革开放以来，对外贸易在我国经济的持续快速增长过程中发挥了十分重要的作用。沈程翔（1999）、林毅夫等（2001）、吴振宇和沈利生（2004）、包群（2008）、张世晴和陈文政（2010）等学者从不同角度验证了对外贸易对我国经济增长的拉动作用。其中，裴长洪（2013）研究了一国经济增长在增速与减速的不同背景下，进口贸易结构与经济增长的相互关系，发现经济增长与进口贸易结构变化存在着明确的正向关联性。刘再起和徐艳飞（2013）基于Bootstrap面板因果检验分析个体省份对外贸易、市场整合与地区经济增长的关系，结果表明，对外贸易有助于省域经济的增长。

香港是一个因贸易而兴起的发达经济体。长期以来，香港是内地与世界各地开展经济贸易合作的"中介"。正是受益于这个"中介"功能，香港的经济实现了持续快速增长。1976—1987年，香港经济的年均增长率达

---

① 本文是暨南大学经纬粤港澳经济研究中心项目"'一带一路'战略背景下香港经济发展动力研究"的阶段性成果。

② 刘丽玲，暨南大学经济学院特区港澳经济研究所硕士研究生，研究方向为区域经济协调发展、港澳经济增长。E-mail：1940183712@ qq. com。

③ 覃成林，暨南大学经济学院特区港澳经济研究所教授，博士生导师，研究方向为区域经济协调发展、港澳经济增长。E-mail：qinchlin@ vip. sina. com。

到8.7%左右，最高时曾达到16.2%。在此期间，以转口贸易为代表的香港对外贸易得到了快速发展，贸易及物流成为对香港生产总值贡献最大的产业，其增加值大约占香港生产总值的25%。然而，近年来，香港经济增长遇到了前所未有的困难。从2010年以来，香港经济增长呈现出显著的下滑趋势，2016年香港经济增长率仅为1.9%，比2010年大幅下降了4.9百分点。目前，我国正在大力推动"一带一路"建设，内地将形成全方位的对外开放新格局。可以预料，这种新格局将对香港的"中介"功能产生重大的冲击。特别是内地直接对外贸易的快速发展，自贸试验区建设的快速推进，都将给香港的对外贸易发展带来巨大的挑战。如何应对这种前所未有的新变化，巩固或增强对外贸易在经济增长中的作用，将是香港必须直接面对的重大发展战略问题。本文将对现阶段香港对外贸易的发展进行考察。以此为基础，运用计量分析方法，分析对外贸易对香港经济增长的影响，进而提出促进香港发展和经济增长的政策建议。

二、文献综述

关于对外贸易与香港经济增长的相互关系，早期的研究文献多从理论层面展开分析。张仲深（1996）认为，对外贸易是香港经济增长的发动机，对外贸易对于香港冲出海岛，走向世界起着至关重要的作用，并具体从外贸大发展带动经济多元化、贸易赤字与经济增长呈良性循环、有形贸易与无形贸易相辅相成三个方面论述了对外贸易对香港经济增长的作用。王春新（2003）回顾了自20世纪80年代以来香港对外贸易的特点，认为20年来贸易转型产生的巨大扩张效应有力地推动了香港经济的发展，并预测转口贸易和离岸贸易将成为香港经济增长的最重要动力之一。部分学者则重点分析了与内地的贸易对香港经济增长所产生的影响。黄泽华等（1985）通过分析1978—1984年香港与内地之间的贸易数据，发现香港与内地之间的贸易总额在最近几年迅速增长，认为内地在香港出口贸易中的地位日趋重要，内地市场的成长是香港经济发展的一大外部动力。王勤（2008）从政策实施的角度展开分析，认为《内地与香港关于建立更紧密经贸关系的安排》（CEPA）的全面实施促进了香港与内地的经贸合作，两地双边进出口贸易和相互投资出现不同程度的增长，为香港的经济发展和转型提供了一系列新的机遇与挑战。

在实证方面，相关研究大多集中在对香港贸易与经济增长的时间序列数据分析上。刘露、张鸽（2008）利用1986—2006年的时间序列数据，对香港服务贸易与经济增长的关系进行了实证检验，结果表明，香港具有很高的服务贸易依存度，且服务贸易净出口对经济增长有明显的促进作用。李莉（2009）利用香港1964—2007年GDP与转口贸易额的时间序列数据，进行了Granger因果关系检验，发现转口贸易对香港经济增长有很强的推动作用。张光南、陈广汉（2009）对香港1987—2007年的时间序列数据进行单位根检验，在此基础上，验证对外贸易、经济增长与产业结构三者之间的Granger因果关系。其研究表明，香港包括港产品出口、转口和进口在内的对外贸易与经济增长之间存在双向Granger因果关系。陈雄超（2013）对香港的四大支柱产业与经济增长之间的关系做了回归分析，结果显示，四大支柱产业对经济增长有着不同的产出弹性。其中，贸易及物流业有着较大的产出弹性，但是，贸易及物流业对经济增长的贡献率呈现下降的趋势。

从已有的文献来看，关于香港对外贸易与经济增长的研究多从理论或经验的角度展开分析，而且主要是从总量上分析贸易与经济增长的关系，较少从对贸易的内部结构与经济增长的关系方面进行研究。部分文献运用时间序列数据做了协整检验和Granger检验，但是多偏重于判断对外贸易与香港经济增长之间是否存在某种关系，却未分析对外贸易对香港经济增长的贡献度或贡献率。此外，这些文献所选取的时间样本也未包含最新的数据，故没有反映最新的变化。

本文选取香港1982—2015年长达34年的数据，构造误差修正模型和向量自回归模型，将对外贸易分解为进口贸易、出口贸易和转口贸易，深入分析这三种贸易与香港经济增长的关系，计算其对香港经济增长的贡献率，从中观察对外贸易的结构变化及其对香港经济增长贡献的变化。本文的后续结构大致如下：第三部分，从总量和贸易伙伴两个方面，分析香港对外贸易发展的现状，为下一步的分析提供可靠的事实根据；第四部分，介绍本文所采用的数据及对数据的处理和模型的构建；第五部分为实证部分，首先对香港进出口贸易与经济增长之间的关系做协整检验和Granger检验，然后构造计量模型，分析进口贸易、港产品出口贸易（简称出口贸易）和转口贸易对香港经济增长的影响，计算各种贸易方式对香港经济增长的贡献率；第六部分为本文的结论及政策建议。

三、香港对外贸易发展现状

本部分拟重点分析21世纪以来香港对外贸易发展中出现的新特点、新趋势。分析角度有两个：一是分析香港对外贸易总量的变化；二是分析香港与主要贸易国之间的贸易变化。

（一）香港对外贸易发展的总体特征

表1显示了2000—2015年香港对外贸易的增长及结构变化。从中我们可以发现，现阶段香港对外贸易具有以下几个特征。

第一，总体来看，2000—2015年香港进出口总额基本呈上升趋势，而且大部分年份的年增长率基本保持在5%以上。2015年香港进出口总额达到7 608 584百万港元，比2000年增长了近1倍。然而，2012年开始连续出现负增长，2015年的增长率更是达到了-6.2%。这表明，香港对外贸易正遭受严峻的挑战。

第二，从三种贸易形式所占比重来看，香港的对外贸易以进口贸易为主，其所占比重基本上保持在51%以上。次之是转口贸易，其所占比重基本上为45%~47%。出口贸易所占比重很小，而且呈现出持续下降的趋势。2015年，出口贸易所占比重仅0.6%，比2000年下降了5百分点。这是由香港制造业"空心化"所决定的。

第三，从增长速度看，近年来，三种贸易形式都出现了显著的下降趋势。其中，出口贸易的下降幅度最大，其次是进口贸易，最后是转口贸易。2015年，出口贸易的年增长率为-21.5%，进口贸易的年增长率为-7.4%，转口贸易的年增长率为-4.7%。

概括起来，2000—2011年香港对外贸易总量保持了持续的增长，在2011年达到最大值8 235 619百万港元。此后，对外贸易出现持续的负增长。从结构来看，香港对外贸易以进口贸易和转口贸易为主，出口贸易所占比重很小。值得注意的是，自2011年以后，这三种贸易都出现了持续的负增长。

表1　2000—2015年香港的对外贸易增长及结构变化

（单位：百万港元;%）

年份	进口贸易		出口贸易		转口贸易		进出口贸易额	
	比重	年增长率	比重	年增长率	比重	年增长率	贸易额	年增长率
2000	51.3	19.2	5.6	9.3	43.1	18.5	4 117 227	18.3
2001	51.4	-4.0	5.0	-16.0	43.5	-3.1	3 949 716	-4.2
2002	50.9	6.1	4.1	-13.7	45.0	10.0	4 247 466	7.0

（续上表）

年份	进口贸易		出口贸易		转口贸易		进出口贸易额	
	比重	年增长率	比重	年增长率	比重	年增长率	贸易额	年增长率
2003	50.9	12.6	3.4	-4.8	45.7	14.1	4 864 999	12.7
2004	51.1	14.9	3.1	3.9	45.8	14.8	5 689 032	14.5
2005	50.9	8.5	3.0	6.5	46.2	9.6	6 247 808	8.9
2006	51.4	8.6	2.7	-3.1	46.0	7.3	6 768 833	7.7
2007	51.6	7.5	2.0	-25.8	46.4	7.9	7 281 159	7.0
2008	51.7	1.1	1.6	-25.4	46.7	1.6	7 351 620	1.0
2009	52.2	-13.0	1.1	-58.1	46.7	-14.0	6 449 119	-14.0
2010	52.6	18.2	1.1	15.0	46.3	16.7	7 812 531	17.5
2011	53.0	5.9	0.9	-11.5	46.1	4.6	8 235 619	5.1
2012	53.3	-0.1	0.8	-16.1	45.9	-0.8	8 193 133	-0.5
2013	53.3	-0.5	0.7	-12.9	46.0	-0.5	8 144 357	-0.6
2014	53.5	-0.5	0.7	-2.6	45.8	-1.1	8 080 338	-0.8
2015	52.9	-7.4	0.6	-21.5	46.5	-4.7	7 608 584	-6.2

（二）香港的主要贸易伙伴构成

香港是世界上贸易自由度最高的经济体之一，也是世界上贸易活动最活跃的地区之一。但是，香港的对外贸易却存在主要贸易伙伴集中度高、分布范围小的问题。具体表现在：一是，从香港的贸易伙伴在全球的分布来看，香港的对外贸易伙伴主要集中在亚太地区，其次是欧洲和北美，与其他地区较少进行贸易；二是，从香港与贸易伙伴的贸易额来看，香港与其他国家或地区的贸易额主要集中在某几个国家或地区。2015 年，中国内地、美国、日本、中国台湾、新加坡、韩国、印度、泰国、越南和德国十个国家和地区与香港的贸易额共占香港进出口贸易总额的 82.3%，其他国家和地区所占的比重很小。

表 2 展现了香港的五个主要贸易伙伴 2000—2015 年贸易额占香港总贸易额的比重变化。从中可以看到，香港与内地的贸易额占香港总贸易额的比重最大，远远超过了其他国家和地区，且呈不断增大的趋势。2015 年，香港与内地的贸易额占香港总贸易额的比重达到了 51.2%，排名第二至第五的依次为美国、日本、中国台湾和新加坡。然而，美国、日本、中国台

湾所占比重均持续下降。2000—2015 年，美国所占比重由 14.8% 下降为 7.2%，下降了 7.6 百分点；日本所占比重由 8.9% 下降为 5%，下降了 3.9 百分点；中国台湾所占比重由 5.1% 下降为 4.4%，降幅较小；新加坡所占比重在 2000—2010 年趋于上升，之后持续下降，到 2015 年约占 4%，与中国台湾所占比重大体相当。

由此不难看出，内地在香港的对外贸易中占据着举足轻重的地位。而且，这种趋势在不断地增强。这意味着，香港对外贸易对内地的依赖性极大。

表 2　香港与五个贸易伙伴的贸易额占比

（单位：%）

年份	中国内地	美国	日本	中国台湾	新加坡
2000	38.9	14.8	8.9	5.1	3.5
2001	40.3	14.3	8.7	4.7	3.4
2002	41.8	13.3	8.4	4.7	3.4
2003	43.1	11.9	8.7	4.7	3.6
2004	43.7	11.0	8.8	4.9	3.7
2005	45.0	10.5	8.2	4.8	4.0
2006	46.4	9.8	7.7	4.9	4.2
2007	47.5	9.1	7.3	4.6	4.4
2008	47.5	8.7	7.2	4.2	4.3
2009	48.7	8.3	6.7	4.5	4.2
2010	48.9	8.0	6.8	4.6	4.5
2011	48.5	7.6	6.4	4.6	4.4
2012	50.3	7.4	6.2	4.4	4.1
2013	51.1	7.2	5.5	4.5	4.0
2014	50.3	7.1	5.3	4.8	4.1
2015	51.2	7.2	5.0	4.4	4.0

四、数据介绍及模型构建

（一）数据来源及处理

本文选取香港 1982—2015 年的经济增长和对外贸易数据作为样本数据。数据来源于香港特区政府统计处。在变量选取上，我们用 GDP 描述香港经济增长，用 IMPORT、EXPORT 和 TRANSIT 分别代表进口贸易、出口贸易和转口贸易。从香港政府统计处得到的数据均是以当时价格计算的，为了消除价格变动因素对相关变量的影响，我们对所选取的数据均用消费者物价指数（2014 年 10 月至 2015 年 9 月为 100）进行平减。在实证分析中，为消除异方差性，所有数据都经过取自然对数处理，分别记为 ln*GDP*、ln*IMPORT*、ln*EXPORT*、ln*TRANSIT*。

（二）模型构建

为了研究对外贸易对香港经济增长的影响，我们根据新古典增长模型构造了以下函数关系式：

$$Y = A \cdot F\ (TRADE,\ K,\ L) \tag{1}$$

其中，*Y* 表示经济增长，为被解释变量，用 *GDP* 描述；对外贸易（*TRADE*）为解释变量，具体包括进口贸易（*IMPORT*）、出口贸易（*EXPORT*）和转口贸易（*TRANSIT*）；*K* 为资本投入，*L* 为劳动力投入，资本和劳动力投入为控制变量。对（1）式两边同时取自然对数，得到函数关系式如下：

$$\ln Y = \beta_0 + \beta_1 \ln TRADE + \beta_2 \ln K + \beta_3 \ln L + \varepsilon \tag{2}$$

进一步，计算对外贸易对香港经济增长的贡献率。这里，我们参考了林毅夫和李永军（2001）关于贸易对经济增长贡献率的分析模型，该模型为包括四个方程（国民收入恒等式和消费、投资、进口函数）的一个联立方程组模型。由于本文只是研究对外贸易对香港经济增长的影响，因此，这里参考杨凤美和肖红（2010）的做法，假设消费和投资等对经济增长的影响不变，将利率和有效汇率对进出口的影响抽象掉。于是，计量模型可设为：

$$GDP_t = \alpha IMPORT_t + e_{it} \tag{3}$$

$$GDP_t = \beta EXPORT_t + e_{et} \tag{4}$$

$$GDP_t = \gamma TRANSIT_t + e_{tt} \tag{5}$$

由此可得，进口贸易对香港经济增长的直接贡献度为 $\frac{\Delta IMPORT_t}{IMPORT_{t-1}} \times \frac{IMPORT_{t-1}}{GDP_t} = \frac{\Delta IMPORT_t}{GDP_t}$，则进口贸易额增长对香港经济增长的最终贡献率为 $\alpha \frac{\Delta IMPORT_t}{GDP_t}$。同理可得，出口贸易、转口贸易对香港经济增长的最终贡献率分别为 $\beta \frac{\Delta EXPORT_t}{GDP_t}$、$\gamma \frac{\Delta TRANSIT_t}{GDP_t}$。

五、实证分析

在这个部分，我们将首先检验香港对外贸易对经济增长的具体作用，使用协整检验方法，考察香港对外贸易与经济增长之间是否存在长期均衡关系。然后使用 Granger 检验方法，分析香港对外贸易与经济增长之间是否存在因果关系。在此基础上，我们运用上述模型，分析对外贸易对香港经济增长的影响。

（一）单位根检验

对于时间序列数据，若不考虑数据的平稳性而贸然进行回归，容易导致伪回归现象。因此，在进行协整检验和 Granger 检验之前，要先对数据的平稳性进行检验，即单位根检验。常用的单位根检验方法有 DF（Dickey-Fuller）检验、ADF（Augmented Dickey-Fuller）检验和 PP（Phillips-Perron）检验，本文选用最常使用的 ADF 检验方法来对变量数据做单位根检验。首先，确定变量是否带常数项或时间趋势项，参考变量的理论意义和数据轨迹图设定单位根检验模型，并根据各变量单位根方程中截距项和时间趋势项的显著性来判断模型的合理性。在检验过程中关于滞后阶数的选取，根据 AIC 和 BIC 等信息准则确定最优滞后阶数。单位根检验结果见表 3。

表 3 显示，在 5% 的显著性水平下，各变量均无法拒绝存在单位根的原假设，说明各变量均是不平稳的时间序列数据。我们进而对各变量取差

分后再做单位根检验。表 3 表明，在 5% 的显著性水平下，各变量的一阶差分项均拒绝了存在单位根的原假设，说明各变量均是一阶单整序列。

表 3　单位根检验结果

变量	检验形式（c，t，k）	ADF 检验值	5% 临界值	平稳性
GDP	（c，t，0）	-1.962	-3.568	不平稳
IMPORT	（c，t，0）	-1.866	-3.568	不平稳
EXPORT	（c，t，0）	-2.896	-3.568	不平稳
TRANSIT	（c，t，0）	-1.933	-3.568	不平稳
D（*GDP*）	（c，0，0）	-4.615	-2.980	平稳
D（*IMPORT*）	（c，0，0）	-4.409	-2.980	平稳
D（*EXPORT*）	（c，0，0）	-4.600	-2.980	平稳
D（*TRANSIT*）	（c，0，0）	-3.298	-2.980	平稳

注：变量 *D* 表示相应变量的一阶差分，检验形式（c，t，k）分别代表单位根检验式中的常数项、时间趋势项和滞后阶数。

（二）协整检验和 Granger 因果关系检验

对于两个一阶单整变量，它们之间可能因某种经济力量而存在长期均衡关系。若这种长期均衡关系存在，则可以对变量做线性组合消去随机趋势。这种线性组合关系也被称为协整关系。可以对两个单位根变量进行协整检验，以验证它们之间长期均衡关系的存在与否。常见的协整检验方法有 Johnsen 迹统计检验法和 EG 两步法，本文采用 Johnsen 迹统计检验法，协整检验的结果见表 4。从表 4 可以看出，香港的 GDP 与进口贸易、出口贸易、转口贸易之间至少存在两个协整关系，说明香港 GDP 与进口贸易、出口贸易、转口贸易之间存在长期稳定的关系，能够相互影响。

表 4 协整检验结果

变量	协整秩	迹统计量	5%临界值
ln*GDP*、ln*IMPORT*、ln*EXPORT*、ln*TRANSIT*	0	94.778 1	47.21
	1	50.657 3	29.68
	2	14.325 0*	15.41
	3	0.254 2	3.76

注：* 表示项目在 5% 的显著性水平上被拒绝。

对香港 GDP 与进口贸易、出口贸易、转口贸易分别构造向量自回归模型。在此基础上进行 Granger 因果关系检验，结果见表 5。由表 5 可知，在 5% 的显著性水平上，ln*IMPORT* 和 ln*TRANSIT* 均拒绝不是 ln*GDP* 的 Granger 原因的原假设，而 ln*EXPORT* 无法拒绝不是 ln*GDP* 的 Granger 原因的原假设，因此，其不是 ln*GDP* 的 Granger 原因。

表 5 Granger 因果关系检验结果

原假设	卡方值	自由度	*P* 值
ln*IMPORT* 不是 ln*GDP* 的 Granger 原因	31.482 0	1	0.000
ln*GDP* 不是 ln*IMPORT* 的 Granger 原因	9.744 1	1	0.045
ln*EXPORT* 不是 ln*GDP* 的 Granger 原因	2.563 4	1	0.464
ln*GDP* 不是 ln*EXPORT* 的 Granger 原因	16.576 0	1	0.001
ln*TRANSIT* 不是 ln*GDP* 的 Granger 原因	8.665 8	1	0.003
ln*GDP* 不是 ln*TRANSIT* 的 Granger 原因	1.558 6	1	0.212

（三）回归分析

根据上述协整检验和 Granger 因果关系检验的结果，香港的 GDP 与进口贸易、出口贸易、转口贸易之间存在协整关系，进口贸易和转口贸易均是 GDP 的 Granger 原因，出口贸易则不是 GDP 的 Granger 原因。为进一步验证与进口贸易、出口贸易、转口贸易各自对香港经济增长的贡献，根据模型(2)进行回归分析，结果见表 6。其中，模型(1)～(6)采用了分步回归的方法，在模型中依次加入解释变量，并去掉不显著的解释变量，比较各模型的回归结果，以找到最合适的模型。对模型(1)先不加入任何有关贸易的解释变量，仅对控制变量进行回归，结果显示，两个控制变量均是显著的。对模型(2)~(4)分别加入进口贸易、出口贸易、转口贸易变量，结果显示进口贸易、转口贸易变量的结果是显著的，且两者的系数均为正，而出口贸易的结果并不显著。这与上文 Granger 检验的结果相一致。对模型(5)，将进口贸易、出口贸易、转口贸易变量同时加入模型中，进口贸易、出口贸易的结果均不显著，控制变量劳动力的结果也变得不显著。模型(6)在模型(5)的基础上去掉了不显著的出口贸易这个变量，各解释变量和控制变量均变成显著的，且模型(6)的拟合优度比其他模型都要高。所以，我们选取模型(6)为最优回归模型。从模型(6)的回归结果我们可以看到，进口贸易和转口贸易对香港经济增长均有着正向的促进作用，且转口贸易对香港经济增长的影响大于进口贸易，出口贸易对香港经济增长的促进作用不显著。

表6　回归分析结果

变量	模型（1）	模型（2）	模型（3）	模型（4）	模型（5）	模型（6）
CONSTANT	-11.81** (-7.35)	1.31 (0.89)	-16.58*** (-4.19)	3.32*** (2.73)	4.17 (1.63)	3.56*** (3.17)
ln*IMPORT*		0.36*** (10.45)			0.11 (1.68)	0.13** (2.55)
ln*EXPORT*			0.05 (1.33)		-0.01 (-0.27)	
ln*TRANSIT*				0.27*** (14.19)	0.20*** (3.90)	0.19*** (5.48)
ln*K*	0.45*** (7.28)	0.23*** (6.36)	0.42*** (6.61)	0.14*** (4.36)	0.15*** (4.88)	0.15*** (5.10)
ln*L*	1.35*** (9.27)	0.32** (2.65)	1.66*** (6.14)	0.36*** (4.06)	0.25 (1.66)	0.28*** (3.28)
R^2	0.9597	0.9913	0.9619	0.9948	0.9957	0.9957
修正后的 R^2	0.9571	0.9904	0.9581	0.9942	0.9950	0.9951

注：括号中数值是解释变量系数的 t 统计量；*、**、***分别表示变量在1%、5%、10%的置信水平上显著。

（四）贡献率分析

我们用从模型（6）中得到的 α 和 β 的值计算出 1982—2015 年进口贸

易、转口贸易对香港经济增长的贡献度和贡献率（见表7）。总体来看，进口贸易、转口贸易对香港经济增长的贡献度大致相当，但是转口贸易对香港经济增长的贡献率要大于进口贸易，可见，转口贸易是香港经济增长的重要拉动力。

从表7中我们还可以发现，1996年和1997年分别是进口贸易、转口贸易对香港经济增长贡献度和贡献率变化的一个非常明显的分水岭。因此，本文将对外贸易对香港经济增长的影响划分成两个阶段来分析。

第一阶段为1982—1995年，进口贸易和转口贸易对香港经济增长的贡献率处于较平稳的波动中。其中，进口贸易对香港经济增长的贡献率在1987年达到最大，为0.028 4；转口贸易对香港经济增长的贡献率在1988年达到最大，为0.031 9。进口贸易和转口贸易贡献率的最小值均出现在1982年，分别为 -0.007 和 -0.001 9。总体上，在这个阶段，进口贸易和转口贸易对香港经济增长有着长期稳定的促进作用。

第二阶段为1996—2015年，进口贸易和转口贸易对香港经济增长的贡献率出现强烈的波动。其中，进口贸易和转口贸易对香港经济增长的贡献率最高点均出现在2010年，分别为0.044 7和0.052 9；最低点同时出现在2009年，分别为 -0.027 5 和 -0.038 7。在这个阶段，对外贸易依旧对香港经济增长有着重要的促进作用，但由于外部环境变化大，先后发生了1997年亚洲金融危机，2001年美国互联网泡沫破裂及“9·11”恐怖袭击事件，2003年“非典”疫情，以及2007年国际金融危机等，导致对外贸易对香港经济增长的贡献率出现大起大落的情况。

表7　进口贸易和转口贸易对香港经济增长的贡献度及贡献率

（单位:%）

年份	贡献度		贡献率	
	进口贸易	转口贸易	进口贸易	转口贸易
1982	-0.053 7	-0.009 8	-0.007 0	-0.001 9
1983	0.083 6	0.034 4	0.010 9	0.006 5
1984	0.124 8	0.085 2	0.016 2	0.016 2
1985	0.001 6	0.068 0	0.000 2	0.012 9
1986	0.112 2	0.041 7	0.014 6	0.007 9
1987	0.218 8	0.135 0	0.028 4	0.025 7
1988	0.196 0	0.168 1	0.025 5	0.031 9

（续上表）

年份	贡献度		贡献率	
	进口贸易	转口贸易	进口贸易	转口贸易
1989	0. 023 6	0. 079 5	0. 003 1	0. 015 1
1990	0. 037 3	0. 053 8	0. 004 9	0. 010 2
1991	0. 092 7	0. 107 4	0. 012 1	0. 020 4
1992	0. 126 3	0. 130 0	0. 016 4	0. 024 7
1993	0. 034 8	0. 076 3	0. 004 5	0. 014 5
1994	0. 078 6	0. 048 9	0. 010 2	0. 009 3
1995	0. 113 3	0. 070 1	0. 014 7	0. 013 3
1996	-0. 040 9	0. 002 0	-0. 005 3	0. 000 4
1997	-0. 007 1	-0. 007 4	-0. 000 9	-0. 001 4
1998	-0. 178 1	-0. 092 9	-0. 023 2	-0. 017 7
1999	0. 015 4	0. 050 3	0. 002 0	0. 009 6
2000	0. 237 5	0. 192 6	0. 030 9	0. 036 6
2001	-0. 047 7	-0. 031 6	-0. 006 2	-0. 006 0
2002	0. 076 0	0. 109 6	0. 009 9	0. 020 8
2003	0. 181 6	0. 181 5	0. 023 6	0. 034 5
2004	0. 238 1	0. 212 5	0. 031 0	0. 040 4
2005	0. 140 2	0. 143 6	0. 018 2	0. 027 3
2006	0. 148 8	0. 113 1	0. 019 3	0. 021 5
2007	0. 130 2	0. 123 7	0. 016 9	0. 023 5
2008	0. 020 2	0. 026 1	0. 002 6	0. 005 0
2009	-0. 211 3	-0. 203 8	-0. 027 5	-0. 038 7
2010	0. 343 9	0. 278 6	0. 044 7	0. 052 9
2011	0. 113 9	0. 078 6	0. 014 8	0. 014 9
2012	-0. 001 1	-0. 012 9	-0. 000 1	-0. 002 5
2013	-0. 010 1	-0. 008 0	-0. 001 3	-0. 001 5
2014	-0. 008 7	-0. 018 4	-0. 001 1	-0. 003 5
2015	-0. 124 3	-0. 069 4	-0. 016 2	-0. 013 2

六、结论及政策建议

归纳起来，本文获得了以下主要结论：第一，就对外贸易而言，进口贸易、转口贸易是香港经济增长的主要动力。这个结论与已有相关研究的结论基本一致。但是，出口贸易对香港经济增长的促进作用并不显著。大体上，进口贸易每增长1%，将促进香港经济增长0.13%；转口贸易每增长1%，将促进香港经济增长0.19%。第二，比较而言，进口贸易、转口贸易对香港经济增长的贡献率存在差异。总体上，转口贸易对香港经济增长的贡献率大于进口贸易。第三，2012年以来，进口贸易、转口贸易对香港经济增长的贡献率都出现了一定程度的下滑。

鉴于对外贸易对香港的物流、金融等支柱产业的发展有着重要的关联作用，是促进香港经济增长的重要动力，因此，香港需要采取积极的措施促进对外贸易持续发展，这是现阶段及未来香港经济增长的一项事关全局的重要任务。同时，由于内地是香港最主要的对外贸易伙伴，“一带一路”建设将推动内地形成全方位对外开放的新格局，其可能带来的结果之一就是香港对内地的转口贸易下降。这是香港必须高度重视的趋势性变化。我们认为，一方面，香港需要抓住“一带一路”建设的有利时机，积极开拓“一带一路”沿线市场，改善贸易伙伴结构，扩大对外贸易范围；另一方面，要进一步降低对外贸易交易成本、创新对外贸易方式，紧密配合中央政府“走出去”战略，融入内地的对外经济贸易合作网络，以保障转口贸易稳定发展，同时，要积极发展离岸贸易，培育新的对外贸易增长点。

参考文献：

[1] 包群．贸易开放与经济增长：只是线性关系吗 [J]．世界经济，2008 (9)．

[2] 陈雄超．香港产业结构演变与经济增长关系的实证研究——基于四大支柱产业 [J]．当代港澳研究，2013 (2)．

[3] 黄泽华．扬森：《香港经济增长与政策》[J]．国外社会科学文摘，1985 (1)．

[4] 李莉．香港转口贸易对经济增长贡献的实证分析：1964—2007年 [J]．亚太经济，2009 (3)．

[5] 刘露，张鸽．香港服务贸易与当地经济增长关系的实证分析 [J]．内蒙古农业大学学报（社会科学版），2008 (5)．

［6］林毅夫，李永军．必要的修正——对外贸易与经济增长关系的再考察［J］．国际贸易，2001（9）．

［7］刘再起，徐艳飞．对外贸易、市场整合与地区经济增长——基于bootstrap 面板因果检验［J］．世界经济研究，2013（3）．

［8］裴长洪．进口贸易结构与经济增长：规律与启示［J］．经济研究，2013（7）．

［9］沈程翔．1980—1997：中国经济增长中的出口多样化进程与结构变迁［J］．上海经济研究，1999（6）．

［10］王春新．香港贸易转型转出美好前景［J］．粤港澳价格，2003（3）．

［11］王勤．近期香港经济形势分析与预测［J］．亚太经济，2008（2）．

［12］吴振宇，沈利生．中国对外贸易对 GDP 贡献的经验分析［J］．世界经济，2004（2）．

［13］张光南，陈广汉．香港对外贸易与经济增长和产业结构升级——“一国两制”和改革开放的成功结合与实践［J］．国际经贸探索，2009（1）．

［14］张世晴，陈文政．进出口贸易拉动 GDP 增长的 HP 滤波分析及协整检验——基于 1978—2007 年我国数据的分析［J］．国际贸易问题，2010（2）．

［15］张仲深．对外贸易：香港“经济增长的发动机”［J］．经贸导刊，1996（7）．

空间经济学视角下的香港经济转型研究

贾善铭[①]

近年来，香港经济增长乏力，使得香港经济转型再次成为学术界和政策制定者共同关注的话题。实际上，从已有的研究来看，香港经济转型是一个具有显著周期性特征的研究问题。众所周知，香港经济增长的成就曾经举世瞩目，其经济发展模式是经济研究者和政策制定者关注的焦点之一。但是，随着经济全球化的日益深入，经济体关系的日益调整，区域一体化进程不确定性的增强，香港经济增长遇到了前所未有的挑战。在香港经济增长面临困境的情况下，无论是政策制定者还是经济研究者，首先想到的是香港经济要转型。其实，纵观香港经济发展历程，其经历过两次成功的经济转型，这也是香港经济一度保持良好发展态势的重要原因之一。香港过去成功的经济转型经验为其打下了良好的基础，但是其经济转型的现在和未来之路却始终充满不确定性。这些不确定性使得研究者既要充分考虑香港过去经济转型的经验，又要分析香港现阶段所处的经济发展环境，更要研究香港经济转型过程中可能面临的困境及成因，只有这样才能更加全面地认识香港经济转型，也才能提出更加有针对性的对策建议从而推动香港经济转型，实现香港持续繁荣稳定。因此，本文试图在分析香港经济发展总体情况和前两次香港经济成功转型历程和特点的基础上，结合现有香港经济转型的研究成果，提出利用空间经济学理论分析香港经济转型的合理性，在空间经济学基本原理的指导下深入分析香港经济转型的困境，并尝试从空间经济学视角提出推进香港经济转型的对策建议。

一、香港经济转型的历程和特点

空间经济学的研究表明，一个经济体的经济发展过程主要表现为，不同区位土地价格的改变所引起的经济体空间结构的一系列变化。主要的变化过程如下：土地价格高的区位会率先推动高附加值产业逐步取代低附加

① 贾善铭，暨南大学经济学院助理研究员，博士，主要从事区域多极增长、交通与经济增长研究，关注港澳经济转型。E-mail：jia_shanming@126. com。

值产业，低附加值产业会转移到土地价格相对较低的区位，由此形成“土地价格上升—产业结构升级—产业布局改变—空间结构演变”的累积因果循环，由此带动就业人口流动，从而改变整个区域的经济结构、人口结构和社会关系，形成一个空间相互作用推动的经济体结构演变过程（Desmet，Rossi-Hansberg，2014）。因此，从理论上讲，一个经济体要实现经济长期持续稳定增长，必须合理把握上述演变过程。即经济体应该在合适的时间点选择合适的转型路径，那么经济体就能保持持续稳定的经济发展，否则经济体可能会陷入长期的经济停滞甚至衰退。因此，要研究经济体未来的转型道路，必须对经济体经济发展历程中曾经经历的转型进行详细研究，才能提出更加有针对性的、推进经济体经济转型路径的建议。在该部分，本文将回顾香港经济发展的总体情况和经济转型的历程，并从空间经济学视角分析其经济转型具有的特点，为后文提出推进香港经济转型的针对性建议奠定基础。

（一）香港经济发展的总体情况

作为一个经济体，香港经济具有明显的外向型特征，这决定了香港经济受到外围经济体，特别是与之联系紧密的大经济体的影响较大。因此，为了体现香港外向型经济体的特征，本文在回顾香港经济发展总体情况时，使用的数据是以美元计价的香港名义 GDP。数据显示，2015 年香港名义 GDP 达到 309 920 百万美元，约为 1960 年香港名义 GDP 的 249 倍，这 55 年的年均经济增长率为 10.5%，整体来看属于高速增长。与之相对应，1961—2015 年各个年份的经济增长率差异很大，其中增长率最高的 1973 年，增长率为 40.6%，增长率最低的 1983 年，增长率为 -7.4%，两者相差 48 百分点，由此可见香港经济增长波动较大，特别是在 1997 年前后，经济增长率存在较为明显的差异。1960—1996 年香港的年均增长率为 14.4%，1997—2015 年香港的年均增长率为 3.1%，两个阶段的经济增长率差了 11.3 百分点（见图 1）。借鉴经济增长阶段理论，经济体在发展初期的起飞阶段，经济增长率会很高，等到经济体成为发达经济体，其经济增长率会回归到一个合理水平，根据国际货币基金组织的认定，香港在 1997 年成为经济发达地区。因此，本文认为香港经济增长率的合理下降是符合经济发展规律的。

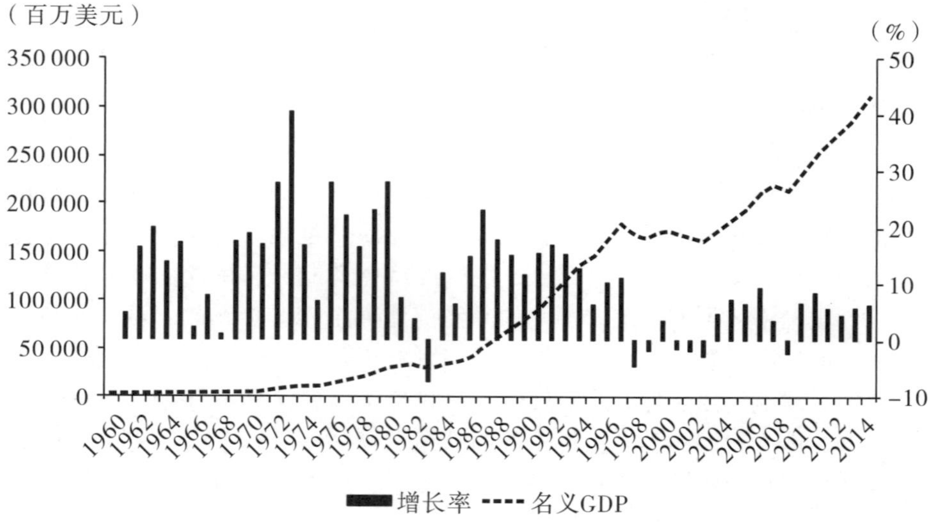

图 1　1960—2015 年香港名义 GDP 和增长率变化图

数据来源：根据香港特别行政区政府统计处数据整理所得。

为了更好地刻画香港经济发展的总体情况，本研究以香港 55 年的年均经济增长率 10.5% 为基准线，将香港 1961—2015 年各个年份的经济增长率进行分类，发现年增长率大于 10.5% 的年份有 26 年，其中有 4 个持续增长的时间段，分别为 1962—1965 年，1969—1974 年，1976—1980 年和 1986—1994 年；年增长率小于 10.5% 的年份有 29 年，其中有 3 个阶段较为明显，分别为 1966—1968 年，1981—1983 年，1998—2015 年。

进一步，本研究以偏离 10.5% 基准线 5 百分点为依据，对增长率的年份分布进行分类后发现，在 4 个持续增长的时间段中，1969—1974 和 1976—1980 两个时间段所有年份的增长率偏离 10.5% 大于 5 百分点，是香港经济的持续高速增长期，1962—1965 年和 1986—1994 年两个时间段，各有 1 年和 5 年的年增长率偏离 10.5% 小于 5 百分点，是香港经济的高速增长期；在年增长率低于 10.5% 的阶段中，1966—1968 年和 1981—1983 年两个时间段，都有 2 年的年增长率偏离 10.5% 大于 5 百分点，是香港经济的低迷期，1998—2015 年这一阶段可以划分为两个阶段，一是 1998—2004 年，其所有年份的增长率都偏离 10.5% 大于 5 百分点，二是 2005—2015 年，尽管有个别年份的增长率偏离 10.5% 大于 5 百分点，但是大部分年份偏离 10.5% 小于 5 百分点，所以 1998—2004 年是香港经济的持续低迷期，2005—2015 年是香港经济的调整期。因此，总体来看，香港经济的高速增长期都是在 2000 年以前，2000 年后香港经济增长步入稳定期，但是受到经济危机的影响很大，又呈现出不同的特点，通过1998—2004年和2005—2015年的比较可以看出，1998年的金融危机对香港的冲击远远大于2008年的金融危机，这说明从香港回归以来，香港经济抵御外部风险的能力在持续增强（见图1、下表）。

1961—2015年香港经济增长率分布情况表

<table>
<tr><td></td><td colspan="2">大于10.5%</td><td colspan="2">小于10.5%</td></tr>
<tr><td rowspan="3">年份</td><td colspan="2">1962—1965，1969—1974，1976—1980，1984，1986—1994，1997</td><td colspan="2">1961，1966—1968，1975，1981—1983，1985，1995，1996，1998—2015</td></tr>
<tr><td>偏离10.5%
大于5百分点</td><td>偏离10.5%
小于5百分点</td><td>偏离10.5%
大于5百分点</td><td>偏离10.5%
小于5百分点</td></tr>
<tr><td>1962，1963，1965，1969—1974，1976—1980，1987，1988，1991，1992</td><td>1964，1984，1986，1989，1990，1993，1994，1997</td><td>1961，1966，1968，1982，1983，1998—2004，2008—2009，2013</td><td>1967，1975，1981，1985，1995，1996，2005—2007，2010—2012，2014—2015</td></tr>
</table>

数据来源：根据香港特别行政区政府统计处数据整理所得。

（二）香港经济转型的历程和特点

1. 香港经济转型的历程

根据现有研究，香港经济在发展过程中经历了两次较大的转型，现在正在经历第三次转型（陈广汉、张应武，2007；毛艳华、荣健欣、钟世川，2016）。香港经济的前两次转型分别发生在20世纪50年代初期到60年代末期，以及20世纪70年代初期到80年代初期。通过这两次经济转型，香港成功地从转口贸易的节点成为工业化的集中地，又发展成为以金融、旅游为核心的服务业的集聚区，香港经济也实现了快速起飞，在1997年成为经济发达地区。现在香港正在经历其发展过程中的第三次转型，这次转型从21世纪初开始，一直持续到现在，但是效果远没有前两次转型明显。

2. 香港经济转型的特点

根据香港前两次成功转型的经验，以及正在经历的第三次转型的实践，再结合空间经济学的相关理论，本文认为，从空间经济学视角看，香港经济转型具有以下三个特点。

（1）具有明显的小经济体特点。香港前两次转型成功主要的背景是，20 世纪 50 年代初期爆发了朝鲜战争，内地尚未改革开放，香港外部竞争压力较小，工业化成本较低，因此制造业快速发展。在 20 世纪 70 年代到 80 年代初期，香港迎来了内地的改革开放，这为香港原有的土地和劳动密集型工业的转移提供了难得的机遇，香港可以利用工业发展的先发优势，在与内地的竞争中处于领导地位，可以有序地将产业链下游的加工部分转移到内地，产业链上游的设计、市场开发、金融服务和贸易服务等留在香港。由此可见，香港经济发展具有明显的小经济体特征，外部环境和经济腹地对其发展至关重要。这两次成功的转型都有良好的外部条件作为支撑，内地的改革开放为香港第二次转型提供了足够的经济腹地。

（2）具有时间换空间的特点。香港缺乏足够的经济腹地，工业化发展阶段香港还可以利用其相对廉价的劳动力和土地推动经济发展，服务业阶段可以利用当时内地实行改革开放的时机进行产业转移，以此带动经济结构调整。从空间经济学的视角看，前两次成功转型的关键，就是找到了经济腹地，并且不是通过自己来解决的，而是通过其他地区在经济发展时间段上的差异实现的。因此，本文认为，从空间经济学的时空特性看，香港经济转型存在时间换空间的特征。第一次是抓住了香港工业品销售缺少竞争对手的时间点，第二次是抓住了内地改革开放的时间点。同时，结合香港第三次转型迟迟无法实现的现状，更进一步证明了这一特征，因为内地经济的快速发展催生了很多增长极，这些增长极发展同样需要经济腹地，在这样的时间点上，香港原来用时间换空间推动经济转型的方式势必遇到很大的困境。

（3）具有区域产业链合作的特点。从宏观视角看，产业是经济体经济发展的最终落脚点，经济转型的实质是经济体的产业一直能在竞争中占据优势，这样产业发展才具有活力。小经济体的特征和香港产业发展的特点决定了香港经济转型必须采取区域产业链合作的模式来推进，特别是在经济全球化和区域一体化的大背景下，区域产业链合作是常态。香港第二次产业转型的成功就是区域产业链合作的典型例子，这里需要注意的是产业链合作必须以经济腹地作为前提。

二、香港经济转型的相关研究述评

前文详细介绍了香港经济转型的实践，这些实践为学者们研究其经济转型提供了很好的素材，因此有很多关于香港经济转型的研究成果。在此部分，本文将详细梳理关于香港经济转型的研究成果，并尝试对这些研究进行评述，为后文从空间经济学视角下分析香港经济转型提供基础。

（一）香港经济转型研究成果

关于香港经济转型的研究成果有很多，可以说涉及了香港经济转型的各个层面，为了更好地反映研究的趋势与现状，本文以 CNKI 数据库为基础，在 2017 年 2 月 20 日，以香港经济转型为主题检索文献，并对文献进行分析。同时，为了更好地了解现有研究，本研究又采用按照研究结论分类的方式对文献做进一步介绍，以期更好地呈现香港经济转型研究的成果。

1. 研究总体趋势分析

从统计结果来看，1991—2016 年，以香港经济转型为主题的各类研究成果共有 274 项，其中 2002 年最多，有 27 项，1991 年最少，只有 1 项。在香港回归前后、21 世纪初，以及 2008 年经济危机前后，相关研究成果相对较多。这就是说，香港经济转型始终与外部经济发展环境改变有着千丝万缕的联系，这符合香港小经济体的特征，外部经济的不景气会转嫁到香港，此时香港就要开始思索如何通过经济转型应对这一变化带来的影响。同时，从近年的研究来看，由于全球经济复苏乏力、香港经济增长持续低迷，香港经济转型的研究从 2012 年开始逐年增多，其中 2013 年 14 项，2014 年 9 项，2015 年 13 项，2016 年 11 项（见图 2）。2017 年是香港回归二十周年，再加上香港至今还没有找到第三次经济转型的合理路径，预期以香港经济转型为主题的研究在未来可能会保持一个较为合理的增长水平，每年的成果可能会维持在 10 项左右。

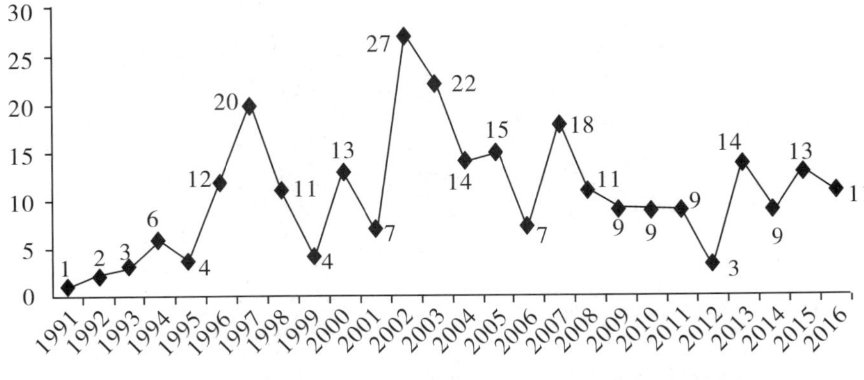

图 2　1991—2016 年 CNKI 数据库香港经济转型主题词检索结果

数据来源：根据 CNKI 数据库检索结果整理所得。

2. 研究成果涉及的主要内容

以香港经济转型为主题的研究，其研究成果主要涉及以下四个方面，其一是香港经济转型的次数，其二是香港经济转型的方式，其三是香港经济转型所面临的问题，其四是香港经济转型应走的路径。

在前两个方面，学者们的研究已经达成共识，就是香港目前为止共经历了两次转型，现在正在进行第三次转型。从空间经济学角度看，第一次转型香港实现了由贸易节点城市向工业集中地的转变，对应了香港工业化的过程；第二次转型香港实现了由工业集中地向服务业集聚地的转变，对应了香港服务业化的过程；第三次转型香港的目的应该是实现香港经济发展的多元化。

在后两个方面，由于香港第一次和第二次转型已经成功完成，再回顾这两次转型所面临的问题和应走的路径意义不大，因此下面主要总结关于香港第三次转型的最新研究成果。学者们在研究香港经济第三次转型时，总结起来主要指出了其面临的四个问题：一是产业单一化问题，二是创新不足问题，三是政治因素对经济影响问题，四是香港与内地关系问题。比如，陈广汉、张应武（2007）的研究表明，香港制造业继续萎缩，产业结构更趋服务业化，并且各个行业的劳动生产率不高，发展科技创新产业的尝试没有成功等都是制约香港经济转型的重要因素。封小云（2007）的研究则指出，香港经济结构出现了非物质化和服务业化的倾向，同时香港与内地区域转变效应不高，服务业集聚和专业化程度不高等都是香港经济转型面临的主要问题。毛艳华（2007）的研究也指出，20 世纪 90 年代后，制造业在香港 GDP 中所占比重快速下降，服务业则快速上升，目前香港已发展成为一个高度依赖于金融服务业的经济体，同时香港定位于城市型经济体还是独立经济体，以及香港自由经济体制是否调整都将影响到未来的香港经济转型。倪外（2016）的研究则进一步表明，香港城市经济第三次转型面临困境的主要原因是经济创新原动力不足、新兴产业培育不足、传统服务经济功能固化、社会政治议题冲击以及倚重中央优惠政策等。针对以上四个主要问题，学者们又从香港经济定位、香港与内地经济关系的处理、香港产业创新发展、香港体制创新等方面提出了针对性的政策建议（封小云，2007；毛艳华，2007；倪外，2016；毛艳华、荣健欣、钟世川，2016）。

（二）香港经济转型研究评价

通过分析现有研究成果，本文发现，现有成果对香港经济的第三次转型的基本判断是一致的，就是香港经济的第三次转型是一个长期而艰巨的任务，在外部环境已经改变的情况下，香港经济想要实现再次腾飞难度很大。现有成果从香港自身问题、外部环境变化，特别是香港与内地关系的改变入手，分析了香港第三次转型面临的困难，并针对上述难题提出了相应的对策建议。但是，本文认为，现有成果还无法解决一些问题，比如经济腹地的问题、香港经济增速的问题等。造成这一局面的主要原因是缺乏从空间经济学视角对香港经济转型进行相关认识。也就是说，需要利用空间经济学的相关认识分析香港经济转型，并从空间经济学视角提出相应的政策建议。

三、空间经济学视角下香港经济转型的困境分析

前文已经指出，现有研究缺乏从空间经济学视角的分析，因此忽视了香港经济转型面临的一些问题，本部分将首先简要介绍一下空间经济学中可以用来认识经济转型的一些相关理论，然后尝试利用这些理论，结合香港经济转型的三个特点，分析香港经济转型的困境，并进一步提出了一个疑问。

（一）空间经济学相关理论

本文认为，空间经济学中对理解经济转型有帮助的理论主要有以下四个，分别是增长极理论、路径依赖、非均质空间、时空特性。

（1）增长极理论。增长极理论在刚提出的时候是不带有任何空间属性的，强调的是推进型企业在经济发展中的作用，后来才是企业与区位的结合成为推动区域经济增长的主要因素。增长极理论强调增长极的辐射范围、增长极与腹地的互动发展以及增长极之间的竞合关系等。因此，任何影响增长极辐射范围、腹地面积的政策或措施，都会对增长极的发展产生影响。

（2）路径依赖。演化经济地理学强调路径依赖的作用，就是某一个区位的发展所选择的特定模式并不一定是最优的，但是初始的选择可能由于累积因果循环的存在，在短时间内无法改变。换句话说就是，初始的选择会对未来发展起到决定性作用。在经济转型过程中，这一作用是最不能忽视的，因为初始如果不具备与所确定转型方向一致的条件，经济转型的难度会很大。经济转型是顺其自然还是创造性破坏，是由路径依赖所决定的。

（3）非均质空间。空间引入经济学会改变竞争性均衡所需要的条件，因此，空间引入经济学后带来的最大变化就是，规模报酬递增和空间如何处理的问题。在空间经济学中，空间不是无限可分的，区位是一个“块状经济体”，同时区位又是存在差异的，有一定的主动选择能力，因此在经济转型过程中，必须考虑不同区位之间的差异，以及影响经济增长因素可能带来的不同结果（贾善铭，2014）。

（4）时空特性。空间经济学理论最大的贡献之一，就是将空间维度引入到经济学分析，使得空间维度分析与时间维度分析相结合。因此，经济发展不只是经济总量在时间维度上的增长，也是在空间维度上的重新调整。区域差异、区域空间结构成为影响经济发展的重要因素。同时，时间和空间之间也存在一定的替代，时间上的增长可以通过空间上的重新组合来实现，就是说通过资源重新分配，使得经济主体与区位契合得更加合理（贾善铭、覃成林，2015）。

（二）香港经济转型的困境分析

在分析香港经济转型的三个基本特点时，本文已经用到了空间经济学的相关理论。在详细介绍了四个基本理论后，这部分将以这四个理论为指导，尝试分析香港经济转型面临的两个主要困境，以及需要探讨的一个问题。

（1）经济腹地困境。香港是小经济体，在增长极发展初期，其自身可以提供经济腹地，但是随着香港经济体量的增大，其所要求的经济腹地范围将变大。以香港经济的第二次转型为例，其转型成功的关键，是利用了内地发展的时间差，找到了其经济发展所需的经济腹地。但是，现在随着内地经济的快速发展，特别是珠三角、长三角和环渤海城市群的崛起，这三大城市群及其经济腹地几乎可以完全覆盖内地的东部地区。香港第二次经济转型已经利用了巨大的经济腹地，现在的第三次经济转型，香港的经济体量更大，所需要的经济腹地也更大，但是此时，香港经济腹地的主要提供方——内地，已经无法给香港提供其所需要的经济腹地，那么，香港的第三次转型还能顺利实现吗?

（2）劳动力困境。经济发展最终还是要落脚到经济主体，经济主体没有了，一切的发展也就没有了意义。边际递减规律告诉我们，在发达经济体，劳动力成本是高的，那么势必需要更多的回报，更多的回报意味着更多的空间占有，但是经济腹地困境告诉我们，这个很难实现。香港作为小经济体，自身人口增长缓慢，没有经济腹地使得工资要求较低的劳动力无法得到有效补充，一旦缺乏劳动力，任何的产业发展策略都无法奏效。

在这两个困境下，本文想探讨的一个问题就是：香港经济真的是不行了吗？其实，从空间经济学的视角看，经济发展本身就是一个经济转型的过程，与其说经济转型是经济发展的内在要求，倒不如说经济转型就是经济发展的重要组成部分。那么，势必存在这样一个逻辑，经济增长只要在一个合理的范围内，经济发展就是好的，经济转型也应该是好的。现在，本文将研究视野拉回到图1，我们来看2010—2015年香港名义GDP的增长率，这五年的年均增长率是6.3%，这个增长率已经远远高于世界发达国家和地区的经济增长率，与中国内地现阶段6.7%的增长率也相差无几。那么，我们为什么还说香港经济不行了？本文认为，主要是内地快速的经济发展给香港带来了压力，再就是香港起飞阶段的经济增长率太高了，现在突然降了下来，人们不适应。试问五年平均6.3%的年均增长率是高是低呢？这是一个值得探讨和深思的问题。存在这个疑问并不代表香港经济不需要经济转型，香港经济转型还要继续，因为本文已经指出，从空间经济学视角看，经济发展过程在一定程度上就是经济转型过程，只有不断地进行经济转型，香港才能找到推动其经济持续稳定繁荣的钥匙。那么香港该如何做呢？

四、空间经济学视角下香港经济转型的对策建议

前文通过分析香港经济发展的总体情况，经济转型的历程和特点，在已有的研究基础上，从空间经济学视角提出了香港经济转型面临的两大困境，那么如何来破解这两大困境呢？本文认为要做好以下三项工作。

首先，强化和创新区域合作模式。解决香港经济发展的经济腹地是首要工作，在香港自身无法满足经济腹地要求的情况下，要积极探索香港与内地的区域合作模式。以分工合作的方式处理好香港与内地东部沿海三大增长极之间的关系，特别是与珠三角和长三角的广州、深圳和上海之间的关系，以香港现有的金融业、旅游业、中药产业为核心探索产业链分工合作的新模式。可以尝试在CEPA框架下，突破单纯的自由贸易限制，率先在香港与珠三角建立自由经济区。

其次，探索内地与香港人口流动新机制。经济发展最终还是要依靠人口做支撑，经济腹地的一个重要作用是实现满足产业分工的空间要求，更为重要的是满足劳动力的要求。在建立自由经济区的前提下，要尝试突破人口流动的一些限制，实现人口更加灵活的流动。内地三十多年改革开放

的实践已经表明，实现经济稳定发展的一个主要条件就是人口流动限制的逐渐放开。

最后，引导民众正确认识经济发展转型。香港作为小经济体，在经济转型的推进过程中，更加容易受到民众的关注，而且香港特区的制度使得这些关注会影响到特区政府的施政方略。因此，要将经济转型的实践以更加通俗的方式传递给民众，让民众正确认识经济增长的规律，对经济转型形成良好的预期，进而树立香港经济持续稳定繁荣的信心。

参考文献：

［1］DESMET K，ROSSI-HANSBERG E. Spatial development［J］. The American economic review，2014，104（4）.

［2］陈广汉，张应武．香港经济转型：现状及未来的路向［J］．珠江经济，2007（7）.

［3］封小云．香港经济转型：结构演变及发展前景［J］．学术研究，2007（8）.

［4］贾善铭．区域经济多极增长机制研究［D］．广州：暨南大学，2014.

［5］贾善铭，覃成林．区域经济多极增长的概念界定与辨析［J］．兰州学刊，2015（5）.

［6］毛艳华．香港经济转型的三大难题探析［J］．学术研究，2007（4）.

［7］毛艳华，荣健欣，钟世川．“一带一路”与香港经济第三次转型［J］．港澳研究，2016（3）.

［8］倪外．香港城市经济转型的困境、趋势与对策分析［J］．亚太经济，2016（2）.

第二编　服务贸易自由化

回归以来粤港服务业合作回顾与展望

钟　韵[1]

"二战"后，香港经历两次成功的产业转型，20 世纪 90 年代中期已进入服务经济时代。粤港两地的合作模式与重点领域，自回归之日起不断推进与深化，随着广东产业结构升级及经济发展水平的提高，已从 20 世纪 80 年代的制造业与服务业合作，转变为服务业之间的合作。广东的两大中心城市——广州与深圳，经历了改革开放后经济的迅猛发展期，其服务业水平亦与回归前与香港差距甚远的状况不可同日而语。同时，回归后，在中央政府的推动下，支持粤港服务合作的制度框架亦不断创新，为粤港服务业合作的推进不断扫除障碍。

笔者自 2001 年开展博士论文研究工作之际，便开始关注香港生产性服务业对广州生产性服务业发展的影响。自 2004 年博士毕业后到暨南大学特区港澳经济研究所工作以来，有幸主持、参与了多项有关粤港服务业合作的政府委托课题。多年来对粤港两地服务业界人士，以及两地的行业管理部门有过多次调研访谈。

本文依托笔者自 2001 年以来，关于粤港服务业的多项研究成果的总结整理而成。旨在客观反映粤港两地服务业合作的推进过程中，各阶段的制度创新，新制度下合作取得的成效，合作面临的阻碍，以及对进一步制度创新的思考。根据粤港服务业合作的各项重要制度的设立时间，本文将回归以来粤港服务业的合作划分为四个阶段：回归后至 CEPA 实施前、CEPA 先行先试政策实施前、先行先试政策实施后至服务贸易自由化协议实施前，以及服务贸易自由化制度推行后。笔者通过回顾、梳理过去对粤港服务业合作的研究工作成果，试图总结、梳理粤港近二十年服务业的合作历程，为粤港今后进一步的合作提供参考依据。

---

① 钟韵，暨南大学经济学院特区港澳经济研究所所长，博士，副教授，主要研究方向为服务业与城市发展、港澳经济、粤港澳合作、区域发展与城市规划。E-mail：melodyz@163.com。

一、回归后至 CEPA 实施前

（一）合作的背景

1. 建立粤港联席会议制度

为加强两地政府之间的沟通并促进合作，回归后粤港两地政府在中央政府的支持下建立了粤港联席会议制度，这是内地省区政府与香港特别行政区政府之间为促进合作而建立的第一个高层次、经常性的协调组织机构。自 1998 年起，联席会议每年轮流在广州和香港召开，参加会议的成员包括广东省与香港特区的政府高层人员，联席会议还下设多个专责小组，旨在协调粤港在贸易、经济、基建发展、水路空运输、海关等多方面的事务。自 2003 年起，粤港联席会议升格为由两地行政首长共同主持。

在 2003 年 8 月召开的第六次粤港合作高层联席会议上，“珠三角制造 + 香港服务”概念作为粤港合作的新思路被两地政府所采纳，“广东发展成为世界上最重要的制造业基地之一，香港发展成为世界上最重要的以现代物流业、金融业为主的服务业中心，提高‘前店后厂’的合作层次和水平”成为粤港两地分工合作的基本思路和框架。

2. 在“前店后厂”合作模式的基础上，开始出现粤港服务业协作

在 1978 年改革开放后至 20 世纪 90 年代末以前所形成的粤港两地“前店后厂”地域分工模式，是港澳和珠江三角洲之间形成的一种要素互补的发展方式。在“前店后厂”时期，广东省制造业发展对香港服务业的贡献甚至大于香港制造业对香港服务业的贡献。但也应该注意到，这一时期，香港和内地的产业协作不但是制造业与服务业之间的协作，还包括服务业与服务业之间的协作。

从 1990 年开始，国家逐步放宽外商对服务业的投资范围，香港资本对广东服务业的投资比重日益上升。服务业企业间的合作关系通常为资本合作和管理合作，例如，由于 20 世纪 90 年代国家政策规定零售业不可设立外商独资公司，因此，港澳企业一般通过与中方合作或以房地产开发等形式进行投资。又如，房地产业是港澳企业涉及最多的服务行业，几乎所有的香港著名大财团都在广东房地产业投入了大量的资金，部分香港企业家与内地企业合作，成立房地产中介公司，如珠江恒昌房地产顾问公司即为广东珠江实业与香港恒昌测量师行共同投资建设。管理合作则通常伴随着资本合作而开展。这一时期，两地服务业企业发挥各自特长并联手完成某

项业务，企业人才共享的合作现象尚不多见。

（二）香港生产性服务业对广州生产性服务业的负面影响评估

根据中心地理论所提出的，区域由多个城市组成，区域内最高等级的服务产品，通常是由区域内级别最高的城市提供。这主要是由于城市等级的高低对其吸引及培育先进且优质的服务企业有着极大的影响。据此理论有理由认为，香港的服务企业进入广东，将抑制广州服务业的发展，尤其是服务业部门中与经济增长关系最为密切的生产性服务业（包括金融保险、贸易物流、支援工商业发展的专业服务、科技服务等服务行业），将由于香港同行的竞争而受到负面影响。

2001 年 8 月与 2003 年 11 月，笔者在导师闫小培教授主持的国家自然科学杰出青年基金项目“服务业地理学的理论与方法”的支持下，开展了针对珠三角制造业企业与服务业企业的问卷调研，对“前店后厂”时期香港生产性服务业对广州生产性服务业的影响进行了评估。

对广州的生产性服务业机构和珠江三角洲制造业企业进行调查的结果显示：虽然香港的生产性服务业对珠三角的制造业有着不可忽视的作用，而且广州的生产性服务业机构也承认来自香港同行的竞争对其自身发展有一定的影响，但不认为香港的生产性服务业对广州的生产性服务业的发展有较大影响。

2003 年的调查结果中，26.5% 的被访机构认为目前来自香港的同类型服务机构对本企业有一定影响，这类机构所占比例最大；其次是认为影响很小的，占 23.5%。换言之，超过一半的被访机构认为，目前香港的生产性服务业机构对广州的生产性服务业机构的影响不大，甚至有 15.7% 的被访机构认为来自香港的同行业竞争对自身不存在影响（见表 1）。同时，被访的广州生产性服务机构中仅 5.5% 认为来自香港和深圳的同类服务机构的竞争是其在开拓广州以外的市场中碰到的主要障碍。这也显示了广州的生产性服务机构目前并没有感觉到太多来自香港同行业的竞争压力。

表 1 2003 年广州生产性服务机构对来自香港同类机构影响的评价

（单位：%）

	没有影响	影响很小	有一定影响	有不可忽视的影响	影响很大	不清楚
目前影响的评价	15.7	23.5	26.5	14.7	12.7	6.9
CEPA 签订后影响的评估	12.7	15.7	27.5	15.7	9.8	18.6

资料来源：广州生产性服务机构问卷调查（2003）。

注：钟韵，闫小培．改革开放以来香港生产性服务业对广州同行业的影响 [J]．地理研究，2006（25）．

（三）原因分析

从供给的角度看，“前店后厂”时期，香港的生产性服务业对广州同行业的负面影响不大，在一定程度上是由于国内过去的服务贸易保护政策①，人为地限制了香港的生产性服务机构向内地输出服务。但是，在此时期，香港的服务仍有相当比重输入到了内地。根据香港特区政府统计处的数据显示，内地是香港服务的最主要输出地。由于生产性服务是香港服务输出的最主要构成部分，可以认为，在服务贸易保护政策下，依然有大量香港的生产性服务进入内地。由此可见，服务贸易保护并不是导致广州生产性服务业受影响较小的唯一原因。

从需求的角度看，笔者在对制造业企业进行调查的过程中发现了广州目前的生产性服务业机构受香港同行业影响不大的另一个原因：回归之初，香港生产性服务业对珠三角的输出有相当部分集中在港资企业中。制造业企业调查问卷的调查结果显示，香港的生产性服务业目前与珠三角的港资制造业企业联系较紧密，珠三角的制造业企业所使用的生产性服务中，来自香港的比例并非最高，港资的制造业企业对香港的生产性服务的使用明显多于非港资企业。

① 国际服务贸易领域存在自由贸易政策和保护贸易政策，对服务贸易的保护随着服务贸易在全球贸易中地位的日益突出而越来越为各国政府所重视。我国的服务贸易保护政策主要表现在市场准入限制和经营限制两方面。

表 2　被调查的制造业企业所使用的生产性服务的来源

（单位:%）

2001 年东莞制造业企业问卷调查					
	香港	珠三角	内地	亚洲	其他
港资企业	18.89	11.96	24.85	2.45	0.92
非港资企业	6.53	14.04	27.39	2.84	5.18
2003 年珠三角制造业企业问卷调查					
	香港	广州	深圳	企业内部	其他
港资企业	4.11	3.98	4.77	22.41	24.40
非港资企业	1.90	6.71	3.65	20.37	23.25

资料来源：东莞制造业企业问卷调查（2001），珠三角制造业企业问卷调查（2003）。

注：钟韵，闫小培．改革开放以来香港生产性服务业对广州同行业的影响［J］．地理研究，2006（25）．

改革开放以来，香港一直是广东省最大的工业资本来源地，珠三角则是吸引港资最多的地区，港资企业在珠三角占了相当的比例。在资金来源地、企业的纵向联系等因素的影响下，港资企业与香港的生产性服务业联系较紧密。因此，人们一般认识中的香港生产性服务业对珠三角企业输出了较多的服务，事实上其中有相当部分是服务于港资企业的。

此外，对制造业企业的调查还发现，除港资企业外，大型企业也是香港生产性服务业在珠三角的主要服务对象。珠三角的大型企业由于对服务的需求层次比中小型企业高，因此与服务水平较高的香港服务机构的联系要多于中小型企业。

二、CEPA 先行先试政策实施前

（一）合作的背景

1．CEPA 开始实施，但并未突出广东市场对香港企业的特殊优惠

2003 年 6 月，为配合中国入世的实施时间，由商务部与香港政府签订了《内地与香港关于建立更紧密经贸关系的安排》（CEPA），使港澳企业

能先于其他外资同类企业进入内地市场①。CEPA 包括零关税、投资便利化和服务贸易自由化三大主要内容。服务贸易自由化作为其中一项重要内容，其目的在于“促进香港与内地的服务贸易自由化，逐步减少双方的贸易壁垒”。简而言之，CEPA 通过改变有关服务贸易的法规，降低市场准入门槛，为香港服务业进入内地市场提供政策保障。

虽然港澳业内人士将最近邻的广东作为进入内地市场的首选地，但在 CEPA 协议实施之初及至 2008 年 7 月内地与香港签署的《CEPA 补充协议五》提出“在广东率先推出适用于港澳服务业进入广东的政策”之前，CEPA 条例中并没有十分突出港澳企业进入广东市场的特殊优惠。

2. 粤港区域关系日趋“一体化”，从“你我”转变为“我们”

由于经济发展水平的差距，在改革开放之初，粤港两地的经济关系处于“引领与被引领”的状态。随着广东经济多年来年均增长率超过 13% 的快速增长，广东经济总量已逐渐超越香港（2009 年广东省国内生产总值为 39 482. 56 亿元人民币，而香港的国内生产总值为 16 335 亿港元）。同时，香港资本对广东省发展的作用也较 20 世纪 80 年代大幅度下降，香港投资占珠三角吸引外资的比重从 20 世纪 80 年代中期的超过 90% 下降到 2009 年的 60. 8% 。两地经济关系转变为区域经济一体化下的“优势互补、共同发展”。粤港两地的经贸关系已由“前店后厂”的合作模式逐步走入了“区域经济一体化”的合作模式。

CEPA 实施前，粤港两地尽管合作多年，但双方仍明显感觉两地合作处于“分清你我”的状态；随着自由行促成的两地民间交往日益密切，以及 CEPA 实施所掀起的港资在内地投资的新一轮热潮，粤港两地经贸合作中“我们”的概念将逐渐确立。

（二）CEPA 推进的成效

1. 推动粤港经贸关系合作领域扩大

CEPA 对粤港服务业合作的一项重要意义在于，CEPA 框架下内地向香港开放一系列服务业行业，促使粤港两地经贸合作出现了一个新的发展动向——双方合作的重点从以制造业为主向制造业与服务业相结合推进，合作领域从以经贸为主向经贸、旅游、科技、教育、文化、环保、体育、卫生等多领域全方位推进。例如，香港中小银行纷纷筹划进入广东深圳；香港的物流、分销企业积极进军广东珠三角地区；两地专业服务领域进行专

① 根据入世时间表，中国大陆的大部分服务业市场于 2006 年年底向外资企业全面开放。

业资格互认，促进了专业服务业人员的交流；两地民间一些教育、培训服务方面的交流与合作逐步展开。

2. 两地服务企业进入更为实质性的合作阶段

随着 CEPA 的实施及不断完善，香港服务业企业进入内地的门槛逐步降低，两地服务业企业的合作在人才资源和业务资源等方面出现了新现象。2008 年，在笔者主持的国家自然科学基金项目“区域高等级中心城市生产性服务贸易”的资助下，我们针对位于广州的生产性服务企业开展了问卷调查。结果显示，被调查的服务企业中有 45.2% 与香港的同行存在合作。相比之下，2003 年对广州生产性服务企业的问卷调查结果则显示，仅有 8% 的被调查企业与香港同行存在合作。由此可见，粤港两地服务企业的合作数量已有所增加。

3. 向服务贸易自由化的目标持续推进

CEPA 的签订旨在促进内地和香港特别行政区经济的共同繁荣与发展，减少或取消双方之间的贸易壁垒，逐步实现服务贸易自由化。CEPA 自 2004 年 1 月 1 日起正式开始实施，之后每年商务部均与港澳各签署一份 CEPA 补充协议，力图通过完善实施细则、扩大开放门类、降低进入门槛等方式，加快港澳企业进入内地市场的步伐。可见，自 CEPA 实施起至先行先试策略实施之前，服务贸易自由化的推进已经为粤港服务业深化合作提供了日益宽松的制度环境。

2005 年与 2007 年，受省内相关政府部门委托并牵头，笔者曾参与调研香港服务企业对 CEPA 实施成效的评价。在对香港服务业界人士的调研中，听到业界对 CEPA 最为普遍的评价是：“CEPA 对香港服务业开放程度日益提高。”可以认为，CEPA 实施以来对香港服务业开放的范围逐步扩大，对服务企业及服务人士准入门槛一再降低，CEPA 中甚至还有一些超越 WTO 条款的开放措施。

在这一阶段，CEPA 关于服务业开放的内容不断得以充实。就开放行业数目看，由签订之初的 17 个行业，至 2008 年《CEPA 补充协议五》，开放的服务业行业已扩展至 40 个。以商务服务业为例，2003 年 CEPA 签订之初，涉及商务服务业的开放部门有 6 个，至《CEPA 补充协议五》，商务服务业的开放部门已增至 13 个。同时，这一阶段 CEPA 的制度演进亦呈现出对服务提供者的要求由严渐松，香港服务提供者业务选择由少渐多的特点。

4. 对香港经济增长产生了显著的积极作用

总体而言，CEPA 的实施加快了香港经济复苏的步伐，引发了香港资金进入广东的新一轮投资热潮。受“非典”影响，香港经济曾一度低迷，CEPA 的实施恢复了投资者对香港的信心，刺激了本地及外来投资意欲，服务业出现了良好的发展势头，多家香港服务业公司申请并取得了《香港服务提供者证明书》，已经（或计划）在内地开设业务所属行业的分支机构。根据香港立法会工商事务委员会的一份研究文件①显示，单 CEPA 实施的第一年，已有 668 家香港服务业公司取得了《香港服务业提供者证明书》。据估算，这些公司在 2004 年由于 CEPA 实施而增加的其在香港的资本投资额为 10 亿元，预期 2005 年有关款项会增加至 45 亿元；2004 年 CEPA 第一阶段带来的服务收益达 16 亿元，相当于这些公司自内地市场获取的整体服务收益的 2.6%；预计 2005 年有关收益将增至 38 亿元，比例将上升至 5.5%。

具体而言，从行业结构看，这一阶段进入广东的香港服务业以运输及物流业、分销业、广告业、建筑及相关工程服务业等生产性服务业为主。从地域分布看，主要集中在深圳、广州两大中心城市，并开始扩展到香港制造业企业集聚的东莞等地。从发展态势看，香港生产性服务业已从 CEPA 实施之初的“忙于进入内地”发展为“忙于拓展内地业务”。从发展模式看，香港生产性服务业进入广东的方式灵活多变，既有循 CEPA 规定的途径通过申请《香港服务提供者证明书》进入内地的，亦有通过各种形式的联营，借用内地居民名字申请注册公司，或挂靠内地企业等方式进入内地的。

（三）合作存在的阻碍

在这一阶段，香港服务业，尤其是生产性服务业在 CEPA 框架下进入广东所面临的主要障碍包括：

（1）开放程度有待提升。香港业界申请在内地开业的手续繁复，项目的审批运作过程中透明度不足。由于缺乏实施细则的指引，业界对如何开展业务甚为迷茫。业界将此情形称为“大门打开后仍有多个小门”。

（2）CEPA 的实施细则透明度有待提升，配套政策措施仍不够完善，实际运作有待改进。以物流业为例，香港物流企业通过 CEPA 获准在内地经营物流业务后，还需符合内地就经营物流企业而制定的经营管理、监督检查及法律责任等政策法规的相关规定。其时内地有关外资物流企业经营内容的管理，则涉及多个部门所制定的行业法规。

---

① 《内地与香港关于建立更紧密经贸关系的安排》对香港经济的影响．立法会工商事务委员会，立法会 CB（1）1849/06－07（04）号文件．

（3）投资营商环境有待进一步改善。调研中发现，香港业界认为内地依然存在市场竞争的无序，内地专业服务人员的职业操守约束机制缺乏，仍然存在地方保护主义，两地市场发育差异所导致的政府监管、行业分工和具体运作等方面都存在不少差异，这些都对香港企业在内地的营运构成了不小的障碍。

（4）由于制度与专业环境的差异，导致香港专业人士在获取内地执业专业资格方面存在较大的困难。包括法律、金融、会计、医疗、证券等方面的香港专业人才，均反映难以通过现行的考试获得内地的职业资格。

（四）对下一阶段合作的思考

这一合作时期的一个值得关注的问题是：在 CEPA 对于香港服务企业进入广东或是进入上海的优惠一致的情况下，香港业界甚至认为，与上海相比，广东对香港服务业的吸引力有待进一步提高。例如，与北京、上海相比，香港业界认为广东与国际接轨的专业服务人才不足，承接国外现代服务业所需人才的外语水平较低，通晓国际运作的人才相对不足。另一个亟须解决的疑虑是：随着 WTO 过渡期的结束，部分港商甚至政府人员对 CEPA 的效用开始出现疑虑，提出诸如“CEPA 对港资企业开放的优先性是否已减弱”“CEPA 是否已经被边缘化”的怀疑。

由此可见，CEPA 所提供的开放制度仍存在某些由于行业细则、制度差异、市场差异等难以在短期内逾越的鸿沟，而难以进一步发挥 CEPA 推进香港与内地服务贸易自由化的作用。寻找新的突破口，继续提升对香港服务业的开放程度，成为推进粤港服务业合作的当务之急。

三、先行先试框架下的服务业合作推进

（一）CEPA 在广东先行先试的提出及意义

经过多方沟通与争取，2008 年 6 月 28 日，中央批准广东在对香港服务业开放的教育、医疗、环保、旅游、商业服务、海运服务、公路运输服务、社会服务、个体工商户等 13 个领域先行先试，并具体批复了 25 项政策措施。2008 年 7 月 29 日，内地与香港签署的《CEPA 补充协议五》公布实施了其中的 17 项，提出了“在广东率先推出适用于港澳服务业进入广东的政策”。2008 年年底，国家制定出台的《珠江三角洲地区改革发展规划纲要（2008—2020 年）》明确提出：“深化落实内地与港澳更紧密经贸

关系安排（CEPA）力度，做好对港澳的先行先试工作。”至此，中央关于CEPA在广东先行先试的制度安排正式确立。

为确保“先行先试”政策运作顺畅，2008年10月，广东省政府出台了加快发展服务业的实施意见，提出了深化粤港澳服务业合作的一系列措施，并确立了服务业对港澳扩大开放政策在广东先行先试工作联席会议制度，确定了广州、深圳、珠海、佛山、东莞等作为试点城市（其中佛山和珠海为国家指定的试点市），重点加强粤港服务业合作。在2009年5月9日签署的《CEPA补充协议六》中，进一步公布实施了对香港服务业进入广东先行先试的9项措施，涵盖法律、会展、公用事业、电信、银行、证券、海运及铁路运输等领域。

所谓“CEPA先行先试”，就是要在CEPA的制度框架下，加大CEPA的开放力度，将一些暂时在全国范围内不具备开放条件的政策措施在广东率先试行：一方面，针对香港服务业的优势，及时梳理出台相关配套措施，简化审批程序，进一步降低准入门槛，使更多有竞争力的香港服务企业进入广东发展；另一方面，广东也可以借此加大改革力度，打破市场壁垒，推进市场经济，特别是服务业的市场发育程度，与国际接轨，为香港服务业的进入创造良好的经营环境，并为全国范围内服务业的全面开放提供经验。CEPA在广东先行先试，既为香港服务业的发展提供了平台，也为广东省服务业的开放提供了机遇，有利于进一步提升粤港合作的竞争力。

2010年，为促进粤港更紧密合作，落实《珠江三角洲地区改革发展规划纲要（2008—2020年）》《内地与香港关于建立更紧密经贸关系的安排》及其补充协议，广东省人民政府与香港特区政府签署了具有法律效力的《粤港合作框架协议》，其基本原则之一是“坚持先行先试、重点突破，探索推动主要合作区域和领域的体制机制创新，以点带面深化合作”。由此，在《粤港合作框架协议》下，“先行先试”制度保障得以进一步巩固。

（二）“先行先试”对粤港服务业合作的作用

1. 香港服务业到广东的投资大幅增加，生产性服务业积极性最高

CEPA在广东先行先试政策的实施，促使以生产性服务业为主体的香港服务企业到广东的投资大幅增加，为香港经济的繁荣稳定发挥了积极作用。

据统计，截至2009年4月底，已有2 150家香港服务提供者按照CEPA的优惠措施取得了《香港服务提供者证明书》，申请投资内地。由于广

东省在地缘、语言和文化上与香港接近，在 CEPA 框架下，广东一直是香港服务企业投资内地的热点地区，已经利用或者计划利用 CEPA 到内地开业的香港服务提供者中，超过六成选择在广东省投资。

数据显示，CEPA 实施以来，香港的生产性服务业进入内地开展业务的积极性最高，具体涉及运输及物流业、分销业、广告业、建筑及相关工程服务业等行业部门。根据香港特别行政区政府工业贸易署的统计，截至 2010 年 9 月 30 日，香港特别行政区政府批出的 1 429 张《香港服务提供者证明书》中，从事运输及物流服务和分销服务的占大多数，分别有 667 家①和 261 家，占批出证明书总数的 46. 68% 和 18. 26%，两个行业占批出《香港服务提供者证明书》总数的 64. 94%。此外，广告服务、职业及人才中介机构、建筑专业服务、管理咨询及相关服务等生产性服务行业获批《香港服务提供者证明书》的比例也较大，共占批出《香港服务提供者证明书》总数的 19. 17%。由此可以认为，目前粤港服务业的合作以生产性服务业为主。

同时，除生产性服务业，2010 年 9 月底批出的《香港服务提供者证明书》中，有 41 张分属于医疗及牙医服务、公用事业服务、旅游、文娱服务等非生产性服务行业。由此显示出，除了金融、物流、旅游、专业服务等具有发展优势的服务行业，香港的其他服务行业同样存在进入内地的需求。

2. 推动广东现代服务业的发展和经济增长方式的转变

香港的服务业产出不仅占香港生产总值的绝大部分，其服务水平也处于世界前列。CEPA 对香港服务业的开放，不仅扩大了香港服务业，特别是生产性服务业的市场，也为广东现代服务业的发展提供了全新的动力，其作用类似于改革开放之初香港制造业北移对广东制造业所产生的作用。在 CEPA 框架下，香港在促进服务业“优质”资本和管理技术向广东转移的过程中扮演了重要的角色，而这正是广东转变经济增长方式所最为需要的。

据统计，自 2004 年 CEPA 正式实施以来的 6 年间，广东实际吸收香港直接投资 364. 9 亿美元，其中服务业投资达 115 亿美元，占 31. 5%。2009 年，广东服务业增加值占 GDP 的比重达到 45. 6%，对经济增长的贡献率达到 49. 1%，以生产性服务业为主体的现代服务业的增加值占第三产业增加值的比重为 57. 2%。CEPA 先行先试政策执行之际，正是广东省产业升

---

① 包含运输服务、物流服务、航空运输服务。

级转型亟须现代服务业保障之时，其时，服务业已成为广东经济发展中“保增长”最重要的力量，借助香港高水平、国际化的生产性服务业推动广东现代服务业的发展，正逢其时。

3. CEPA先行先试的优惠政策引起香港业界的高度关注和期待

CEPA全面实施后，在2007年对香港服务业界的访谈中，有业界人士认为，CEPA对港资企业开放的优先性在WTO实施后有所减弱，进而对CEPA的作用产生了怀疑。而在2009年底，笔者针对CEPA先行先试政策执行情况对香港业界人士再次进行访谈时发现，在CEPA的“先行先试”措施中，部分涉及医疗、金融、法律的服务贸易优惠政策被认为是“期待已久”“尤其值得关注”的。例如，《CEPA补充协议五》允许香港服务提供者在广东省以独资、合资等形式设立门诊部。调研中了解到，香港医学会、香港牙医学会、香港中医药管理委员会和香港医学专科学院的医生和公司负责人等均对在广东开设门诊部表现出极大的兴趣。

又如，《CEPA补充协议六》允许香港银行在广东省设立的分行可在广东省内设立“异地支行”①。根据协议规定，港资银行在广东省设立分行网络，可以申请在省内跨区设立支行，而无须根据过往规定，必须先行在同一城市设立分行。该开放措施已于2009年10月1日起生效实施。对此，香港银行界给予了高度评价，认为这是CEPA的重大突破。

（三）合作存在的障碍

1. 行政审批的烦琐和法律法规的不配套，影响了先行先试政策优势的发挥

CEPA实施以来，其在行政审批、法律法规配套等一系列制度安排上存在的问题，一直是香港企业在申请CEPA项目时的困扰。包括申请时间过长，审批手续烦琐且透明度不高，实施细则和配套政策措施不够完善等问题，因“先行先试”政策而在广东得到了一定程度的改善，但通过对香港业界的访谈发现，这些问题仍然是香港服务提供者进入广东开展业务的主要阻碍。

以行政审批手续为例，CEPA的行政审批，往往由于涉及的部门较多，申请的每个环节和每个部门的要求都不同，手续烦琐，耗时较长，申请企

① 根据内地法规，商业银行（包括外资银行）可以在同一城市行政区划内设立分行以下的营业性支行（所谓“同城支行”），但如要跨区设立营业点，则需要在有关地区先行设立分行。此开放措施可让香港银行在跨区扩充营业网点时，无须先设立分行，因此有助于香港银行更有效地扩展跨区营业网络，更好地为广东省客户提供银行服务。

业需要花费大量的时间和金钱做前期工作。若长时间的等待后仍未能获得批复，对流动资金有限的中小企业而言就是个沉重的打击。“输不起”的心态影响了香港中小型服务企业循 CEPA 框架进入内地的决策。

由于配套政策法规细则不完善的问题，曾使香港业界认为 CEPA 是“大门开了，小门未开”。在“先行先试”政策实施前，针对“大门开了，小门未开”这一问题，法律法规配套工作的重点是通过配套政策使企业得以进入内地开展业务；而在先行先试政策实施后，香港业界对配套法律法规的诉求则更多是基于“拓展业务经营范围，以便最终获许经营行业的核心业务”而提出的。可见，配套法律法规细则工作重点在 CEPA“先行先试”政策实施后发生了转变，但香港业界依然认为与广东服务业合作存在着障碍。

2. 两地服务业合作的专业人才问题仍未能有效解决

服务提供者是服务业开展的核心资源，专业服务人才的进入一直是 CEPA 实施中备受关注的问题。虽然经过几年的沟通协商，香港专业人才进入的要求已有所放宽，但业界人士依然认为专业人才的数量、资格互认、培训等问题是影响两地服务业合作的主要障碍之一。

例如，有业界人士认为，专业资格考试一直是香港专业服务人士获得进入内地执业资格的一个障碍。他们甚至认为，专业资格的阻碍使 CEPA 的理论框架与实际操作之间有较大落差。以注册会计师为例，内地注册会计师考试的六个科目中，已有四个科目对香港注册会计师豁免，但剩下的两个科目，由于内地偏向大陆法系，香港偏向英美法系，大陆法系法律条文多且内容详细，内地把会计纳入法律体系内加以规范，使得各事项的会计处理方法规定得较为详细。因此，香港注册会计师要想在短时间内通过内地的《税法》与《经济法》考试难度相当大。无法通过 CPA 考试，则意味着香港会计师无法获得在内地的执业资格。

又如，由于香港服务业企业在内地不允许开独资或控股公司，在合资或联营企业里，港商对内地聘用人员的控制能力弱导致其难以开展深层次的员工培训，从而无法按照与香港员工相同的标准来提升内地聘用员工的专业服务水平。

（四）进一步推进合作的思考

将香港与内地合作的对接平台具体化，在广东开展 CEPA 的先行先试区域，是内地与香港经贸合作制度安排的一项创新。将合作对接平台具体化，有利于将暂时在全国范围内不具备开放条件的政策措施在试验区域推行，以便总结经验，向更大区域推广，同时提振香港业界对促进内地与香港合作的制度安排的信心与积极性。

总结对比 CEPA 先行先试前后粤港服务业合作的成效及业界的评价可以发现，推进更深层次的服务业合作亟须两方面的创新：一方面是将企业资格的确定过程从“审批制”转变为“准入制”，以提高服务业合作政策实施的效率。《珠江三角洲地区改革发展规划纲要（2008—2020 年）》提出了“支持粤港澳三地在中央有关部门的指导下，扩大就合作事宜进行自主协商的范围”的权利，为免除审批过程的烦琐工作，提高企业进入及业务开放的速度，可以通过制定详细的准入细则标准体系，对于符合标准的新企业或新业务，只需要报备而不再需要审批。为此，应增强广东对香港服务业的吸引力，加快香港服务业在广东的业务开展速度，切实提高先行先试政策实施的效率。

另一方面是进一步强化两地的沟通联络机制，完善纠纷协调解决机制。由于某些行业领域内的跨区域协调涉及多个部门，有必要开展跨区域、跨部门的专门部门协调工作；同时，充分发挥两地服务行业协会的作用，强化两地业界的对话和沟通平台。有效的沟通联络机制，将提高合作协商的效率，有助于广东的服务行业管理部门在放宽香港服务业人员进入广东后的执业监管。

四、服务贸易自由化制度下的服务业合作

（一）合作的新背景

1. 创新：准入前国民待遇与“负面清单”管理模式

在 CEPA 历经签署 11 次补充协议后，2014 年 12 月 18 日，商务部副部长高燕与香港特别行政区政府财政司司长曾俊华在香港签署了《内地与香港 CEPA 关于内地在广东与香港基本实现服务贸易自由化的协议》（业界将之称为 CEPA《广东协议》），这是内地首次以准入前国民待遇加“负面清单”的方式签署的自由贸易协议。其实施目的可概括为以下四个方面：一是促进内地在广东率先与香港基本实现服务贸易自由化；二是为内地与香港基本实现服务贸易自由化先行先试积累经验；三是协助香港巩固国际金融、贸易、航运等中心地位并发展新兴现代服务业；四是为内地经济带来新的活力，全面推动内地与香港经济的融合。简言之，《广东协议》旨在解决 CEPA 在实践中存在的落实效果欠佳、准入门槛过高和配套法律法

规不完善等问题，试图通过制度创新，采用“负面清单”管理模式为粤港澳服务业合作清除“最后一公里”的障碍。

该协议于2015年3月1日起正式实施。商务部将该协议的特点总结为以下四个方面：一是开放模式新。与以往的CEPA协议相比，新签署的《广东协议》以“负面清单”为主，绝大多数部门以准入前国民待遇加“负面清单”的开放方式予以推进，个别部门继续采用“正面清单”的开放方式。二是开放部门多、水平高。开放部门将达到153个，涉及世界贸易组织服务贸易160个部门总数的95.6%，其中58个部门拟完全实现国民待遇；在采用“负面清单”的134个部门中，保留的限制性措施共132项；采用“正面清单”扩大开放的部门新增27项开放措施，其中个体工商户新增开放行业84个，累计开放行业达130个。三是将给予香港的最惠待遇以协议的方式进一步明确下来，即在今后内地与其他国家和地区签署的自由贸易协定中，优于CEPA的开放措施均将适用于香港。四是市场开放与深化改革同步推进。为切实推进自由化的工作，内地各有关部门已会同广东省对香港探索建立健全与“负面清单”管理模式相适应的相关配套制度，将为广东与香港基本实现服务贸易自由化提供制度保证。

2. 设立更紧密合作平台：自贸区

2014年12月31日，国务院正式批准设立中国（广东）自由贸易试验区（以下简称广东自贸区），实施范围为116.2平方公里，涵盖三个片区：广州南沙新区片区60平方公里（含广州南沙保税港区7.06平方公里），深圳前海蛇口片区28.2平方公里（含深圳前海湾保税港区3.71平方公里），珠海横琴新区片区28平方公里。2015年4月，广东自贸区挂牌仪式在广州南沙举行，标志着广东自贸区正式启动建设。

自贸区的发展目标是经过三至五年的改革试验，营造国际化、市场化、法制化的营商环境，构建开放型经济新体制，实现粤港澳经济深度合作，形成国际经济合作竞争新优势，力争建成符合国际高标准的法制环境规范、投资贸易便利、辐射带动功能突出、监管安全高效的自由贸易园区。广东自贸区的设立，是中央政府为推进粤港澳服务业合作而设定的最新制度框架。广东自贸区的发展不仅要借鉴和复制部分“上海经验”，更要立足于面向港澳的深度融合，突出地方特色，在全球竞争中体现出粤港澳合作的优势。同时，破除制约服务贸易发展的体制机制障碍，探索更加有效的“负面清单”管理模式，为我国的改革开放进程做出贡献，是广东自贸区建设的任务要求。通过制度创新，探索引进香港会计服务人士进入南沙新区的政策路径，将有利于从加强专业服务业合作的层面，落实国家对于广东自贸区建设所提出的任务要求，树立合作示范区典范。

简言之，广东自贸区总体方案的提出，以制度创新为核心，致力于打造粤港澳服务业高度融合发展的新高地。

（二）自贸区对引进香港服务业的创新举措：前海的经验

广东自贸区的三个片区均有较好的发展势头，但相比之下，前海蛇口片区的发展程度相对南沙和横琴更为成熟。前海蛇口片区早在2010年即开始建设前海深港现代服务业合作区，其在投资、贸易、金融等领域的监管体制等方面的创新工作开始较早，为自贸区的建设奠定了良好的基础。截至2015年11月，前海蛇口片区入驻企业的平均注册资本为0.51亿元，远远高于上海自贸区（0.24亿元）、南沙片区（0.38亿元）、横琴片区（0.37亿元）。

本文试图通过总结前海蛇口片区对引进香港建筑服务的各项举措，从一个侧面反映出自贸区在粤港服务业合作中的制度创新行为：

1. 通过制度建设奠定与香港深度合作的基础

2014年12月，深圳市政府在人民大会堂对外正式发布《前海深港现代服务业合作区促进深港合作工作方案》，明确在前海向香港企业出让不少于1/3的土地，建设银行、证券、保险、基金、跨境要素交易平台、供应链管理、信息服务、科技服务、专业服务及文化创意等香港服务业产业基地，试行"港人、港资、港服务"的建设开发模式。具体创新举措包括：对香港独资或与内地合资开发的前海建设项目，试点实行香港的规划及工程管理体制，借鉴香港政府对工程建设的监管模式，引入香港政府有关顾问公司或承包商的评价、监管制度等。土地开发建设模式的创新，为香港建筑服务机构和人士进入前海提供了一个稳定的市场。

2016年2月，为"进一步探索在研究规划、工程咨询、设计、测量和建造等领域取得香港执业资格的专业人士在前海直接执业和开设工程技术服务有关企业的方式，并制定配套管理办法，探索两地在建筑市场管理、信誉等方面的互动互联机制"，前海管理局、深圳市住房和建设局与香港特别行政区政府发展局三方共同签订了《在深圳市前海深港现代服务业合作区试行香港工程建设模式合作安排》。根据这一安排，在前海合作区范围内的港商独资或控股的开发建设项目，将试行在香港建设同类工程项目所采用的管理模式和方式，即港商独资或控股的开发建设项目，可选聘香港工程建设领域服务业专业机构及专业人士为其提供工程建设领域服务。《在深圳市前海深港现代服务业合作区试行香港工程建设模式合作安排》

对可实行香港工程建设模式的项目，可在前海进行港式管理的香港工程建设领域服务业专业机构和专业人士，香港专业人士在前海的权力与职责、纠纷处理方案，以及加强深港两地工程建设领域合作等方面的内容，提出了相关的制度措施。

2. 建立从业人员的沟通平台与职能部门的管理平台

为加强深港两地专业人士的互动交流，深港两地政府部门鼓励香港工程建设领域相关专业学会在前海设立办事机构，此举对于深化深港两地工程建设领域的合作，提升专业人士素质和职业操守有着积极的作用。香港发展局为此将制定有关建筑类别、屋宇装备类别、工料测量类别和结构工程类别的公司名单，交予前海管理局登记备案。香港工程建设领域专业人士在前海合作区提供服务之前，也可向前海管理局申请登记备案。

香港服务业人员进入内地，需要接受内地职能部门的监管。为提高监管的效率，前海管理局将结合建筑市场综合改革的目标举措，参考香港工程建设管理模式，简化、优化行政服务流程，并制定相应的工程建设行政服务指南。以不良行为的监管为例，若香港工程建设领域专业机构及专业人士在前海合作区内从业时违反内地法律法规，或在履约和诚信方面存在不良行为，前海管理局可在将相关情况报送深圳市住房与建设局的同时，经香港发展局反馈给香港有关机构，香港有关机构可根据相关规定对其进行跟进。换言之，一旦香港的服务业从业者在前海执业时不能按照其在香港的高专业标准要求自己，而被前海管理局将其不良行为通报给香港有关机构，则会影响其在香港执业时的声誉，这就无形中要求香港工程建筑服务人员在前海市场必须遵循与香港相同的标准，甚至提供更高标准的服务。

（三）经验与启示

总结前海引进香港建筑服务业模式给粤港服务业的深度合作所带来的促进，可以得出如下经验与启示：

1. 深度合作的试验平台进一步具体化，以便创新举措得以推行

广东自贸区前海蛇口新区在推进与香港建筑业的合作过程中，目前仍存在由于两地行业差异、制度细则对接等因素所导致的合作障碍，为学习香港建筑业先进经验、强化与香港建筑业合作交流，在前海蛇口新区内划定 1/3 土地专门出售给香港企业，在这些特定的港资项目上，对其使用香港建筑服务，采取更创新的引进和管理模式。简而言之，在前海蛇口新区划出特定的土地用于港资项目，为引进香港的建筑服务标准、服务人员和

服务模式创造了可能。

在这个特定的合作平台上运作的项目，在《深圳经济特区前海深港现代服务业合作区条例》、CEPA 及其补充协议等现行制度框架下，持续开展各项创新并推向实践，积极将这一平台上的一些创新思路和行动直接向国家和省级相关部门进行上报，在没有明令禁止的前提下开始进行相应试点。

2. 积极向部委争取充分授权

行业管理细则由相关部委负责制定。在建筑领域，前海蛇口新区向建设部成功申请到建筑企业/个人单项备案制度。获批委托实施的省级管理事项主要有：在前海注册的外商投资工程服务公司省级审批权限工程设计乙级及以下资质的审批，在前海注册的外商投资建筑工程公司施工总承包序列省级审批二级资质、专业承包序列省级审批一级资质的审批，在前海注册的外商投资建筑施工企业安全生产许可证的审批。另外，根据《深圳经济特区前海深港现代服务业合作区条例》，深圳充分授权前海深港现代服务业合作区管理局开展各类行政审批和行政服务事项。

3. 密切与香港的联系

深圳与香港已建立密切的政府间联系机制，如一年一度的“深港合作会议”，其旨在促成深港合作的思路转化为具体的政府行为，持续促进和完善两地已开展的合作项目，同时探讨新的合作领域，强化两地合作共识。在建筑业领域，深圳与香港发展局共同成立了建筑领域合作专责小组。

五、结论与展望

粤港合作历史悠久，两地的服务业合作始于特定的经济发展背景与制度环境。回归以来，保障粤港两地服务业合作的制度框架随着两地的经济发展需求而不断推进，设立制度框架及不断的制度创新，已成为回归以来粤港服务业合作的重要动力。

梳理回归二十年来粤港服务业合作的进程可以发现两个特点：

第一，近年来为配合服务业合作的深化，合作制度所设定的合作对接平台不断具体化。具体而言，粤港澳合作的对接平台从全省层面的对接，发展到 CEPA 试点城市的优先对接，再到最新的广东自贸区，以及粤港澳服务贸易自由化示范基地等特定区域的对接。换言之，回归后在推进粤港服务业合作深化的过程中，为不断加大制度创新的力度，政府通过设立试点区域的形式，减少试错成本，推动粤港服务业向纵深方向发展。可以认为，自2008年CEPA先行先试开始，在特定的区域（五个试点城市和广东自贸区）内实施试点开放政策，是粤港合作制度框架制定的一个创新点；广东自贸试验区的设定，更是以制度创新为核心，以深化粤港澳合作为重点，将粤港服务业的重点对接平台进一步具体化，以推进深度合作的发展。前海蛇口新区进一步划定1/3土地专门留于香港企业投资开发，并在此空间上跨越内地现行行业管理规定，为这些港企项目启用更为开放的香港建筑服务准入机制，此做法亦是沿着将服务业合作平台进一步具体化以推进深度合作的思路发展。

第二，根据合作中所面临的阻碍以及现行经济发展的需要，合作的制度框架不断更新，促进服务贸易自由化的意图在制度框架演进中得以不断强化，此制度更新过程需要不断创新。例如，2008年，国家批准对香港服务业开放的13个领域25项政策措施在广东先行先试，涉及金融、教育、医疗、交通服务、社会服务、电子商务等多个领域，此创新性制度成为实施CEPA的阶段性突破点。又如，为解决CEPA在实践中存在的落实效果欠佳、准入门槛过高和配套法律法规不完善等问题，2014年年底粤港双方签署了关于服务贸易自由化的协议，通过制度创新，采用“负面清单”管理模式，以期为粤港澳服务业合作清除“最后一公里”的障碍。再如，广东自贸区总体方案的提出，将以制度创新为核心，致力于打造粤港服务业高度融合发展的新高地。

展望未来，服务业领域将是粤港两地经贸合作的重点领域。在合作的推进方面，笔者认为：负面清单管理模式将有助于加快香港的专业服务机构进入广东设立服务机构，但专业人士的执业资格的获取，业务合作内容的深化，涉及多个管理部门的多项细则。笔者建议：近期宜把握合作的重点行业，通过粤港两地政府充分沟通所达成的基本共识，针对甄选出来的重点合作行业，理清合作思路与两地各自的需求，运用创新思维制定相应的合作推进办法；打造两地专业服务人才交流平台，通过交流增加合作的意愿与需求；加强两地行业管理部门、行业协会等机构的沟通，搭建管理平台，通过签订特定区域内服务业合作的具体细则并呈送上级部门审批备案的方法，充分发挥“负面清单”管理模式在服务业合作中的作用。针对目前两地经济发展的需求与状况，金融服务业、专业服务、航运物流及贸易服务、科技创新服务、文化创意服务等行业，将是两地未来服务业合作的重点领域。

参考文献：

［1］《建立香港与内地服务产业链的战略构想与对策研究》课题组．香港与内地服务产业链策论［M］．北京：中国经济出版社，2000.

［2］郑天祥，李郇．粤港澳经济关系［M］．广州：中山大学出版社，2001.

［3］钟韵．基于企业视角的粤港服务业合作研究［J］．广东社会科学，2011（2）.

［4］钟韵，闫小培．改革开放以来香港生产性服务业对广州同行业的影响［J］．地理研究，2006（25）.

［5］钟韵．培育自身的高等级生产性服务业中心［N］．羊城晚报，2005－08－31（求是版）.

［6］许江萍．我国新兴服务业发展政策研究［M］．北京：中国计划出版社．2003.

［7］钟韵．区域中心城市与生产性服务业发展［M］．北京：商务印书馆，2007.

［8］钟韵．粤港合作新阶段香港服务业发展前景分析［J］．广东社会科学，2008（2）.

［9］冯邦彦，覃剑，彭薇．“先行先试”政策下深化粤港金融合作研究［J］．暨南学报（哲学社会科学版），2012，34（3）

［10］香港特别行政区政府工业贸易署网站．http：// www. tid. gov. hk/tc_chi/cepa/statistics/hkss_statistics. html.

［11］郜小平．上海自贸区“抢注”者渐消退［N］．南方日报，2015－11－18（SD04）

在广东自贸区实施负面清单管理与粤港澳服务业深度合作

刘德学[①]　赵　灿[②]

一、背景与意义

党的十八届三中全会通过的《中共中央关于全面深化改革若干重大问题的决定》明确指出，建设统一开放、竞争有序的市场体系，是使市场在资源配置中起决定性作用的基础。李克强同志指出，要向深化改革要动力，简政放权大有文章可做，国务院有关部门要进一步转变政府职能，地方政府也要抓紧全面清理审批事项，研究探索负面清单管理模式，切实为市场主体松绑，完善事中、事后监管，创造公平竞争环境。自此，便在我国开启了负面清单制度这一深化改革开放重要抓手的探索过程。

（一）负面清单制度的内涵与意义

负面清单（或称不符措施列表）是指一国在引进外资的过程中以清单形式公开列明某些与国民待遇不符的管理措施，即“准入前国民待遇+负面清单”的投资规则模式。负面清单制度主要适用但不限于国际贸易投资协定中有关市场准入和市场管制领域，在很多发达国家的医疗、环境保护、税收等方面也有广泛应用。在我国，党的十八届三中全会决定提出将负面清单引入国内投资领域，同时探索外资和内资市场主体准入和管制措施的负面清单管理模式，并不断向政府管理的其他领域延伸。

不同的视角对负面清单制度有不同的理解。从法学角度看，负面清单制度体现的是“法无禁止即可为”的理念，除非法律禁止的，否则就是法律允许的。从管理学角度看，负面清单制度体现的是“例外管理”的理

① 刘德学，暨南大学经济学院副院长，教授，博士生导师，博士，主要研究方向为国际经济、港澳经济，研究专长为粤港澳经济合作。E-mail：tliudx@ jnu. edu. cn。
② 赵灿，暨南大学经济学院在读博士，主要研究方向为国际经济、港澳经济，研究专长为粤港澳负面清单管理模式。E-mail：1051279693@ qq. com。

念，政府主要关注经济社会发展中的“重要事项”，社会机制自身能够解决的“日常事务”则交给社会。从经济学角度看，负面清单制度体现的是市场经济体制的治理理念，政府职能限于市场失灵领域，其目的不是要替代市场，而是使市场更好地发挥作用。西方现代市场经济体制脱胎于西方古典经济学家所推崇的“自由放任经济”，政府的作用经历了从“无为”到“有限制作为”的过程；我国社会主义市场经济脱胎于计划经济，政府的作用经历了从“无所不为”到“有限制作为”的过程。我国的改革开放是从“放权”即正面清单开始，直到近年来才开始探索负面清单模式。尽管我国的经济体制与西方国家有本质的不同，但就实施负面清单制度而言似乎走了一条殊途同归之路，负面清单似乎成为市场经济治理的重要理念和手段。

与正面清单相比，负面清单制度由于同时限定市场主体和政府行为，对处理市场失灵和计划失灵的问题针对性更强，透明度更高，更有利于有效发挥市场在资源配置中的决定性作用。同时，实施负面管理一方面有利于优化政府职能，使政府集中力量办“大事”，另一方面可以在一定程度上限定政府的权力，避免权力滥用。因此，推行负面清单制度有利于形成法治化、国际化，具有稳定预期的营商环境，对我国进一步深化改革开放，完善社会主义市场经济体制具有全局性意义。

（二）我国负面清单制度的探索与广东自贸区“双负面清单叠加”独特优势的形成

我国负面清单制度的探索过程始于自由贸易试验区。国务院于 2013 年 9 月 18 日正式批准《中国（上海）自由贸易试验区总体方案》，明确提出要探索建立负面清单管理模式，同年 10 月 1 日，上海公布了《中国（上海）自由贸易试验区外商投资准入特别管理措施（负面清单）（2013 年）》，2014 年做了进一步修订，并于 6 月 30 日公布了《中国（上海）自由贸易试验区外商投资准入特别管理措施（负面清单）（2014 年修订）》。2015 年 4 月 8 日，国务院公布了《自由贸易试验区外商投资准入特别管理措施（负面清单）》，该清单同时适用于上海、广东、天津和福建四个自由贸易试验区（以下统称“自贸区负面清单”）。

我国发布的另一份负面清单是针对广东向港澳开放服务业的。2014 年 12 月，国家分别和香港、澳门签订了《〈内地与香港关于建立更紧密经贸关系的安排〉关于内地在广东与香港基本实现服务贸易自由化的协议》和《〈内地与澳门关于建立更紧密经贸关系的安排〉关于内地在广东与澳门基本实现服务贸易自由化的协议》，并于 2015 年 3 月 1 日正式生效。这是内地首次以"准入前国民待遇＋负面清单"方式签署的自由贸易协议（以下统称"粤港澳负面清单"）。

至此，在广东自贸区形成了粤港澳负面清单与自贸区负面清单的"双负面清单叠加"优势，这是广东所独有的，也是必须要用好的制度红利。

（三）广东自贸区建设与粤港澳服务业合作发展

粤港澳唇齿相依，合作基础扎实，协同发展是大势所趋。香港和澳门均为服务型城市，服务业在生产总值中的比重都在 90% 以上，尤其是香港作为世界服务业中心，在全球占据着重要地位。广东省仍是世界制造业中心，但作为战略性产业的服务业近年来发展迅速，2015 年第三产业比重首次超过 50%。粤港澳服务业合作既有利于广东服务业发展与经济转型，也有助于促进港澳地区的长期繁荣稳定，实现粤港澳协同发展，提升粤港澳服务业综合国际竞争力。

广东自贸区的"双负面清单叠加"优势，加之其目标定位的契合性，无疑是深化粤港澳服务业合作的理想之地。粤港澳服务业合作在广东自贸区先行先试，使广东自贸区建设与粤港澳深度合作相辅相成，改革、开放、发展相得益彰。

二、当前贸易和投资协定中负面清单限制措施的主要特点

在国际贸易和投资协定领域，负面清单管理模式已成为主流模式，许多国家已完成了从"正面清单"模式向"负面清单"模式的转型，其中，美式负面清单模式被采用的最为广泛。本文对当前贸易和投资协定中的负面清单限制措施进行了整理、归纳，从行业分布和限制方式两个方面分析当前国际上负面清单限制措施的主要特点。

（一）负面清单限制的行业分布

1. 负面清单中的行业具有基础性和战略性

无论发达国家还是发展中国家，在实施负面清单管理措施时均充分考虑了自身国情和特点，在扩大开放、激发本国市场活力的同时，也要保障本国经济的健康持续发展。基于这个目的，负面清单所涉及的行业主要分为两类：一是涉及经济和社会安全的行业，如经济的支柱行业或者涉及国防安全的行业，如新西兰对其支柱行业——畜牧业的保护；二是需要被保护的行业，如保护资源、环境免遭破坏或者保护本国不具有竞争优势的行

业。因此各国的负面清单所涉及的行业一般都具有基础性和战略性意义，这也是实施负面清单的内涵所在。

2. 发达国家与发展中国家的负面清单行业侧重有所不同

在不同协定中，不同国家会根据自身经济发展的特点选择限制的侧重点，发达国家的负面清单行业更多地集中在第三产业，第一产业和第二产业所涉及的部门较少，例如，美国在与澳大利亚、韩国等国签署的协定中，仅将制造业的核能与矿业列入其中。相比之下，在发展中国家的负面清单中，第一产业和第二产业所涉及的行业以及行业限制措施较多，远远多于发达国家，且对第三产业进行了较为宽泛的语言表述，如墨西哥、印度的负面清单。总而言之，发展中国家出于保护本国经济的目的而保留了较大的自由裁量权。

3. 负面清单中第三产业细分行业比较集中

虽然各国的关注点各有侧重，但在大部分国家的负面清单中，第三产业的限制措施主要集中在金融、运输、通信和专业服务等细分行业，这是由于服务业涉及范围较广，牵一发而动全身，且这些行业大多是各国的支柱行业或者较敏感行业，如若这些行业受到外来因素的冲击，则会给该国经济带来巨大风险和损害，因此第三产业的限制措施较多集中于这些行业，这样有利于保障本国经济的安全和持续发展，如美国在金融服务业的限制。

4. 一国与不同国家签订的负面清单中行业分布存在较大差异

不同国家的经济发展程度、经济结构各不相同，同一个国家在与不同国家签署的负面清单中行业分布也有所不同。例如，日本针对不同的缔约方，负面清单限制措施行业存在较大差异，日本在与新加坡签署的协定中罗列了六大产业，而与智利、印度签署的负面清单则涉及行业较多，而且对智利的限制措施明显多于对印度的限制。

（二）负面清单中的限制程度和限制方式

1. 限制程度和限制方式在签约方之间的非对称性

负面清单缔约方可能是发达国家、新型经济体，也可能是发展中国家、最大发达国家，在缔约双方经济发展程度、产业结构相近的情况下，双方负面清单的基本内容相似，只是在个别条款上有所差异，其限制程度和限制方式具有一定的对称性，如美国与澳大利亚、韩国签署的负面清单。然而，对于经济发展程度差异较大的缔约双方，其签署的负面清单的限制措施也有较大差异，限制程度和限制方式具有非对称性，通常情况下，经济发展程度较低的一方为了保护本国的产业就会进行更严格的限制，限制方式也更多样化，如美国与智利签署的负面清单。

2. 限制程度和限制方式与一国的经济发展水平密切相关

负面清单管理措施是为了在引入外资时规避本国经济受到冲击而进行的限制措施。一般来说，一国经济发展水平较低，其限制程度则较高，限制方式也较多样化。对于经济发展水平较低的国家，其经济发展往往起步较晚，许多产业处于新生或萌芽状态，甚至一些产业尚未出现，产业体系尚不完整，经济基础比较脆弱，容易受到外来因素的冲击；为了对竞争力薄弱的幼稚产业以及对尚未出现的产业进行保护，这些国家普遍进行较多的限制，负面清单通常较长，限制措施涉及的范围较广、程度较大。对于经济发展水平较高的国家，其产业体系较完整，抗冲击能力较强，故负面清单的限制措施相对较少，而且限制措施主要集中于第三产业中的高端服务业，如美国对全部类别的研究开发以及加拿大对医疗、航天航空的研究进行了保护限制。

3. 负面清单中的限制方式包括水平限制和行业限制

负面清单的限制方式分为两种，一是水平限制，适用于负面清单罗列的所有行业；二是行业限制，适用于具体行业。大部分国家主要是通过行业限制方式进行限制的，行业分类越细致、限制方式越明确，透明度和可预见性越高，开放水平也就越高；相反，如若进行总括性、宽泛性的表述，则保留的空间较大，开放水平较低。行业限制又可以具体分为发放许可证限制、外资比例限制、企业形式限制、业务范围限制、经营限制、过渡期限制等，如印度当前负面清单主要限制方式为外资比例限制、准入许可程序和附加条件，其中，外资比例主要分为26%、49%、51%与74%。当两国经济实力差距较大时，限制措施往往会有过渡期安排，体现了循序渐进的思想，为调整结构提供时间的保障，从而保护尚未完全成熟的产业。另外，虽然美式负面清单规定不得使用业绩要求，但依然有一些国家使用该限制措施。

三、我国自贸区负面清单与粤港澳比较及其在广东自贸区实施面临的问题

（一）我国自贸区负面清单简要分析

2013、2014和2015版负面清单的特别管理措施依次为190条、139条

和 122 条，两年间共减少了 68 条，调整率为 35.8%，体现了对外开放的不断提高和我国扩大对外开放的诚意。虽然特别管理措施总体项目在减少，但是禁止和限制措施并不是同比例减少的，如 2014 版负面清单特别管理措施有 139 条，含限制性措施 110 条，禁止性措施 29 条；而 2015 版有 122 条特别管理措施，其中限制性措施 85 条，禁止性措施 37 条，与 2014 版相比，限制措施在减少，而禁止措施在增加。

由表 1 显示的 2013、2014 和 2015 版禁止类不符措施的行业分布可以很容易地看出，制造业与文化、体育和娱乐业这两类产业中的禁止性措施在总禁止性措施项目数中所占比重最大，足以见得这两类行业的重要性，而其他行业的禁止性措施分布相差不大。而且卫生和社会工作，居民服务、修理和其他服务业，住宿和餐饮业，金融业，建筑业这五个行业均无禁止性措施，而电力、热力、燃气及水生产和供应业仅在 2013 版中有禁止条款，之后的版本中均没有出现。

表 1　我国 2013、2014 和 2015 版自贸区负面清单中禁止类不符措施的行业分布

（单位：条）

行业	2013	2014	2015
A 农、林、牧、渔业	2	2	2
B 采矿业	2	2	3
C 制造业	7	6	4
D 电力、热力、燃气及水生产和供应业	1	0	0
E 建筑业	0	0	0
F 批发和零售业	3	1	2
G 交通运输、仓储和邮政业	2	2	4
H 住宿和餐饮业	0	0	0
I 信息传输、软件和信息技术服务业	4	4	2
J 金融业	0	0	0
K 房地产业	1	1	0
L 租赁和商务服务业	1	1	2
M 科学研究和技术服务业	4	2	3
N 水利、环境和公共设施管理业	2	2	2
O 居民服务、修理和其他服务业	0	0	0
P 教育	1	1	0

（续上表）

行业	2013	2014	2015
Q 卫生和社会工作	0	0	0
R 文化、体育和娱乐业	8	5	11
合计	38	29	35

资料来源：作者根据我国自贸区负面清单整理。

表 2 给出了限制类不符措施的情况。从中可以看出，在 2013 版和 2014 版负面清单限制类特别管理措施中，制造业所占比重独占鳌头，远高于其他行业，这与制造业在国民经济中占有重要份额有关。然而，该比重呈逐年递减的趋势，在 2015 版中，则与文化、体育和娱乐业，金融业，交通运输、仓储和邮政业平分秋色。其他行业的限制措施逐年减少或基本保持不变，唯独金融业与文化、体育和娱乐业在 2015 版负面清单中大幅增加。因为 2015 版负面清单不仅适用于上海自贸区，同时也适用广东、天津、福建三大自贸区，由于这两个产业的重要性和特殊性，故在 2015 版新增了一些限制措施。

表 2　我国 2013、2014 和 2015 版自贸区负面清单中限制类不符措施的行业分布

（单位：条）

	2013	2014	2015
A 农、林、牧、渔业	5	4	4
B 采矿业	14	12	5
C 制造业	56	40	15
D 电力、热力、燃气及水生产和供应业	4	2	3
E 建筑业	4	4	0
F 批发和零售业	10	8	2
G 交通运输、仓储和邮政业	19	13	15
H 住宿和餐饮业	0	0	0
I 信息传输、软件和信息技术服务业	4	4	2
J 金融业	5	4	15
K 房地产业	3	2	0
L 租赁和商务服务业	12	8	7

（续上表）

	2013	2014	2015
M 科学研究和技术服务业	8	2	1
N 水利、环境和公共设施管理业	1	1	1
O 居民服务、修理和其他服务业	0	0	0
P 教育	2	2	2
Q 卫生和社会工作	1	1	1
R 文化、体育和娱乐业	4	3	11
合计	152	110	84

资料来源：根据我国自贸区负面清单整理。

（二）粤港澳与我国自贸区服务业负面清单的差异比较

由于粤港澳负面清单与我国自贸区负面清单采用的行业分类标准不同，我们首先按照学术界通常方法归类后，将粤港澳负面清单与我国自贸区负面清单进行了简单比较，发现二者在诸多方面存在较大差异（见表3、图1、表4、图2）。在禁止类不符措施中，粤港澳清单主要体现在交通运输、仓储和邮政业，金融业，租赁和商务服务业，科学研究和技术服务业，卫生和社会工作这五个行业，其中金融业，交通运输、仓储和邮政业所占比重最大，除这五个行业外其他行业无禁止措施，这与我国自贸区清单有较大不同。在限制类不符措施中，粤港澳清单与我国自贸区清单的行业分布整体比较趋近，但仍存在较为明显的差异，比如粤港澳负面清单中针对交通运输、仓储和邮政业，金融业的限制措施项目显著高于我国自贸区负面清单。除行业分类标准、管制措施行业分布的不同，在两张清单中针对特定行业的管制措施本身也存在差别，这给双清单的同时实施和实际操作带来了困惑和难度。

表3　粤港澳和我国自贸区服务业禁止类不符措施的行业分布

（单位：条）

	粤港澳	自贸区（2015）	自贸区（2014）
F 批发和零售业	0	2	1
G 交通运输、仓储和邮政业	3	4	2
H 住宿和餐饮业	0	0	0

（续上表）

	粤港澳	自贸区（2015）	自贸区（2014）
I 信息传输、软件和信息技术服务业	0	2	4
J 金融业	6	0	0
K 房地产业	0	0	1
L 租赁和商务服务业	2	2	1
M 科学研究和技术服务业	2	3	2
N 水利、环境和公共设施管理业	0	2	2
O 居民服务、修理和其他服务业	0	0	0
P 教育	0	0	1
Q 卫生和社会工作	1	0	0
R 文化、体育和娱乐业	0	11	5
合计	14	26	19

资料来源：根据相关负面清单整理。

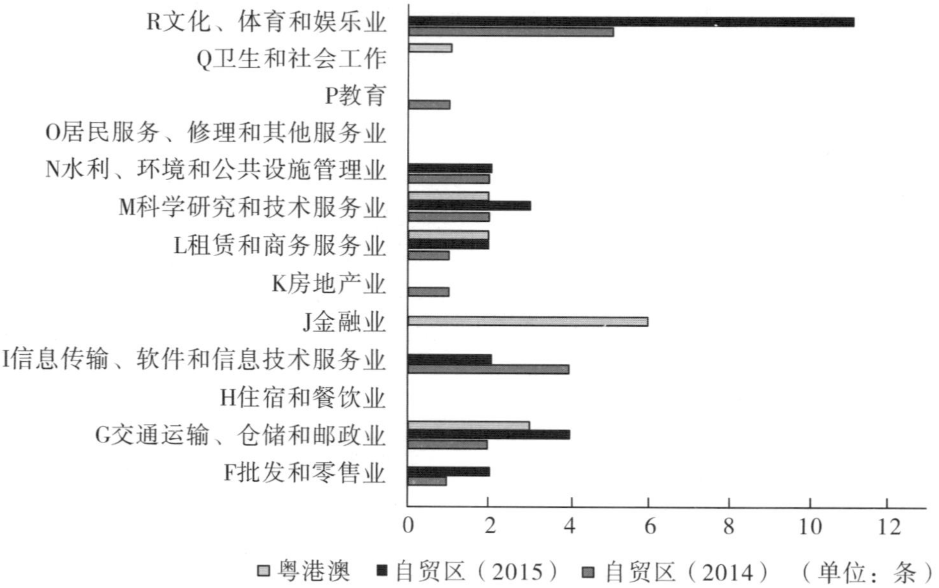

图 1　粤港澳和自贸区负面清单服务业禁止类不符措施的行业分布

资料来源：根据相关负面清单整理。

表 4　粤港澳和我国自贸区服务业限制类不符措施的行业分布

（单位：条）

	粤港澳	自贸区（2015）	自贸区（2014）
F 批发和零售业	5	2	8
G 交通运输、仓储和邮政业	21	15	13
H 住宿和餐饮业	0	0	0
I 信息传输、软件和信息技术服务业	0	2	4
J 金融业	22	15	4
K 房地产业	0	0	2
L 租赁和商务服务业	8	7	8
M 科学研究和技术服务业	8	1	2
N 水利、环境和公共设施管理业	0	1	1
O 居民服务、修理和其他服务业	0	0	0
P 教育	3	2	2
Q 卫生和社会工作	2	1	1
R 文化、体育和娱乐业	1	11	3
合计	70	57	48

资料来源：根据相关负面清单整理。

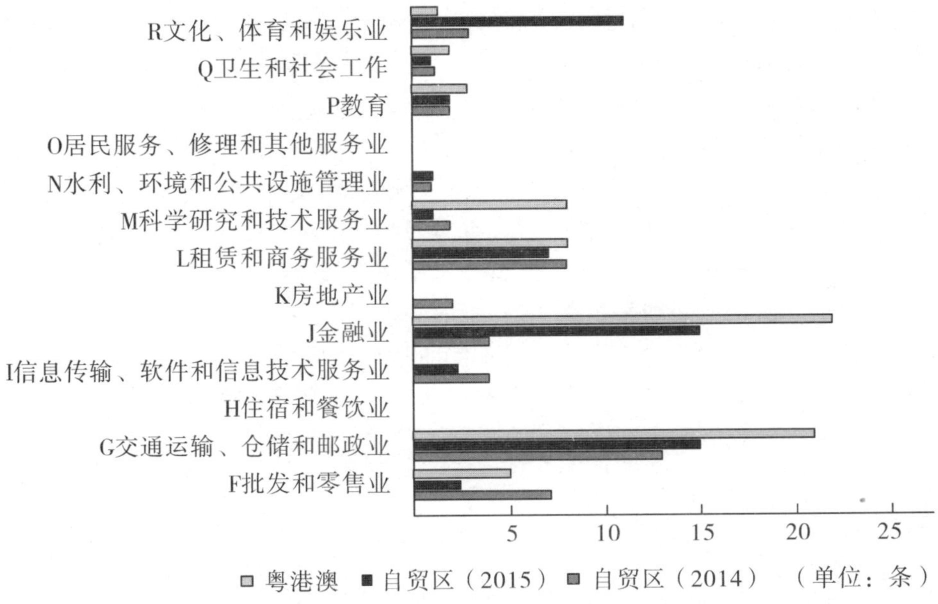

图 2　粤港澳和自贸区负面清单服务业限制类不符措施的行业分布

资料来源：根据相关负面清单整理。

（三）“双负面清单”在广东自贸区实施面临的问题及解决建议

我们在实地调研中发现，粤港澳负面清单和我国自贸区负面清单在广东自贸区的“叠加”优势似乎并没有充分显现，实施效果不尽理想。其原因是多方面的，诸如出台时间短、宣传力度不够、开放度有待进一步提高等，但一个不容忽视的原因是前面提到的两张清单存在的明显差异。企业和政府部门在面对两张不同的负面清单时都会存在困惑，致使“双负面清单叠加”优势打了一定折扣，由此导致的问题亟须解决。

具体而言，主要有以下几个问题：

（1）行业归类问题。粤港澳负面清单采用联合国统计司制定的产品分类标准（CPC），而我国自贸区负面清单采用的是我国国民经济行业分类标准，二者存在较大差异。虽然目前在学术界存在一些较为普遍认可的归类原则和方法，但学术上的认可并不等于企业能够理解，政府相关部门和我国法律能够认可。因此，我国亟须研究制定行业归类原则与对照目录并赋予其法律效力，供企业和政府相关部门参考使用。

（2）“两者取其宽”还是“两者取其严”的问题。粤港澳负面清单和自贸区负面清单针对不同行业的管制措施存在明显差异，宽严程度不同，是按严者还是按宽者执行是必须要解决的问题。自贸区负面清单是我国单方面对外开放的负面清单，具有普适性，适用于除中国内地以外的所有国家和地区，自然适用于我国港澳地区，从这种意义上看应是采取“两者取其宽”的原则，我们的建议亦是如此，但在实际执行过程中仍会存在两单冲突、打架的现象。因此，我们建议对两张负面清单要逐条逐项研究，提出具体建议并上报国家有关部门批准执行。

（3）限制性措施的“自由裁量权”问题。两张负面清单不仅在行业管制宽严程度上有所不同，对同一行业的限制性措施本身也存在差别，难分宽严，如何处理也亟须解决。比如一张清单限定的是投资方式和股权比例，而另一张清单限制的是服务对象和市场范围，二者如何取舍是实际工作中的难题。我们的建议是，针对不同行业和不同情况区别对待，不可一概而论，亦可将选择权交给企业，亦可进一步做出具体规定，这需要在细致地调查研究后方可决定。

四、关于在广东自贸区实施港澳服务业准入专门负面清单的建议

针对粤港澳负面清单与我国自贸区负面清单存在的不一致和冲突问题，上述建议给出的只是短期的解决办法，从长期来看，制定、实施广东自贸区对港澳服务业开放的专门负面清单，并在条件成熟时推广至全省乃至全国，不仅必要而且具有现实可能性，既可以为粤港澳合作长期稳定发展提供制度保障，又对我国进一步改革开放、参与国际贸易投资协定谈判、主导或参与国际规则制定具有重要示范性、试验性意义。对此我们给出如下理由和建议：

（一）开放水平应全面高于现有两张负面清单

与国际上通行的负面清单针对特定签约国或特定协议的情况不同，我国自贸区负面清单是针对单方面扩大开放而制定的，可以认为这是一张基准性清单。我国负面清单制度的目标模式应是形成“基准清单 + 国别清单”的负面清单体系，而不是依靠一张清单“闯世界”，单一清单模式会导致对不同国家和地区开放不足和开放过度并存的局面，也会在一定程度上丧失对外开放的自主权和灵活性。从长期来看，现有的自贸区清单及今后推广至全国的清单只是我国对外签订贸易投资协定的一个基准，体现在不同协定中针对特定国家和地区的开放水平应高于这一基准，对“一国两制”下的两个特别行政区——香港和澳门更应如此。另外，现有粤港澳负面清单涵盖了全省，如果在自贸区也采用同样一份清单，将无法体现自贸区先行先试、率先示范的建设精神。再者，现有粤港澳负面清单所体现的开放程度仍显不足，管制措施还存在诸多不尽合理之处，管制的理由似乎也不够充分，与粤港澳服务业比较优势及一体化发展战略并不完全相符。因此，我们建议广东自贸区对港澳服务业开放负面清单所体现的开放水平要全面高于现有的两张负面清单。

（二）继续沿用联合国统计司制定的产品分类标准

为了保持与国际接轨及清单本身的连续性，建议在制定广东自贸区对港澳服务业开放负面清单时，继续沿用联合国统计司制定的产品分类标准（CPC）。虽然两份清单分类标准不一致的问题依然存在，但从长期来看，我国自贸区乃至推广到全国的负面清单也会逐步与国际接轨。国际上，负

面清单分类标准多见于世界贸易组织（WTO）的《服务贸易总协定》（GATS）、联合国统计司制定的产品分类标准（CPC）、国际标准产业分类（ISIC），较少出现像我国采用本国分类标准即“国民经济行业分类”的情况。不同的分类标准会给投资者带来一定程度的困扰，降低政策的透明度，这与实施负面清单管理的基本精神似乎是相悖的。既然我们的清单是面向国际的，采用国际通行的分类标准似乎更顺理成章，因此我们判断，我国对外开放负面清单与国际接轨是可能的趋势。

（三）给予高端服务业更多关注

服务业细分行业众多，基于广东服务业发展战略、自贸区产业定位及粤港澳服务业的竞争与互补关系，选择一些重点行业给予重点关注似乎更为可取。我们建议的重点领域是科技教育、航运物流、金融、专业服务等高端服务业，由于篇幅所限，下面仅就这些重点领域在新的负面清单中如何突破给出示例性的建议。

1. 关于科技教育对港澳的开放

关于科学研究，现有清单将从事人体干细胞、基因诊断与治疗技术的开发和应用作为禁止类排除在外，我们建议可采用限制性措施，即允许港澳在广东自贸区设立机构从事相关领域的研究活动，但须经有关政府部门审批。关于中等和高等教育，现有清单规定设立以内地中国公民为主要招生对象的学校及其他教育机构限于合作，我们建议在广东自贸区设立相关学校及教育机构的形式不限，但须经政府相关部门批准。

2. 关于航运物流对港澳的开放

现有清单规定，海洋运输和内水运输服务领域可申请船舶登记的法人企业限于合资，且内地投资人出资额不低于50%，设立独资企业仅可为广东省至港澳航线船舶经营人提供船舶代理服务。我们建议允许在广东自贸区投资开展相关业务，投资形式和服务对象不限。现有清单规定，设立的独资公司仅可为在香港注册的船舶提供船舶检验服务，我们建议将在广东自贸区设立的独资公司的服务对象扩展为在香港和广东自贸区注册的船舶。

3. 关于金融对港澳的开放

现有清单规定，同一港澳金融机构，或者受同一主体实际控制的多家港澳金融机构，入股两地合资证券公司的数量不可超过1家，我们建议在广东自贸区内公司的数量可不限于1家，即多于1家或不设数量限制。现有清单规定港澳资本不允许设立保险公估机构，我们建议可允许在广东自贸区设立保险公估机构，但对其服务对象等做出限制性规定。

4. 关于专业服务对港澳的开放

现有清单规定，独资设立的代表机构不可办理涉及内地法律适用的法律事务，或聘用内地执业律师。我们建议可允许在广东自贸区独资设立的机构办理相关事务并聘用内地执业律师，但须做出限制性规定。现有清单规定，取得中国注册会计师资格的港澳居民可在广东省担任合伙制会计师事务所合伙人，会计师事务所的控制权需由内地居民持有；担任合伙人的港澳居民需每年在内地居住且在该会计师事务所执业180天以上，我们建议在广东自贸区取消关于控制权和居住及执业时间的限制。

五、加强内部制度体系建设，保证负面清单稳妥、有效实施

负面清单制度本身只是解决了“准入”问题，而允许进入并不等同于能够进入，愿意进入，进入后能够顺利运营。理论和实践均表明，任何负面清单和贸易投资协定的顺利实施，都要求“边界规则”与“边界后”的协调统一，边界开放需要内部制度的有效支持。近年来，广东自贸区在商事登记与项目审批，事中、事后监管等方面进行了有益的探索，特别是在登记和审批环节已做得较为成功、成熟，下面就内部制度规则的国际接轨、后续监管、提供服务等方面提出几点建议。

（一）适度引进、借鉴香港的制度、规则与做法

众多来自世界各地的企业集聚香港，选择香港作为开展业务的中心和地区总部，重要原因是其具有良好的国际化营商环境。世界银行发布的《2015年营商环境报告》显示，香港在全球名列第三，仅次于新加坡和新西兰，而内地仅位列第90位。香港奉行法治，对企业绝少干预，但提供各项支持，是比较典型的负面清单制度下的政府管理模式。在内地基本制度和法律框架下，适度引进、借鉴香港的制度规则和成功做法，既有利于实现与港澳的规则接轨，打破“玻璃墙”“弹簧门”现象，也有利于推动内地制度创新及规则国际化。

（二）构建完善的监管体系

负面清单管理模式是一种“宽进”制度，“宽进”的结果必将是后续风险的加大，这就从客观上要求加强事中、事后监管体系建设。一是要建立行业风险预警系统，随时监控由于开放形成的行业冲击、行业垄断等现

象；二是加强企业信用体系建设，构建以信用制度为载体、以信用记录为依托、以信用监管为手段的企业信用信息系统；三是加强日常监管执法和信息公示，强化对商事主体的日常巡查、动态监控；四是培育社会组织，发挥行业协会等社会组织在行业监管中不可替代的作用；五是对负面清单限制性事项采取有针对性的监管措施，对违反限制性措施规定的越权行为明确处罚措施。

（三）优化服务职能

在负面清单背景下，政府必须在不断弱化审批职能的同时优化自身的服务职能。政府可以通过提供信息咨询、人才聘任与培训、资助补贴、搭建平台等手段，减少市场失灵，充分发挥市场的资源配置作用。优化政府服务职能，要转变观念，强化政府公务人员的服务意识，注意引进借鉴国际通行的、与社会主义市场经济体制相适应的做法，给予创新创业支持体系、中小型企业服务体系、宜居宜业生活环境以更多的关注。在提供服务过程中，政府应避免对经济活动进行过多的行政干预，正确划分“服务”与“干预”的界限，避免以服务之名，行干预之实。

参考文献：

[1] 樊正兰，张宝明．负面清单的国际比较及实证研究［J］．上海经济研究，2014（12）．

[2] 龚柏华．“法无禁止即可为”的法理与上海自贸区“负面清单”模式［J］．东方法学，2013（6）．

[3] 孙元欣，徐晨，李津津．上海自贸试验区负面清单（2014 版）的评估与思考［J］．上海经济研究，2014（10）．

[4] 中国（上海）自由贸易试验区外商投资准入特别管理措施（负面清单）（2013 年）［EB/OL］．（2013－10－01）．http：//www. scofcom. gov. cn/wgtzgl/232023. htm.

[5] 中国（上海）自由贸易试验区外商投资准入特别管理措施（负面清单）（2014 年修订）［EB/OL］．（2014－07－01）．http：//www. shdrc. gov. cn/fzgggz/ggcx/zmg/fmqc/12701. htm.

[6] 国务院办公厅关于印发自由贸易试验区外商投资准入特别管理措施（负面清单）的通知［EB/OL］．（2015－06－19）．http：//www. mofcom. gov. cn/article/b/g/201506/20150601018476. shtml.

[7]《内地与香港关于建立更紧密经贸关系的安排》关于内地在广东与

香港基本实现服务贸易自由化的协议［EB/OL］.（2015－04－28）. http：//www. mofcom. gov. cn/article/b/g/201504/20150400954316. shtml.

［8］《内地与澳门关于建立更紧密经贸关系的安排》关于内地在广东与澳门基本实现服务贸易自由化的协议［EB/OL］.（2015－04－28）. http：//www. mofcom. gov. cn/article/b/g/201504/20150400954402. shtml.

服务贸易自由化与粤港合作

——CEPA 下粤港先行先试的创新思维

封小云[①]

2011 年 3 月，国家公布了《中华人民共和国国民经济和社会发展第十二个五年规划纲要》，明确表示中央支持深化内地与香港的经济合作，推进 CEPA 的继续实施。在此基础上，2011 年 8 月，国务院副总理李克强在访港期间进一步提出：争取在“十二五”末期，透过 CEPA 实现内地对香港服务贸易基本自由化。

中央政府首次就 CEPA 制定了实施目标和时间表，引发了内地、香港学术界和实业界的极大关注。尤其是具有 CEPA 先行先试优势的广东省，如何在五年时间内率先实现粤港服务贸易的基本自由化，形成大珠三角地区统一大市场，是粤港两地“十二五”时期所担负的重大使命。本文试图从这一角度出发，对透过 CEPA 实现粤港服务贸易的基本自由化，提出初步的看法。

一、全球多边贸易框架下香港与内地服务市场自由化之落差

贸易自由化，一直是 WTO 这个全球多边贸易组织的基本原则和主要宗旨。贸易自由化原则也称为市场准入原则，意指取消不必要的障碍，最大限度地开放市场，促进货物和服务在国际间的自由流动。在服务贸易领域表现为：扩大市场准入程度，不断增加开放的服务部门并扩大开放程度，实质性地减少对服务提供方式的限制。而 CEPA 作为地区性的自由贸易协定，服务贸易自由化必然要超越 WTO 框架，提供给港澳服务商更为自由的市场准入。为此，有必要对内地和香港在 WTO《服务贸易总协定》（GATS）框架下的各自承诺作一对比和分析，找出香港、内地服务市场开放，尤其是市场准入程度的差别，这有利于确定 CEPA 实现服务贸易自由化的方向。

1. 香港与内地服务贸易开放的广度及覆盖率比较

香港作为 WTO 成员以及实施自由港政策的地区，其服务市场的自由化从 1994 年签署的《服务贸易总协定》就开始了。香港在 GATS 框架下做出的

① 封小云，暨南大学经济学院教授，主要从事港澳、珠三角地区经济研究，专注研究国际投资与贸易。E-mail：feng-xy2000@163.com。

承诺包括现行承诺（1995年），以及2003年和2005年提交的初步承诺及修改承诺建议。从现行承诺的出价到后面的修改承诺出价（增加了环境服务的大项以及约20个服务项目），反映了香港服务贸易逐步自由化的过程。

香港对服务贸易12个服务大类开放了10个，其中教育作为一个大类并没有做出开放承诺。在香港承诺书的说明中，以“否定清单”形式不做出承诺的部门和项目（包括专业服务中的法律、建筑设计、工程等，邮政服务，教育服务，社会服务，体育服务，航空服务）约为18种，占全部服务贸易总协定143个服务项目的12.6%，由此可知开放覆盖率为87.4%，这既远远超过发达经济国家成员承诺的最高覆盖率，也大大超过了内地62%的覆盖率。但是，如果从香港的具体水平承诺和部门承诺减让表看，则实际的覆盖率与上述数字有较大差异。在水平承诺中，关于自然人流动的承诺仅仅涵盖商业服务（共计7个项目）、电信服务、金融服务和海上运输服务，总共承诺项目大约为44个，承诺的覆盖率仅为30.8%，不做承诺部门与项目约达到七成比率。而内地对于自然人流动的承诺（包括水平承诺与部门承诺）则包括所有承诺的项目，其覆盖率为60%以上。由此可以得出结论，香港在自然人流动方面的承诺，低于内地对WTO做出的承诺。

而在部门承诺减让表中，香港做出承诺的服务项目为服务贸易总协定143个项目中的约95个，其覆盖率为66.4%，并未达到发达国家成员的最高水平。其原因主要是承诺对某个服务部门的开放，并不意味着部门中全部产品均有开放的承诺。例如香港是WTO中19个明确做出影视市场开放的成员之一，但是，在这19个成员中，仅有美国和中非做出了全面开放的承诺。香港只对全部6种产品中的3种做出承诺，只能属于部分开放而非全面开放。由此可说，对某个服务部门的开放承诺并非部门中所有产品均实现了自由化，还要看承诺是否覆盖部门中的全部产品。其覆盖率的判断主要还在于具体产品的承诺减让，即具体的服务产品数量的计算。

以服务产品的具体数字计算，内地开放的服务部门也涵盖了服务贸易总协定12个大类中的10个，其中健康与社会服务，娱乐、体育服务两项并没有做出承诺。其开放产品涉及总共160个小类中的100个，占服务部门总数的62.5%（中国“入世”之初的承诺仅涉及87个部门，包括商务服务24个、通信服务15个、金融服务14个、旅游服务2个、运输服务12个、建筑及相关工程服务6个、分销服务5个、教育服务5个和环境服务4个，开放覆盖率54.4%），远远高于发展中国家的水平，接近发达国家，有的甚至超过发达国家的水平。同时，香港提交的“否定清单”中不做承诺的服务部门，除邮政服务、体育服务和社会服务之外，法律、建筑设计、工程、教育服务和航空服务，内地均列入了承诺清单之中予以开放。由此可见，内地在服务贸易总协定框架下承诺的开放数量与覆盖率，并没有与香港形成极大差异。

上述的结论仅是对香港与内地在《服务贸易总协定》框架下，服务市场和服务贸易开放承诺的广度，也即开放面的估计而言的。但是，市场开放的广度（也即有多少数量的市场开放）并非判断市场开放的唯一尺度，甚至可以说不是主要尺度。衡量开放尺度的主要标准为开放的力度。如果市场承诺了开放，但是承诺是有诸多限制的保留承诺，即力度很小，则开放就会造成“大门开了，小门难开”的结果。因此，市场开放或是开放的覆盖率主要取决于市场自由进入的程度，也称为市场开放的深度。这就需要观察各个成员对服务贸易承诺的主要方式。

2. 香港与内地服务贸易开放的深度（力度）覆盖率比较

WTO 成员在《服务贸易总协定》的市场开放承诺议定书中，进行承诺的方式包括“没有限制”“不作承诺”和“有保留的承诺”三种。“没有限制”是指对外来服务商进入服务市场不采取任何的市场准入和国民待遇限制，这意味着完全的自由化；“不作承诺”则说明成员保留充分的政策自主权，是没有限制的另外一个极端。介乎它们之间的是“有保留的承诺”，即详细列明对市场准入和国民待遇的限制内容和措施，其性质是不完全的自由化。

三种承诺方式分别对服务贸易的四种模式列出，即跨境交付、境外消费、商业存在和自然人流动。这四种服务提供模式存在着服务业开放力度的一种递进关系。跨境支付本身不存在提供方和消费方的移动，仅通过国际结算进行支付；境外消费则是消费者的国际移动，即消费者向提供服务方的国际移动，例如旅游、留学等；商业存在则是服务提供者以法人形式向消费者的国家移动，表现为 FDI（外商直接投资）；自然人流动则为以自然人形式存在的服务提供者向消费者转移，这种转移较多地集中于专业服务业。由于商业存在与自然人流动涉及要素的跨国移动，因此，WTO 成员在服务贸易领域的开放承诺多是在商业存在和自然人流动两种模式上设置较多的限制。

香港对服务贸易的部门承诺减让表中，四种服务提供形式的“没有限制”占极大比重，体现了香港作为自由港的市场开放深度和自由化的力度，以及香港本土法规的自由化和国际化，尤其体现了本土法规与国际服务贸易自由化的接轨。在针对服务贸易活动的特点方面，《服务贸易总协定》提供了市场准入的具体规定和对各成员的国内法规的约束。由于服务贸易发生的特殊方式，各成员的国内法规的影响是决定性的，所以约束各成员的国内法规就成为 WTO 管理规范服务贸易的重要环节。而香港作为一个自由港和服务贸易为主的经济体系，其本土法规所要约束和管理的部分所占比例很小。

一是香港本地大量从事服务提供的服务商本身就来自海外，其是海外主要服务要素的集结地区。因此，对于各成员限制较多的商业存在，其承诺中一是限制性的承诺所占比例极小（见表 1）。“没有限制”的比例为 90% 以上，高于目前发达经济体成员 81% 的覆盖率。二是限制约束的程度很低。其限制主要在电信服务、金融服务方面，内容为对私人的对外卫星电路或私人虚拟网络服务连接公共交换电话网络的限制（电信服务），以及对保险服务中，服务提供者必须为承保人公司或承保人组织的规定，和海外银行申请为香港本地银行的条件要求（金融服务）。上述的限制与要求主要为保护公共的交换电话网络，以及严格金融法人的资格，并非对外来服务提供者而言，而是与香港本地服务提供者同等待遇的体现。

表 1　中国香港具体承诺减让表中各类承诺方式的比例

（单位:%）

类别	限制	跨境支付	境外消费	商业存在	自然人流动
市场准入	没有限制	66.3	94.7	90.5	0.0
	有保留的承诺	4.2	0.0	3.2	30.8
	不作承诺	29.5	5.3	6.3	69.2
国民待遇	没有限制	55.8	68.4	90.5	0.0
	有保留的承诺	0.0	0.0	3.2	30.8
	不作承诺	44.2	31.6	6.3	69.2

注：有限制的产品为某个服务项目中诸多产品中的一个部分，其他没有限制。

资料来源：按照中国香港在世界贸易组织《服务贸易总协定》的框架下就服务贸易所作的承诺及承诺建议计算得出。

与香港的服务贸易具体承诺减让表的简单明了相对应，内地的承诺中（以最后承诺为计算文本），跨境支付和境外消费的开放水平较高，而商业存在则主要以限制性承诺为主。尤其是商业存在的市场准入低至 23% 的水平，限制性承诺占七成以上的水平，显示了内地承诺的市场开放深度与力度处于十分低的状态（见表 2）。其主要原因是内地的法规与国际规范具有相当大的差距，服务贸易的自由化在内地仍然是一个逐步开放的漫长过程。目前内地对开放服务贸易只能做出与现实经济发展水平和服务业发展状况相适应的承诺。

在内地承诺的市场准入保留限制措施中，法律实体形式的限制最为普遍，不仅在水平承诺书中专门列出合资企业与合作企业的具体要求，而且在部门具体承诺减让表中以建立合资企业或合作企业的要求为主要限制形式。其次则为股权比例和投资总额限制，以及服务提供者数量限制和产出限制与雇佣限制。也就是说，GATS 列出的 6 种市场准入限制，在内地商业存在中均普遍存在。

表 2　内地具体承诺减让表中各类承诺方式的比例

（单位:%）

类别	限制	跨境支付	境外消费	商业存在	自然人流动
市场准入	没有限制	51.9	96.2	23.1	0.0
	有保留的承诺	19.2	1.9	73.1	100.0
	不作承诺	28.9	1.9	3.8	0.0
国民待遇	没有限制	82.7	100.0	65.4	0.0
	有保留的承诺	1.9	0.0	21.2	100.0
	不作承诺	15.4	0.0	13.4	0.0

注：根据《中国入世议定书》附件 9 和中华人民共和国服务贸易具体承诺减让表最终承诺计算得出。

可见，虽然在市场开放的广度上，内地与香港的差别并非很大。但是，在市场开放的深度方面，内地与香港存在较大的差距，与其他发达经济体的差距也很大。而主要的差距表现在商业存在的市场准入方面，国民待遇的差距并非很大。

至于在自然人流动方面，香港的不作承诺占据接近七成的比例，低于内地。其原因可能是香港是一个小型经济体，人员流动容纳的能力很小。同时，自然人流动的开放取决于输入经济体的行业劳动供给状况。香港的专业技术服务人才与劳动市场供应充足，是服务贸易中的优势。而内地属于大型经济体，市场容纳能力很大，加上目前内地的专业服务人才缺乏，市场处于短缺状况。因此，对于所需的人才流动，做出比香港更为广泛的、有限制的承诺（符合资格要求），是可以理解的。

二、CEPA 与世界其他 PTA 的比较

21 世纪以来，WTO 多哈回合谈判遭遇挫折，直接影响到全球贸易自由

化的进程：以GATS为基本框架的多边服务贸易自由化谈判，目前仍然没能发挥在货物贸易壁垒降低中的主导作用，进展有限且面临机制设计上的困难，迫使人们不断降低对它的预期，而将推进自由化的努力转向区域化，出现了以服务贸易区域优惠协定（PTA）替代WTO推进贸易自由化的浪潮。

CEPA属于GATS第5项下的服务贸易区域优惠协定（PTA）。目前全球参与PTA的国家和地区服务贸易出口比重超过80%，而且与多边谈判协定相比，PTA的自由化水平处于更高阶段。由此可知，PTA已经成为超越GATS的世界服务贸易主要方式。根据WTO秘书处的统计，截至2008年2月10日，在通知WTO的199项已经生效的区域贸易安排中，涉及这类安排的有50项。那么，CEPA与其他PTA比较，在推进服务市场自由化方面，有什么成效与特点？其他成功的PTA又能为CEPA的进一步开放和自由化提供什么启示和示范呢？

1. PTA框架下服务市场自由化的承诺方式与步骤

PTA是比GATS服务市场自由化程度更高的地区性协议。其主要体现不仅在于承诺的覆盖率高，更在于自由化承诺方式（也即开放市场的清单方式）与GATS的差别。目前部分PTA仍然承袭GATS采取的“肯定清单”方式做出承诺，但是，采用“否定清单”方式的PTA已经占主流。WTO的专家在2006年通过对世界多个PTA的大量事实分析和比较认为，在自由化的推进方面，“否定清单”比“肯定清单”具有优势。其原因在于：“第一，‘否定清单’中，除非在保留项目中加以剔出，国民待遇和市场准入原则上就适用于所有领域，这样就将谈判从部门为重心转向以消灭限制措施为重心，加快自由化速度，也容易达到更高的层次。第二，政策的透明度也更高。不适用的部门和限制政策明确列出后，实行自由化的部门，它们的法律和管理体系就相对清晰。第三，自由化程度也更容易比较，约束了成员方采取更进一步限制措施的可能。第四，可以自动将新出现的服务部门包括在自由化的范围内，从而解决前述GATS‘肯定清单’中部门分类困难所带来的承诺有限的问题。”

由上可知，CEPA承袭的是GATS肯定清单方式，在其透明度、自由化推进速度、对限制措施的约束上，与否定清单必然存在差距。同时，这也决定了CEPA自由化开放的渐进方式，这种逐年推进的方式不仅透明度低，成效难以即时显示，也给CEPA的实施带来极大的成本。我们只要观察2004—2011年CEPA的补充协议是一年一变，实施细则和措施已经是一个极其膨大的体系，就可以明白，为什么2000年以后，大多数签订的PTA越来越倾向于否定清单。

此外，服务贸易的自由化一般经历三个层次和步骤：非歧视、相互承认、国际协调。GATS 的多边协定主要停留于非歧视层次，而 PTA 则已经进入到后两个层次。CEPA 目前大量内容仍然停留于 GATS 的非歧视层次，但在服务专业资格上开始进入单边承认，即第二个层次的初级阶段，距离达到实施共同标准，建立维护竞争的统一政策和机制的层次，仍然有很大差距。

2. PTA 推进的服务市场自由化程度

一般来说，PTA 即区域贸易自由化具有比多边协定更有效的机制设计，因而对服务市场自由化的改善胜于 GATS。WTO 专家（Martin Roy，Juan Marchetti，Hoe Lin）于 2006 年多个参与 PTA 的经济体，在服务提供模式 1（跨境支付）和模式 3（商业存在）方面的自由化进展，分别以 GATS 框架和 PTA 框架进行了比较与计量。上述专家之所以以模式 1 和模式 3 为自由化的主要评估内容，是因为在目前的世界服务贸易中，这两个模式的交易已经占贸易总量的 80%，因此其评估具有十分典型的代表性。

（1）由比较分析结果可见，中国内地对 GATS 的自由化承诺，除韩国之外，均高于所列发展中国家及新兴经济体，包括新加坡（在模式 3 中，中国内地的 GATS 覆盖率接近 70%，而新加坡在 60% 以下）。这些承诺本身超越了中国服务业的发展水平。2006 年中国的服务业增加值和就业占 GDP 和就业总数的比例，分别低于世界平均水平 28 百分点和 16 百分点，低于中下等收入国家平均 4 百分点和 21 百分点。中国对本土服务市场开放采取积极进取态度，一方面反映了中国在入世时所面对的压力；另一方面也表明了中国加大服务市场开放、参与全球化的决心。事实充分表明，服务市场自由化具有极大的经济效益，这是中国全力推进自由化与全球化的根本原因。

（2）对所有列出经济体的比较表明，PTA 比 GATS 具有更高的自由化程度，会带来更多的附加值。但是，在 PTA 提升自由化的过程中，不同的承诺方式，其提升程度具有较大的差异。在 PTA 采用肯定清单的经济体，例如中国、印度、马来西亚和泰国，其市场自由化的改进程度远远低于采用否定清单的经济体。澳大利亚、美国是否定清单，日本、韩国、新加坡则是否定清单与肯定清单的混合，因此提升自由化程度比较高。欧盟虽然是肯定列表清单为主，但是作为一个本身开放程度很高的经济体，也即本身的自由化覆盖率（模式 1 中 GATS 水平接近 70%，模式 3 则超过 80%，大大高于美国的承诺）为各经济体中最高，其提升的空间也就十分有限。

（3）否定清单或兼具否定与肯定清单的经济体，其主要的自由化做法倾向于做出新承诺，即拓展市场的开放度。而肯定清单的经济体，则倾向于改进原有对 GATS 的承诺，而非自由化的拓展。这在模式 3 中更能体现。

(4) 中国的 CEPA 与印度的 PTA 比较，其自由化的重点更偏向模式 3，而非模式 1。而 CEPA 对于模式 3 的自由化，主要为对原有承诺的改进，而非扩展市场的开放度。

(5) 由此，CEPA 对内地服务市场自由化的提升，从模式 1 看，大约仅有 5 百分点左右；而从模式 3 看，市场的扩展为 6.48 百分点，改进承诺则为 26 百分点。全部相加为 31.48 百分点（见表 3）。但是，从总覆盖率看，CEPA 并没有大幅度地提升市场的自由化。

表 3　中国与新加坡在 PTA 框架下服务贸易自由化水平的提升结果

（单位：%）

国家	模式 1	模式 3	最新出价时间
中国	5.52	31.48	2005－05－19
新加坡	77.71	70.51	2005－05－19

(6) 在亚洲国家的 PTA 实践中，新加坡的 PTA 对于市场自由化的提升和改进成效最大。从分析可见，新加坡对 GATS 的承诺水平、覆盖率均低于中国内地，但是，其 PTA 对服务市场自由化的提升十分惊人。在模式 1 和 3 方面，覆盖率均超过 90%，模式 3 接近 100%。新加坡的做法为 CEPA 提供了深化和改进的启示。

三、CEPA 的特点与局限性

由以上对比可以得出下述简短的结论：

1. CEPA 承诺的自由化特点与肯定清单模式（机制缺陷）

通过比较内地与香港对 GATS 承诺的内容与自由化特点，以及 CEPA 和其他 PTA 的比较，首先，我们可以看到，CEPA 深化的主要方向和重点应当是市场准入的自由化，尤其是商业存在即模式 3 的市场准入。CEPA 既然是 WTO 框架下和 GATS 框架下的区域自由贸易协定，服务贸易市场的开放必然以超越 WTO 和 GATS 承诺为准则。因此，观察内地与香港自由化的主要差距，并消弭其差距，以彻底解决港澳服务商的自由进入为目的，是 CEPA 的主要内容。根据两个承诺内容的主要差距可见，内地与香港的主要差距来自市场准入的自由化（深度），而非市场开放的广度。在香港的承诺中，无论市场准入和国民待遇，均以没有限制为主，而在内地的承诺中，国民待遇自由化指标接近 0.80，市场准入则仅为 0.38（也即服务贸易限制指数）。有限制的市场准入是主要的承诺部分，对应香港大多数部门100%自由化的市场准入，差距极大。为此，要最终解决“大门开了，小门难开”的问题，就必须拆除众多的市场准入限制（在准入限制方面，内地承诺涵盖GATS的6种限制）。

其次，必须指出，提升CEPA自由化的关键不在于赋予港澳服务商的国民待遇。因为市场准入才是服务贸易自由化的内容。事实上，只有进入了市场，才可能实现国民待遇。中国承诺的国民待遇是准入后国民待遇。如果企业本身无法进入市场，何来国民待遇。

最后，通过WTO专家对PTA的分析，可以看到，CEPA提升自由化的重点在于改进GATS的承诺上，尤其是商业存在的承诺。从实际操作看，CEPA实际深化的重点也在于此。但CEPA承袭的GATS肯定清单方式，以及渐进的自由化特点，造成其透明性低、提升步伐慢于否定清单的后果，这一点是不可否认的。在机制设计上，CEPA的肯定清单反映了其本身提升自由化的缺陷。

2. CEPA开放单向性的局限

在CEPA的谈判机制和主要内容中，内地与港澳之间服务行业的开放与准入承诺是不对等的，表现为内地对港澳的单边开放。CEPA的单向开放特点是全球PTA中绝无仅有的。尤其是港澳自然人流动的进入和专业资格的互认，均是内地对香港、澳门的单边开放。CEPA只有内地对香港的资格认可，而内地的进入是没有列入CEPA的。这个单边的协商机制反映了内地需要引进港澳服务商，弥补其服务业的短板；港澳地区则希望扩张其强势服务业的市场版图和总量的意愿。但是，从CEPA实施9年的结果看，单边开放的机制难以达到区域合作的效应。

其一，区域性自由贸易协定的效应主要取决于双边或多边市场开放后，要素和资源根据各地区比较优势流动和重新配置的结果，也就是各地区通过开放市场，集聚强势产业的资源而强化本地区优势产业，形成地区分工从而提升整体的区域经济竞争力。但是，由于CEPA的单边开放机制，导致服务资源仅仅从香港向内地辐射、流动，而内地的资源则无法向香港流动与集聚，结果并没有推进地区间的专业化分工，强化港澳地区的强势产业。因此，CEPA仅有前店后置，缺乏强化前店的机制，这就在实质上无法促使内地与港澳地区的要素和资源按照各地区优势产生流动和重组，从而阻碍了区域一体化效应的充分发挥。

其二，对于CEPA开放的单向性，很多观点认为，香港本身就是自由港，市场开放度很高，不存在向内地开放的必要。更有香港学者认为，仅有

600 万人口的香港向 13 亿人口的内地开放市场，会带来难以预期的后果。我们认为上述观点是缺乏说服力的。

香港虽然具有高度开放的自由市场，但是，香港本身对 GATS 的承诺并不是最高水平，香港的市场开放水平也需要进一步提升。香港作为小型经济体，更需要开放市场，集聚资源，这是过去一百多年的发展给香港留下的极其宝贵的经验财富。事实上，过去十多年香港在内地市场的开放过程中，许多经济功能的减弱就是例证。一旦减弱变成积弱，就会产生与 CEPA 设计目标背道而驰的结果。

作为自由港的新加坡也是高度开放的小型经济体。但是，新加坡既与发达的大国如美国、日本，也与发展水平低的印度等国，签订了多个双边开放的 PTA。新加坡更是东盟成员国，2007 年东盟与中国签订了服务贸易自由化的协定。其实，所有研究区域自由贸易协定的文献，均肯定了小型经济体与大型经济体之间签订双边开放协定，在经济收益上更有利于小型经济体这一事实。这就是为什么一些中小国家，如秘鲁、哥伦比亚、智利等，愿意与美国签订否定列表的 PTA。

3. CEPA 实施具有极高的制度摩擦成本

服务贸易和市场自由化要求 PTA 的参与方对彼此的管制政策实现内外协调。由于各参与方的不同发展水平和制度特征，对服务部门的管制方式会有极大不同。在服务贸易壁垒的主要形式为一国的法律与行政管制的情况下，各参与方的规则差别越大，管制越不一致，则自由化的障碍越大；贸易壁垒越高，协调各参与方规则的制度摩擦成本就越高。

根据商务部、香港贸发局、对外经贸大学所做的联合研究报告，香港服务业进入内地的主要障碍以及两地之间的管制差异可以归纳为：①市场准入限制与门槛；②资质认定；③行业标准及管理；④与业务开放相配套的政策及措施不到位；⑤行政审批障碍；⑥体制与经营环境；⑦香港公司对内地营商环境不熟悉。

上述的差异和障碍中，除 1 与 2 为 CEPA 的主要内容外，其他的壁垒形成均与内地的管制、市场发育、行业制度、法律环境和商务逻辑相关，有的部分更涉及商业文明与文化，也就是涵盖了内地的基本经济管理体制。从这个角度看，CEPA 要达到清除 1 与 2 的主要壁垒已比较简单，这本身属于 PTA 的主要功能。但是要 CEPA 协调中国内地的基本经济管理体制与香港的市场管理制度，就将涉及政治、文化、社会和经济多个部门的谈判，更要介入其中各利益集团的博弈，尤其是占据行政垄断和行业垄断地位的利益集团（其中包括各级与各类政府部门），以及与地方市场利益紧密关联的地方政府。可以预见，CEPA 每前进一步，均涉及巨大的制度摩擦成本。

四、广东先行先试的政策体系与对策思路

通过上述分析与推论，我们可以逻辑性地引申出粤港服务贸易自由化，尤其是广东先行先试的政策体系及对策思路。

1. CEPA 首先在粤港地区试行否定清单，启动 CEPA 功效

目前 PTA 中的否定清单对 GATS 实际上是一种机制性创新。否定清单把市场准入作为一般义务，除非在保留清单加以剔除外，且保留清单不能弱化服务贸易自由化的现状。因此，否定清单谈判的重心是消灭限制，加快自由化进展。从近年的实践看，否定清单不仅具有自由化提升速度快，还具有锁定（Lock-in）自由化方向，约束成员方采取限制措施的作用。

粤港之间推动服务业合作，以 CEPA 现有机制去构建广东的先行先试政策体系，尚无法根本性地提升 CEPA 的效应，从而无法进一步推进广东市场体制的建立和粤港服务业的合作。如果仍然采用目前的肯定清单，一个部门一个部门地每年出价，逐级地申报下放权力的渐进式方式，其结果必然是成本高昂，提升自由化速度缓慢。粤港之间在 CEPA 的突破和先行先试方面，应重新启动 CEPA 的功效，在机制上的突破性思路应是争取中央政府的支持，大胆地从目前的防守型肯定清单转变为更为开放的否定清单方式，即除保留清单外，把市场准入作为一般义务承诺。这样就可以从根本上保证各类限制措施的大幅减少，锁定服务市场自由化的路径，加快自由化的进展。

一个比较可行的做法是借鉴日本与新加坡 PTA 混合清单的先例（日本和新加坡主要为肯定清单，但在商业存在上为否定清单）。粤港之间可以首先和着重试行在商业存在（模式 3）上采用否定清单的方式。按照这个思路，中央或可考虑赋予广东根据服务业敏感程度的不同，分三个不同部分做出否定清单承诺的权利：第一部分为 GATS 中承诺较多的旅游、商业服务，可以对最少的保留项目不作承诺；第二部分为 GATS 中广泛承诺的金融、电信、保险以及资本市场，采用适度保留不作承诺：第三部分为教育、环境、健康、海运运输等核心服务业，可以加大保留项目并将自主保护部分剔除。在上述的所有保留项目之外，实施普遍的国民待遇与市场准入政策。在商业存在取得成效之后，可以向所有的服务模式扩展。这是粤港先行先试，在 CEPA 首先采用否定清单的一种最好选择。如果达不到上述的选择，则可以争取部分服务部门率先试行商业存在否定清单。待成效显示之后，再扩展到全部的服务行业和领域。

2. CEPA 率先在粤港之间实施双向开放，提升 CEPA 效益

CEPA 是全球 PTA 中唯一一个单边或单向开放的协议。CEPA 体现了中央政府维护香港国际地位和经济中心地位的战略意图。但是，CEPA 实施证明，单边开放的效果并不理想，变 CEPA 的单向开放为双向开放实际上更有利于香港地位的维持。事实上，单边开放容易消磨人们的竞争斗志，减退人们的开放心态。长此以往，造成单向的路径依赖，反而使得香港的全球地位逐步倒退。粤港改变 CEPA 单边开放为双边开放的思路可以设计如下：

由于 CEPA 的主要内容集中于服务贸易提供模式的 3 与 4，即商业存在与自然人流动，即主要为要素的流动。因此，粤港之间设计双向开放和流动的机制，也应当主要集中于此。

在商业存在方面，可以完全参照 CEPA 对香港进入内地的服务原产地即“香港服务提供者”（HKSS）的界定标准，制定进入香港的“广东服务提供者”（GDSS）的标准，根据 CEPA 框架提供广东企业规范的准入方式。2004 年，中央政府曾经通过了被称为“企业自由行”的措施，但是这一措施仅仅把内地企业进入香港的审批权下放到各地地方政府，而没有根本改变企业投资行为管制的行政审批制度。这与区域自由贸易协定的规范进入方式有很大区别。取得 GDSS 的服务商进入香港的投资行为，更具市场自由化的意义。此外，制定 GDSS 标准，其意义并非指香港在商业存在方面不开放，而是通过此，一方面广东省政府对广东的服务商进入香港提供投资促进措施；另一方面，则有利于两地率先在人民币进行国际贸易结算的基础上，先行进行人民币在两地的投资结算，把人民币作为区域性的国际投资工具，试行其可行性。

在自然人流动方面，改变过去的香港进入单向资格认定为粤港之间的资格互认，为广东专业服务人员向香港流动，提供规范的标准。从目前香港和内地对 GATS 的自然人流动承诺以及 CEPA 的资格认定看，内地与香港在自然人流动的承诺上是不对等的，内地明显高于香港。但是，事实上，香港通过引进内地人才、专才等计划，已经使内地的人才向香港流动。然而这属于移民政策，并非真正意义上的自然人流动。

事实上，只有双向的资格互认和人员流动，才能够真正拉近两地的专业服务市场的行业守则、管理规范和服务标准，实现制度的对接。仅是香港专业人员进入内地，在目前内地专业服务市场发育较低的情况下，香港专业人士降低服务标准和服务操守的可能性是极大的。也就是说，CEPA 单向开放的性质，对于香港，本身具有很高的风险成本；对于内地来说，也难以引进香港的高素质服务。在境外消费（模式 2）方面，应当尽快地把在 CEPA V

中对深圳居民实行的无限制多次往返香港的政策推向广东全省，至少是全部珠三角地区。在这方面，应该没有任何机制上的难度。

3. 广东先行服务市场自由化自主改革，降低 CEPA 协调成本

广义的服务贸易壁垒包括自然壁垒和人为壁垒。前者包括语言文化差异、技术等因素；后者则意指进出口双方的政府政策、市场的反竞争因素等。服务贸易壁垒无论以何种形式存在，其结局必然是限制服务贸易的扩张和增加贸易成本。

CEPA 实施进程中的主要障碍，也即服务贸易自由化的主要壁垒，是目前中国服务市场的行政管制、行业规则和法律制度，即人为壁垒，主要表现为政府设立的原生性壁垒。同时，在原生性壁垒下，还衍生出了市场偏离竞争的二次壁垒，例如政府对国有低效率的服务商的进入保护，产生出的行业垄断、行政垄断等，对有效率的香港服务商的进入形成壁垒。

世界各国的服务市场自由化的经验表明，一国或一地区的自由化，清除原生性壁垒，可以通过两种路径达到：一是以多边或双边协定谈判而由外部推进自由化，这称为"谈判自由化"，在中国称之为"以对外开放倒逼改革"的自由化。这种自由化力量来自外部，并且以贸易协定作为清除来自国内利益集团的阻力的方法，清除壁垒，达到自由化结果。二是通过内部自主改革、制度创新推进的自由化。世界银行和 OECD 等的实证研究显示，服务业自由化的推动，内部自主的制度改革和创新所创造的长期经济效益的提升，远远超过"谈判自由化"创造的商机。因此，他们的结论是，服务业的自由化，原本就应当是各国的单边、自发的行为，并且应与经贸谈判脱钩。由此可见，依赖 WTO、GATS 和 CEPA 的经贸协议推进服务业的自由化，本身具有一定的局限性，由自己力量自主地改革、开放服务市场，才是正确的方向和路径。

由此可见，在维持现有的服务管制上推行先行先试，向中央政府争取下放行政管辖权力并非根本之道。广东在服务市场开放改革的先行先试，其中心和政策体系应围绕从根本上推进市场化、完善市场制度而展开。广东政府应当争取的是改革的权力。只有如此，才能实质性地清除障碍，提升 CEPA 效应，降低 CEPA 协调两地制度差异的成本，促进粤港服务业的合作发展。

（1）改革服务市场的准入制度，从政府审批走向自由的市场进入。

内地服务业的"非市场化"，是形成贸易壁垒的主要原因之一。这首先表现为进入市场的政府审批制，而非市场经济的自由进入方式，即注册登记制。审批制是目前政府权力进入市场，阻碍市场配置资源基本功能的主要因素之一，更与政府权力"寻租"现象密切相关。

目前，广东落实 CEPA 先行先试时，如果重点放在下放审批权，包括大量的前置性审批上，就不能根本性地改变服务市场进入的“非市场化”。也就是说，即使把港商进入内地的审批许可权全部下放至广东，两地的进入制度仍然有很大差异。内地严苛的企业注册、经营许可等开业权限制，也即“非市场进入”方式，已经造成了内地的创业活动很不活跃，中小企业数量逐年减少的现象。因此，根本性的改革应当从目前行政审批的下放，变为真正的市场进入方式，即在广东首先实行市场准入的注册登记制。

（2）削减过度的服务管制，打破服务市场的行政垄断、行业垄断。

服务市场的政府过度管制，也是服务业“非市场化”的体现。目前内地垄断程度较高的市场，大部分为服务市场，如教育、金融、电信等。在这些市场上，政府高度的管制，不仅使港商难以进入，更阻挡了大量本土民营企业的进入。从中国加入 WTO 以及实施 CEPA 以后的事实看，对外开放并没有根本地改变政府对服务业的高度管制，服务业的行政垄断和行业垄断仍然存在。这个事实说明，市场不仅要对外开放，更要对内开放。在允许外商进入的同时，更要允许本土企业的进入，由此，服务市场才能正常发育。

（3）借鉴香港经验，把服务行业协会变成直接的市场管理主体。

放开服务市场的高度政府管制，实行与市场化相一致的服务行业规范管理，其主要做法在于变政府直接管理为市场主体管理。行业协会在发达的市场经济体中，是市场机制中不可或缺的中介机构，也是服务市场的主要管理主体。在香港，专业资质的认定、服务资格的认可，服务标准的判断以及服务行为的管理等事情，其直接的管理者为独立运行的行业协会与企业组成的机构（例如银行公会、各专业服务协会、联交所等），而非政府，政府仅是提供服务及间接管理。

目前广东的服务市场中，已经开始了行业协会脱离政府主管部门的改革。改革的内容更应当把服务企业的资质等级、专业服务资格认定、行业技术标准等制度和管理权力从政府过渡到行业协会。把政府操控的行业资质、服务资格、技术标准等认定权，还给行业协会，实质是变政府的直接管理为间接管理，把市场的权力还给市场。从根本上来说，行业协会的发展和进入直接管理，代表了市场中介机制的完善。

4. 粤港先期启动 CEPA 投资贸易便利化，使服务合作向高层次发展

实际上，服务市场的自由化在相当程度上依靠投资贸易便利化的落实，尤其是区域市场一体化的管理、统一政策与共同标准的建立，均属于便利化的内容。为此，粤港应当尽早启动投资贸易便利化，以推进服务合作向更高层次发展。

首先，建立双方服务行业协会协调机构，实现粤港服务市场一体化管理。粤港之间在服务资质认定、资格认可和行业管理体制上存在极大差距。香港通行国际性的做法和准则，而内地与国际通用的做法不同，这是造成港商进入内地的主要障碍。为达到港商进入服务业投资与贸易的便利，清除壁垒，可以考虑启动投资贸易便利化措施，在广东把服务市场的直接管理回归各行业协会的前提下，建立粤港两地的服务行业协会对口联合机构，以协调两地的服务资质认定、资格认可和行业管理规范。参照香港的规范为主，逐步消除两地的巨大差异，使广东的服务市场逐步走向自由化、国际化。两地行业协会的联合机构，应从相互承认的差异协调开始起步，继而建立两地相互接近的规范，最终走向服务市场的一体化管理。

其次，确立粤港服务市场的统一政策和机制，建立共同服务标准。区域服务贸易的进展一般会沿着非歧视、相互承认和国际协调三个层次展开。非歧视主要指产品与市场主体的国民待遇，相互承认指双方认可各自的资格与标准，而国际协调则意味着采用共同的标准，即建立服务市场的统一政策和机制，这是最高程度的区域一体化。CEPA 的进展目前已经进入了第一、二层次。虽然相互承认的目前仅是单边的资格认可，而未有双方标准的互认，但港商进入套用的是内地标准，而非香港标准。为推进 CEPA 在粤港进入更高层次，第一步可以通过双边开放进入资格和标准的互认。在标准互认与协调的基础上，第二步则开始逐步建立维护竞争的统一政策和机制，例如可以借鉴欧盟的做法，在质量、服务、技术等方面，采用统一的最低标准，最后逐步使市场标准向香港的国际化标准过渡，最终形成面向全球的国际化服务市场。

最后，组建粤港政府的 CEPA 督导机构，以监控 CEPA 措施全面到位。建议在目前 CEPA 仍然没有专门组织机构的情况下，粤港政府率先组建双方参与的 CEPA 督导机构（目前的粤港联席会议机制并非区域自由贸易协定的常设机构），不仅监督 CEPA 措施的落实，反映进展中存在的问题和难点，提出解决方案，同时可以作为双方争议的仲裁机构，调解争议与冲突。此外，必要时可设立专门网站，及时提供各类信息，提高 CEPA 政策和措施的透明度。更进一步则是建立专门研究队伍，专事 CEPA 和全球各类自由贸易协定研究，为推进 CEPA 提供理论依据，进行制度研究的理论创新。

参考文献：

［1］刘莉，黄建忠．服务贸易自由化发展的不平衡性分析［J］．亚太经济，2008（6）．

[2] 王子先．中国生产性服务业发展报告 2007 [M]．北京：经济管理出版社，2008.

[3] 周念利．RTAs 框架下的服务贸易自由化分析与评估 [J]．世界经济研究，2008 (6).

[4] 李淳．后多哈时代台湾服务业的发展方向 [J]．台湾经济前瞻，2008 (120).

（本文原载《澳门理工学报》2012 年第 3 期）

自由贸易区建设中的经验、误区与对策[①]

陈　林[②]

一、引言

自由贸易区建设是中央推动经济发展和体制改革的重大战略部署，而处在广东省的三个自由贸易片区所肩负的使命又尤为特别。由于临近香港特区、澳门特区，广东省自由贸易试验区还具有接受和反馈香港金融中心的产业关联效应的重大作用，肩负着建设国际金融次中心的使命。其中，珠海的横琴片区距离香港 34 海里，与澳门相望，最近处相距仅 187 米。

自由贸易是当代国际金融市场的核心部分。香港作为国际金融中心，其崛起的历史表明，任何一个国家的国内金融市场要想发展成为一个国际金融中心都必须拓展货物贸易与服务贸易的自由化。贸易自由化、投资自由化在一定程度上标志着一个真正意义上的国际金融中心的确立。因此，学习香港的经验是当前广东省自由贸易区建设的特色项目或者说“拳头产品”。

从整体改革来看，作为本轮制度变迁的起点，2012 年底中共十八大报告《坚定不移沿着中国特色社会主义道路前进为全面建成小康社会而奋斗》明确提出“深化行政审批制度改革”，因为“行政体制改革是推动上层建筑适应经济基础的必然要求”。至于如何实施这个改革纲领，该报告并没有明确指示，而这时的自由贸易区战略，亦只是作为“全面提高开放型经济水平”的必由之路。

随着改革思路的确定，自由贸易区战略成为行政审批体制改革的关键环节。2013 年年底，中共中央十八届三中全会决议《中共中央关于全面深化改革若干重大问题的决定》开始规划行政审批体制改革的方向——“深化行政

①　基金项目：国家自然科学基金重点项目“推动经济发达地区产业转型升级的机制与政策研究”（71333007）、广东产业发展与粤港澳台研究中心资助项目“建设自由贸易区对全国性行政审批制度改革的影响”（52702497）。

②　陈林，暨南大学产业经济研究院研究员，广州市人文社会科学重点研究基地“广州南沙自由贸易试验区研究基地”副主任，博士生导师，经济学博士，主要研究方向为自由贸易与外资政策评估，投资审批与反垄断。E-mail：1013357515@ qq. com。

审批制度改革，最大限度减少中央政府对微观事务的管理，市场机制能有效调节的经济活动一律取消审批”。具体的改革路径有两条：第一条主要针对内资，“深化投资体制改革，确立企业投资主体地位……一律由企业依法依规自主决策，政府不再审批”；第二条主要针对外资，“加快自由贸易区建设”，“改革涉外投资审批体制”。为强调自由贸易区战略的重大意义，决议特别指出“建立中国（上海）自由贸易试验区是党中央在新形势下推进改革开放的重大举措”。与此同时，全国人大常委会出台《关于授权国务院在中国（上海）自由贸易试验区暂时调整有关法律规定的行政审批的决定》，调整“有关行政审批”政策的程序。随后，国务院颁布《中国（上海）自由贸易试验区总体方案》，围绕外资准入的行政审批制度，制定了多维度的改革措施。

自此，从党的决议到全国人民代表大会设立的法律，再到国务院颁布的行政法规，我国从三个层面完成了对自由贸易区战略系统的制度建设。

两年过去了，自由贸易区战略的实施遇到怎样的阻力，又应该如何应对？具体而言，社会各阶层有没有很好地理解中央政府对自由贸易区所赋予的改革使命与伟大意义？地方干部有没有做好自由贸易区建设方面的知识储备与实践工作？学术界对自由贸易区的研究有没有很好地响应实务界的理论需求？围绕上述问题，本文将通过理论分析与案例评价，归纳出当前自由贸易区建设中出现的“认识、理论与实践误区”，尝试为学术界和实务界厘清理解与工作中遇到的困惑，并据此给出加快自由贸易区战略推进的具体建议，为下一阶段的经济体制改革积累经验。

二、认识上的误区：自由贸易区是“洋务运动”

（一）误区一的起源：“制度不自信”

2013 年 9 月，上海自由贸易区正式成立。2015 年 4 月，国务院首次为在建自由贸易区制定了负面清单制度——《国务院办公厅关于印发自由贸易试验区外商投资准入特别管理措施（负面清单）的通知》（国办发〔2015〕23 号）。不难看出，建设负面清单制度，正是当前自由贸易区战略中关于行政审批体制改革的具体安排。

所谓的“自由贸易区”和“负面清单”概念均源自美国、加拿大及墨西哥三国在 1992 年达成（1994 年生效）的《北美自由贸易协定》。国与国之间划定一个地理区域，并制定一个“负面清单”——哪些行业禁止外资进入，哪些是有条件准入。清单外的行业领域，跨国公司就可以在自由贸易区内自由投资，无须经过行政审批，即“法无禁止则可为”。该产业目录清单即所谓的负面清单，这个地理区域即所谓的自由贸易区。

在所谓的旧式“正面清单”行政审批中，国家的外资准入承诺仅适用于已做出承诺的、在正面清单里的特定部门或产业，而更广泛和更深入的外资准入壁垒放松，则须通过多轮国际谈判才能逐渐实现。因此，基于负面清单的外资准入行政审批制度可以较明确地覆盖具体的产业和部门，使自由贸易区内的资本进入更加便捷，资本流动的成本更低。伴随这项制度创新给各国带来的“投资自由”等政策红利，短短十年间，美国与智利、新加坡（2004年），韩国与智利、新加坡（2004—2006年），智利与加拿大、墨西哥、哥斯达黎加、萨尔多瓦（1997—2002年），新加坡与澳大利亚、巴拿马（2003—2006年），中国台湾与巴拿马、危地马拉（2004—2006年）之间相继建立的FTA（Free Trade Area）式自由贸易区，均沿用了负面清单制度。

在中国，肩负着重大体制改革使命的自由贸易区战略，同样沿袭了负面清单制度。国务院于2013年出台的《中国（上海）自由贸易试验区总体方案》就已提出“探索建立负面清单管理模式”，“负面清单之外的领域，按照内外资一致的原则，将外商投资项目由核准制改为备案制”。2015年4月，国务院最终出台适用于上海、广东、天津、福建四个FTZ（Free Trade Zone）式自由贸易区的负面清单，即《自由贸易试验区外商投资准入特别管理措施（负面清单）》。但在负面清单的制度建设与理论探索过程中，一些在实务界与学术界中常见的误区逐步凸显。

误区之一就是：自由贸易区的负面清单制度是新生事物，是“洋为中用”的产物。

该误区产生的根源在于，最早以负面清单来描述外资准入壁垒制度，正是翻译自1992年《北美自由贸易协定》（North American Free Agreement）的负面清单（Negative List）条款。而且，“自由贸易区”的称谓也是源自这个自由贸易协定。这就导致了人们误以为，自由贸易区的负面清单制度，是外国发明的特色制度，是主要适用于西方国家的经济开放举措。

改革和开放是相生相系的制度内核，是中国经济社会实现跨越式发展的“法宝”。但时至今日，部分来自实务界和理论界的人士，对“改革”还能勉强接受，却对“开放”有着天生的恐惧，以为放入外资就是“自由化”的体现，就是西方国家及其跨国公司侵占中国市场的行径，就一定会影响国家安全，而完全领悟不到十八届三中全会决议中“党中央在新形势下推进改革开放的重大举措”的思想精髓。

一旦步入“自由贸易区的负面清单制度是洋为中用的产物”的认识误区，面对“来势汹汹”的外来资本（其实还包括港澳台等资本），各级政府的领导干部和理论界人士，自然可能滋生出抗拒与抵触的工作情绪和学术观点。这样一来，中央通过自由贸易区建设，改革外资准入壁垒，进而推进行政审批体制的整体改革，无疑会事倍功半。以致十八届三中全会决议“不厌其烦”地指出放松外资准入壁垒和建设自由贸易区的积极意义和示范性作用①，这在相关的中央决议中较为罕见。

本文认为，“自由贸易区的负面清单制度是新生事物，是‘洋为中用’的产物”这个思想认识上的误区，是领导干部与研究者在相关领域知识储备不足的表现，是当前学术研究满足不了日益加快的体制改革的理论需求之体现。这是因为，事实上，负面清单制度根本不是一个新生事物，更不是源自海外的特色制度，而是一次明显具有中国特色的探索，甚至是一次“原产地”为中国的制度创新——中国实施负面清单的经验已经有近三十年。现阶段的行政审批体制改革，只不过是通过自由贸易区和负面清单的概念和形式，加快推进一直在进行中的负面清单制度建设。

（二）已施行近三十年的中国式负面清单

其实，以“法无禁止则可为”原则清晰刻画市场准入壁垒的行业边界，中国政府已经使用多年。早在1988年，中国政府就开创性地设计出一个针对内资的负面清单制度，这就是1988年版《私营企业暂行条例》。这次重大的制度创新，是改革开放以来政府公共管理水平出现“质”的飞跃的体现，也是社会主义市场经济体制初步建成的标志。

1988年之前，1951年版《私营企业暂行条例》第十一条规定：“新创设的企业应依法令报经地方主管机关核准营业，方得筹设。”而且这种壁垒是不分行业的，即“本条例所称私营企业为私人投资经营从事营利的各种经济事业”。这个全行业的市场准入壁垒，不分内外资均实施严格的资本准入规制，配合后来的计划经济制度（1955年前后出台的系列“计划法”），使建国初期的市场经济逐步转型为计划经济，并使私营经济、民营企业、外资企业彻底消失。1956年，《中国统计年鉴》便不再统计“私营企业”，非公有

① 中共中央十八届三中全会决议《中共中央关于全面深化改革若干重大问题的决定》：“建立中国上海自由贸易试验区是党中央在新形势下推进改革开放的重大举措，要切实建设好、管理好，为全面深化改革和扩大开放探索新途径、积累新经验。在推进现有试点基础上，选择若干具备条件地方发展自由贸易园（港）区”；“以周边为基础加快实施自由贸易区战略。改革市场准入、海关监管、检验检疫等管理体制，加快环境保护、投资保护、政府采购、电子商务等新议题谈判，形成面向全球的高标准自由贸易区网络”。

制经济完全退出了历史舞台。

1988 年版《私营企业暂行条例》及其施行办法，则打破了全行业的行政性准入壁垒，并对以行政核准为法律载体的内资行政审批制度，做出了大幅度改革。被中国政府“发明”于 1988 年的“内资负面清单”，完全可以在现行的《自由贸易试验区外商投资准入特别管理措施（负面清单）》（国办发〔2015〕23 号）中找出对应的“负面”行业分类。现行的自贸区负面清单，仅列出了两类行业“限制类”和“禁止类”，除此以外即“法无禁止则可为”的外资自由进入行业。而 1988 年的“内资负面清单”同样规定了“应当审批行业”（资源开采、建筑设计、施工、交通运输、食品生产、药品生产、印刷、旅店、外贸、计量器具制造等）和“禁止经营行业”（军工、金融），其余领域即为内资自由进入行业。

针对内资的“投资自由”政策红利是显而易见的。自 1988 年下半年起，各地工商行政管理局开始给私营企业核发营业执照。短短一年间，1988 年的个体工商业（含私营企业）户数从 419.5 万户增长到 920.1 万户，从业人员从 537.8 万人增长到 1 438.3 万人，增幅高达 119.3% 和 167.4%。同年，私营企业自 1956 年以来首次在《中国统计年鉴》中实行单独统计，当年统计新设立的企业数量就有 22.5 万家，从业人员有 360 万人，占个体户与私营企业总从业人数的 25% 以上。这次“内资负面清单”制度创新，成为中国民营经济发展的分水岭，并为中国经济进入高速增长轨道打下了坚实的制度基础。

2003 年，国务院颁布的行政法规《国务院关于投资体制改革的决定》及其附件《政府核准的投资项目目录》，进一步完善了这个“内资负面清单”，将“负面”行业及其对应的行政审批机构进行了细化。

不只有“内资负面清单”，我国政府还实施了二十年的“外资负面清单”。早在 1995 年，我国政府就做出了进一步的制度创新——设计出一份针对外资的“负面清单”。根据同年国务院颁布的《指导外商投资方向暂行规定》，针对外资的“负面”行业分为“限制类”和“禁止类”，而不在其附件《外商投资产业指导目录》中列明的行业即为“法无禁止则可为”的“允许类”。一直以来，该“外资负面清单”被不断完善——国务院于 2002 年出台新版的《指导外商投资方向规定》，并在 1997 年、2002 年、2004 年、2007 年、2011 年、2015 年 6 次修订《外商投资产业指导目录》。

（三）从“条条”（行业）到“条条块块”（行业与区域相结合）的改革历程

1988 年版“内资负面清单”和 1995 年版“外资负面清单”，是针对行业或部门领域的负面清单，而现行的自由贸易区负面清单制度则是针对地理范围的。如果把行业视为“条条”，把市县区域视为“块块”，当前的自由贸易区战略只是把原来的“条条”式改革，逐步向“块块”式改革迈进，使行政审批体制完成“条条块块”相结合的整体改革。当前的自由贸易区战略，其实是1988年以来关于市场准入的行政审批制度改革的延续和加速。

因此，自由贸易区及其负面清单制度根本不是空中楼阁，更不是来自西方的“洋务运动”，而是一次扎根中国近三十年的制度创新的后续拓展。

对于自由贸易区建设——这个中央全力推进的国家改革与发展战略，实务界和学术界都应该有足够的“制度自信”。也只有具备这样的“制度自信”，接下来的进一步解放思想，先行先试，陆续推进各项经济体制改革，才具有思想认识与知识储备上的，乃至意识形态上的稳固基础。

三、理论上的误区：只知贸易的自由，不知投资的自由

中共十八届三中全会决议先后七次强调了建设自由贸易区的意义与设想。与此同时，十八届三中全会决议亦以一百多字的篇幅（第四条第二款），提出要“深化行政审批制度改革”与“改革涉外投资审批体制”，展示了中央对行政审批体制改革的决心。因此，建设自由贸易区，是当前中国行政审批制度改革的重要组成部分，对推动全国性行政审批制度改革具有很强的示范性作用与借鉴意义。

但由于在公告行文中，上述两块内容是分开的，以致部分领导干部与研究者误以为，这两个重大改革战略是分割的，进而产生以下误区：“自由”只是修饰“贸易”的定语，在自贸区实现国际贸易自由便完成了党和国家赋予的重大改革任务。而在学术界，这种理解上的偏误，导致了误区二。

误区之二就是：只知自由贸易区的贸易自由，而不知投资自由。

误区二导致了国内研究偏重于“贸易自由”及其政策红利，而忽略了“投资自由”方面的研究。以中国知网（CNKI）数据库为例，2013—2015年间篇名、关键词或摘要精确包含“自由贸易区”的期刊论文分别有722、910、748篇，但其中分别仅有3、15、15篇涉及“负面清单”，仅有11、13、9篇涉及“市场准入”，而关于“投资自由”的研究更是少之又少。

中央政府虽然重视自由贸易区战略，但地方政府和学术界的知识储备却相对不足，而且产生了认识上和理论上的双重误区（误区一和误区二）。以致大部分关于自由贸易区的学术论文几乎都是中央决策后的“应激性”论文。理论研究滞后于政策实施，实践似乎无法得到理论的指导。

再以 CNKI 的数据样本为例，2001 年自由贸易区的相关文献①新增仅 92 篇，而 2002 年《中国东盟全面经济合作框架协议》的签订则直接导致了自由贸易区研究的一次高潮——2002 年新增的学术论文高达 254 篇。2010 年 1 月中国—东盟自贸区正式全面启动，自贸区的研究再次迎来新高潮，新增论文数量从 2009 年的 614 篇上涨至 2010 年的 994 篇。2013 年 8 月，中国（上海）自由贸易试验区的建立再次引发了理论界的成果井喷——学术界于 2013 年产出了 1 509 篇学术论文，其中有 989 篇是发表于当年 8 月之后。而到了 2014 年和 2015 年，新增的自贸区研究文献更是高达2 545篇和 2 796 篇，接近 2002—2013 年相关论文数量之和。

但学术论文的质量却在下降。本文以每年发表在南京大学的“CSSCI 核心”和北京大学的“北大核心”的期刊文章占全年成果总量的比例作为学术质量的评价指标，测算得出，2002 年以来 CSSCI 及北大核心期刊论文的比重急剧下降。其中，2001 年，自由贸易区论文发表在 CSSCI 和北大核心期刊的比重分别为 33.7% 和 47.8%，2002 年（东盟自贸区建立年）这一比重出现骤降，并经历了多年的波动下行。2013—2015 年的 CSSCI 和北大核心的期刊论文比重已不足 20%，其中 2015 年的 CSSCI 期刊论文比重仅为 14.7%。

总之，近年来关于自由贸易区的研究，明显出现了“政策先行而理论后补”的弊病，大部分研究均是依托政策热点和改革契机而写作完成。文献之间缺乏相互支撑的理论体系（尤其缺乏“投资自由”的研究），似乎有“拾人（国外贸易自由研究）牙慧”的嫌疑。长此以往，自由贸易区研究若不能做到“研究先于政策，理论指导实践”，这个领域的研究水平很可能会停滞不前。

---

① 研究样本为中国知网数据库中篇名或关键词或摘要含有“自由贸易区”或“自贸区”的期刊论文。

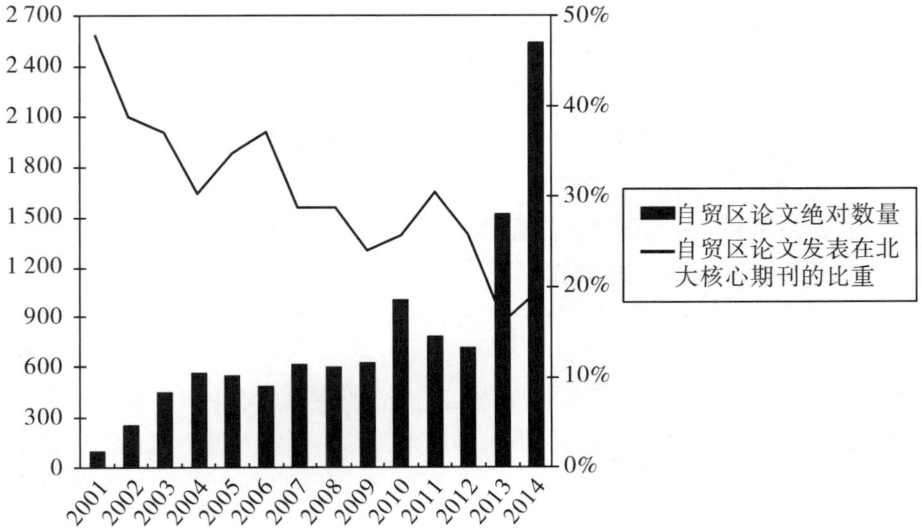

自贸区论文的绝对数量以及核心期刊论文占比图

从现实看，在所有涉及自由贸易区的行政法规中，涉及“投资自由”的远比“贸易自由”的多。其中法律位阶最高且最早的是《国务院关于印发中国（上海）自由贸易试验区总体方案的通知》（国发〔2013〕38 号）。该法规提出的“主要任务和措施”之前两条，正是关于“投资自由”与行政审批制度改革的“加快政府职能转变”与“扩大投资领域的开放”，而第三条才是关于“贸易自由”的“推进贸易发展方式转变”。随后国务院专门为“投资自由”颁布了《关于在中国（上海）自由贸易试验区内暂时调整有关行政法规和国务院文件规定的行政审批或者准入特别管理措施的决定》（国发〔2013〕51 号），明确了具体的措施——“改革外商投资管理模式”和“扩大服务业开放”。此后的国发〔2014〕38 号文及国发〔2015〕23 号文亦是专门服务于“投资自由”的法规。而且，截至 2015 年底，专门服务于“贸易自由”的自贸区法规却暂时没有。从国际制度来看，在较早的《北美自由贸易协定》和 WTO 的《服务贸易总协定》等制度中，以负面清单或正面清单等形式出现的市场准入条款，一直是其贸易谈判及法条制定过程中的重点。

不难看出，自由贸易区中的“自由”除了表达出自贸区的“贸易自由”外，其实更多地表达了“投资自由”的改革诉求。显而易见，“只知贸易自由，不知投资自由”的理论误区，致使当前的学术研究满足不了实践工作的理论需求。

从 20 世纪 50 年代第一篇自由贸易区研究文献起，到今天浩如烟海的研究成果，关于自由贸易区的讨论其实还是不够充分和成体系，尤其是关于

"投资自由"的研究非常苍白。因此，要跳出这个学术上的误区，加强"投资自由"领域和负面清单制度方面的研究，亟需经济学者共勉。

四、实践上的误区：建设自由贸易区中的"唯 GDP 论"

在自由贸易区战略的推进过程中，一个实践上的误区逐步在地方政府的自由贸易区申报和建设中凸现出来。

误区之三就是：将自由贸易区看待为新一轮的开发区，唯 GDP 论成败。

前两个误区主要是"认识上"或是"理解上"的，而第三个误区却实实在在地制约着中国的政府职能转变和政府治理转型。该误区所致的问题更现实：一旦意识不到自由贸易区肩负的改革使命，仅以 GDP、进出口、投资额等常规指标构建负面清单施行工作的考评体系，后续改革的推进将举步维艰。

自由贸易区战略推进以来，对深化改革的思想认识不够，对负面清单的知识储备不足，致使部分地方政府在没有很好地理解自贸区所富含的改革意义的情况下，以为这次自贸区改革只是一轮新的开发区、高新区、保税区大开发，力图在其自贸区申报中，尽可能地扩大覆盖面积。以第二轮的自由贸易区申报为例，广东省最早（2013 年 9 月）的自贸区申报方案共涵盖三个地级以上市、三个国家级高新区，覆盖面积高达 1 363.5 平方公里，占到全省面积的 7.6‰以上。在申报遇到阻力后，2014 年 12 月的申报方案出现了"面积大缩水"，仅剩下 931 平方公里。然而到最后，全国人大常委会于 2014 年 12 月底批准的广东自贸区面积仅为 116.2 平方公里。2014 年 10 月，天津市自贸区的申报面积为 270 平方公里，所占全市国土面积比高达 2.3%，但最终获批面积仅为 119.9 平方公里。2014 年 6 月，福建自贸区的申报面积从原来的 799.3 平方公里缩减到 644 平方公里，分别占全省面积的 6.4‰和 5.2‰，但最终获批面积仅为 118 平方公里①。

---

① 数据来源：http://www.gdass.gov.cn/ExpertsIntroduction_1684.shtml；http://www.chinastock.com.cn/yhwz_about.do?methodCall=getDetailInfo&docId=4600238；http://news.xinhuanet.com/chanye/2014-10-28/c_1113009793.htm；http://finance.ifeng.com/a/20140609/12502866_0.shtml；《全国人民代表大会常务委员会关于授权国务院在中国（广东）自由贸易试验区、中国（天津）自由贸易试验区、中国（福建）自由贸易试验区以及中国（上海）自由贸易试验区扩展区域暂时调整有关法律规定的行政审批的决定》。

第二轮自由贸易区申报的预期与实际面积对比表

省份	申报时的最高“期望”面积（平方公里）	占全省的面积比	与省会城市的面积比	最终获批面积（平方公里）	预期与实际的差距（比值）
广东	1 363.5	7.6‰	18.3%，近1/5个广州	116.2	1 173.0%
天津	270.0	2.3%		119.9	225.2%
福建	799.3	6.4‰	福州的6.7%	118.0	677.4%

上表中的最右一列凸显了地方政府对自由贸易区建设的“期待”主要还是停留在之前全国各地的开发区、高新区申报热潮之上，误以为作为新常态下的“新式开发区”，建设自由贸易区就是用来拉动GDP和投资，面积自然越大越好。将“自由贸易”的理解停留在“唯GDP论”。

以负面清单为法律载体的行政审批体制改革，实质上是当前全面深化体制改革中的攻坚环节，地方政府对其改革的难度估计严重不足。各地试图将自贸区的摊子铺得这么大，究其原因，除了对改革的思想认识不足外，地方政府厘不清自贸区建设中的权利与义务，也是重要原因。在传统政绩考核体系的影响下，地方政府热衷于跟中央要“发展的权利”，却回避“改革的义务”。

首先，负面清单的施行，是一次新的实践探索。1988年和1995年的两次“负面清单”制度尝试，其实并非严格意义上的负面清单，因为其法律条款里面都有类似于“不能违反其他国家法律、法规和政策规定”的表述。2015年的自由贸易区负面清单制度，不再设有相关条款，而仅是规定“外商投资涉及国家安全的，须按照《自由贸易试验区外商投资国家安全审查试行办法》进行安全审查”，即“法无禁止则可为”。

其次，无论是针对内资抑或外资，关于市场准入的行政审批体制改革（俗称“立项”），一直是中国体制改革的“深水区”。这是因为，关于市场准入的行政审批体制（即学界所谓的行政垄断），“并非市场经济的必然产物，而是传统计划经济旧体制的残留形式”。改革开放以来，政府逐步放松了占国民经济大部分的竞争性行业的市场准入壁垒，对产品价格的行政干预也大幅减少，居民收入分配也基本市场化。

也就是说，负面清单的改革对象是为数不多的保留着较强行政干预的社会主义市场经济领域。在这些以重化工、能源通信、金融零售、房地产为代表的行业，放松市场准入壁垒涉及多方的利益，需要协调的关系众多，有中央政府与地方政府、党委组织部与国资委、各行政机构、内资与外资、国资与民资、供给与需求等。要获改革红利，就要“立”新制度，更要大力“破”旧制度。中央要破的正是所谓的旧式“立项”制度。这在理论上改革的难度就非常大了，但具体有多大，还有待四个在建自贸区的经验总结。不过，试图在横跨多个市、县的数百乃至上千平方公里上试验这种制度创新，就已在一定程度上表明：地方政府似乎并没有对困难有所准备，甚至可能就压根没有想起“改革的义务”。

因此，推广负面清单制度，进一步改革行政审批体制的难度可想而知。以广东自贸区为例，在一个116.2平方公里、牵涉三个地级以上市的面积内，要协调好原来的各级投资主管部门（即广东省发改委、广州和深圳发改委、珠海发改局、广州南沙区发改局、深圳前海区和南山区发改局、珠海横琴区管委会等）的权力分配，就已难度十足；若真将广东自贸区扩展至原来预期的1 363.5平方公里，加上其他具有行政审批权限的政府部门的利益协调，光行政审批权力的重新配置，寻找负面清单的主管部门，就难上加难了。

要帮助地方政府跳出“唯GDP论”的误区，就需要学术界围绕自由贸易区及其负面清单等制度，进行系统的理论研究。一些补救措施也应该予以实施，否则长此以往，误解中央战略意图的自由贸易区的建设的成效可能受到影响，甚至连改革的方向都没有抓对。

五、对策与建议

（一）总结宝贵经验，树立“制度自信”

一般的制度建设，是先完善好新制度，再进行推广。但现阶段中国自由贸易区及其负面清单制度却与众不同，其推广和完善是可以同时进行的。正因如此，2015年12月生效的《国务院办公厅关于印发自由贸易试验区外商投资准入特别管理措施（负面清单）的通知》（国发〔2015〕23号）才会提出：“从2018年起正式实行全国统一的市场准入负面清单制度。”也就是说，2015年4月才在自由贸易区正式施行的负面清单制度将在不到三年后向全国推广。

因此，自由贸易区的完善和推广是在同步进行的。而且，自1988年的“内资负面清单”和1995年的“外资负面清单”起，中国已有近三十年的相关经验及数据。这些经验都必须予以总结，其教训与陷阱均应该尽量回避。

不仅是全国性的经验总结要做，先发地区的经验更应该总结。广东省佛山市南海区是全国首个正式颁布地方性行政规章，实行市场准入负面清单制度的地区。2013 年 12 月，距离上海自由贸易试验区正式挂牌成立不到三个月，正式的自由贸易区负面清单（即 2015 年 4 月的国发〔2015〕23 号文）还没出台，佛山市南海区就构建起国内较早的关于市场准入的负面清单制度。其后，2014 年 1 月，南海区进一步出台了第二批“负面清单”。随后，中共南海区委书记邓伟根调任广东省江门市市长，江门市政府亦于 2015 年 4 月出台了《江门市投资准入负面清单（第一批）》（江府〔2015〕9 号）。显然，两年多的负面清单制度运行，一定给佛山市和江门市带来了巨大的制度绩效，更留下了全国时间最长的实践经验。在“南海经验”的辐射影响以及中央政府的制度探索激励下，据不完全统计，2014 年至今，已有广东省的清远市、江苏省的苏州市、湖北省的十堰市、河北省的邯郸市、甘肃省的兰州市等市级政府及海南省政府（均非在建自贸区）继“南海经验”后，出台了不同形式的负面清单制度。尽管它们不是严格意义上的负面清单制度，但负面清单正在各地推广的趋势是明显的。除此之外，上海、天津、福建、广东的四个在建自由贸易区的经验教训更加需要进行系统的归纳，这需要学术界和实务界的紧密配合。

只有总结好“中国经验”，让各界人士充分理解这次自由贸易区战略是改革开放三十多年来的制度创新成果，是充满中国特色的制度改革，绝非单纯的“洋为中用”的产物，我国下一阶段的经济体制改革才能彻底走出思想认识上的误区，改革的路子才能走得更顺，开放的步子才能迈得更大。

（二）构建具有前沿性、实用性、交叉性的中国特色自由贸易区理论体系

首先，关于市场准入的行政审批制度实质上是计划经济体制的局部残留。因此，国际经济学界并没有一个成熟的理论模型尝试解释这种中国式行政审批制度（含原来的旧制度和新的负面清单制度）的作用机制。在中国，研究自由贸易区及其负面清单制度改革，是一次带有一定开创意义的新尝试，因此要求今后的学术研究具有前沿性。

其次，关于自由贸易区的研究切合了中共“十八大”以来的一系列改革纲领性要求，并结合了当前的自由贸易区建设与迫在眉睫的负面清单制度改革，可以为今后体制改革提供第一手的理论依据与经验素材。因此，今后自由贸易区的相关研究必须具有更高的实用性。

最后，自由贸易区的研究涉及的经济理论有，产业经济学中的不完全竞争理论（各种竞争模型）、规制理论、反垄断理论，制度经济学中的制度变迁理论（含路径依赖、组织学习等方面），世界经济学及国际贸易学中的相关理论；涉及的管理理论有，公共管理学中的公共政策分析、行政管理学、政府绩效评估等理论。对于今后经济学的“学以致用”、政府职能转变和效能提升，以及建设国家治理体系等，具有交叉学科意义。因此，一系列的学科交叉，将为自由贸易区研究的影响力、显学作用提供一定的理论支撑与示范性。

（三）加强理论宣传和干部组织工作

在学术界构建健全的中国特色自由贸易区理论体系后，各级党政机关的宣传部门应该依托理论建设的成果，加大关于自贸区改革的政策解读与知识传播工作，务必要让部分公务员认清自贸区建设所背负的重大历史意义与改革任务，帮助其跳出“自贸区就是 GDP”，只要“发展权利”而免谈“改革义务”的思想误区。组织部门应系统地组织做自贸区申报准备工作的地方政府行政人员，参加由中央各部委、科研院所以及高校联合举办的自贸区知识培训班，通过政策制定部门与咨政机构的政策解读，使各级公务员更深刻地理解自贸区改革对于整个经济体制改革的重大作用，使今后的自贸区建设落实到进一步解放思想的改革路径之上。相对于当前各地公务员趋之若鹜地跑上海、看发展、谋 GDP，公帑使用在本文建议的宣传和组织工作之上，必定更有效率。更重要的是，第三批自由贸易试验区的申报似乎已迫在眉睫，如何通过宣传和组织工作引导自由贸易区建设与运营往正确的轨道上前行，具有较强的现实意义。

（四）重视各项新制度之间的协调关系，调整自由贸易区内的部门职能分工

自由贸易区建设需要出台为数不少的新制度，但为了使各项制度形成有效的合力，形成制度体系，政府应该注重新制度之间的协调关系。其中，最关键的是贸易政策与行政审批体制改革的协调问题。在改革前，针对外资的行政审批制度的政策目标是防止外资企业通过外商投资（FDI）规避中国的关税与配额保护，以维护国内的社会福利。自由贸易区改革战略实施后，伴随着外资壁垒的放松，大型跨国公司势必热衷于在自贸区投资，大幅减少产成品出口至我国，便会使自贸区内及周边地区的关税收入出现大幅下降，从而使财政乃至经济运行的稳定性受到影响。一旦第三批乃至全国各地的自由贸易区建成，放松外资壁垒的“关税挤出效应”势必

更加凸显。这样一来，体制改革的一系列外部性问题就必须得到地方政府、各部委乃至中央政府的充分重视。

本文建议，在放松外资准入的自由贸易试验区中，海关部门应考虑调整原来的进口税率，甚至主动下调对应产品的最优关税率，并设计出与时俱进的海关制度。正因自由贸易区的负面清单制度会影响关税以及出口退税等贸易政策，建设自贸区就必须改革当前的关税制度，或者说不能把两个领域的政策制定割裂开来，各项新制度的出台必须做到步调一致。而从当前各地的自贸区建设进程来看，通关与保税方面的制度创新是当前的改革重点，但与出口退税和关税率相关的体制改革似乎还没有开始。为此，本文建议，应先于在建自贸区范围内实现外资准入审批部门与海关的连署办公（或加强沟通联系），而后在中央成立相关的联合部门以统筹接下来各地的自贸区建设工作。除了新制度的协调关系，还有部门利益、企业偏好等需要协调。也只有协调各方利益关系，自由贸易区内涉及国内外各方的谈判才能顺利开展。

总之，自由贸易区战略不仅是下一阶段经济体制改革的关键，更有学者认为它是当前“一带一路”国家战略部署的重要组成部分。因此，厘清自由贸易区建设中的各种误区，使各界在认识、理论与实践上都实现步调一致，建设自由贸易区这一国家战略的推进，自然事半功倍。

自由贸易区研究是一个广阔的理论领域，本文仅为抛砖之作，后续研究有待学界共勉。

参考文献：

[1] 王晓德. 自由贸易与墨西哥经济的发展 [J]. 南开经济研究，2001 (1).

[2] 白当伟，陈漓高. 北美自由贸易协定成立前后美、加、墨三国经济增长的比较研究 [J]. 经济评论，2003 (5).

[3] 周念利. RTAs 框架下的服务贸易自由化分析与评估 [J]. 世界经济研究，2008 (6).

[4] 陈林，朱卫平. 经济国有化与行政垄断制度的发展——基于制度变迁理论的经济史研究 [J]. 财经研究，2012 (3).

[5] 森永和彦，士晶. 欧洲自由贸易区和英国——趋向于组成对抗美苏的经济区域 [J]. 世界经济文汇，1957 (4).

[6] 惠德. 共同市场与自由贸易区 [J]. 世界经济文汇，1958 (12).

[7] 王俊豪，王建明．中国垄断性产业的行政垄断及其管制政策[J]．中国工业经济，2007（12）．

[8] 陈林，罗莉娅．中国外资准入壁垒的政策效应研究——兼议上海自由贸易区改革的政策红利［J］．中国工业经济，2014（4）．

[9] 岳文，陈飞翔．积极加速我国自由贸易区的建设步伐［J］．经济学家，2014（1）．

[10] 张良悦，刘东．“一带一路”与中国经济发展［J］．经济学家，2015（11）．

（本文原载于《经济学家》2016年第5期）

CEPA、两地贸易与香港经济增长

周泳宏①

一、引言

香港与内地的经贸关系源远流长，改革开放以来，两地间贸易额在香港的全球贸易总额中所占的比重不断上升，两地贸易对香港经济增长的影响作用十分显著（于绯，2009；张光南、陈广汉，2009；肖红、杨凤美，2010）。2003 年 6 月 29 日，《内地与香港关于建立更紧密经贸关系的安排》（CEPA）签署，旨在加强内地与香港之间的贸易和投资合作，促进双方的共同发展。其中，关于两地间经贸关系的主要部分——货物贸易，条款规定将逐步减少或取消双方之间实质上所有货物贸易的关税和非关税壁垒，包括两地对对方符合原产地规则的进口货物实行零关税，不采取与世界贸易组织规则不符的非关税措施、反倾销措施、反补贴措施等②。随着 2004 年开始实施及之后多项补充协议的出台和落实，CEPA 这一制度安排逐步减少了两地间贸易的成本，在数量和领域上提高了两地贸易的规模。

鉴于两地贸易在香港经济中的重要作用，学者们普遍认为，CEPA 使得香港经济在以下各个方面获益：扩大对内地出口，促进产业结构转型，吸引更多海外公司到香港投资，服务业扩散，带动相关产业的发展等（俞肇熊、王坤，2007；刘力、林志玲，2008）。因此，CEPA 除了直接促进两地贸易的规模外，还可能引起其他结构性变化。例如，通过两地贸易间接引起其他经济领域的变革，从而改变香港的贸易伙伴对它的经济溢出作用等。显然，这种情况下的改变是更为深远的，它将改变政策制定者和市场交易主体的预期，从而改变其经济行为，进而影响两地经济的融合和共同发展的进程。

然而，目前尚无文献对 CEPA 实施以来的经济变革进行实证分析，鉴于此，本文使用 SVAR 等工具通过对 CEPA 实施前后的分析来回答：CEPA

① 周泳宏，暨南大学经济学院副教授，博士，主要研究方向为经济增长与发展，关注粤港澳经济一体化及经济增长的外溢性等问题。E-mail：tzhouyhjnu@ jnu. edu. cn。

② 见 CEPA 正文第一章“总则”和第二章“货物贸易”部分。

是否改变了两地贸易对香港经济增长的影响作用？如果答案是肯定的，那么具体的影响路径是什么？通过本文的研究检验 CEPA 的实施效果，能够为下一步 CEPA 补充协议的出台或其他区域一体化的制度安排提供决策依据，也对目前有关 CEPA 的研究做一个补充。

本文主体部分的安排如下。第二部分描述典型事实，讨论两地贸易与香港经济增长之间的长期关系，为下一步的分析提供初步经验。第三部分使用 SVAR 模型，以 2004 年为样本分割点，对 CEPA 实施前后两地贸易对香港经济增长的影响作用进行比较分析。通过该部分的分析，我们将发现，CEPA 确实改变了两地贸易对香港经济增长的影响作用。在此基础上，第四部分将通过对两地贸易的分类指标展开进一步分析，挖掘 CEPA 实施以来两地贸易对香港经济增长影响的具体路径。最后是总结和政策建议。

二、基本事实：两地贸易与香港经济增长的关系

两地贸易在香港经济增长中的地位越来越重要。如图 1，1980 年两地贸易总额仅占香港全球贸易总额的 13.43%，2004 年上升至 43.75%，而到了 2010 年则为 48.91%。2003 年 6 月，两地签署了 CEPA 协议；2010 年，又签署了七项补充协议，进一步推进了两地贸易的发展。如图 2，两地贸易额由 1980 年的 282 亿港元增长到 2010 年的 31 280 亿港元，增长了 110 倍左右。

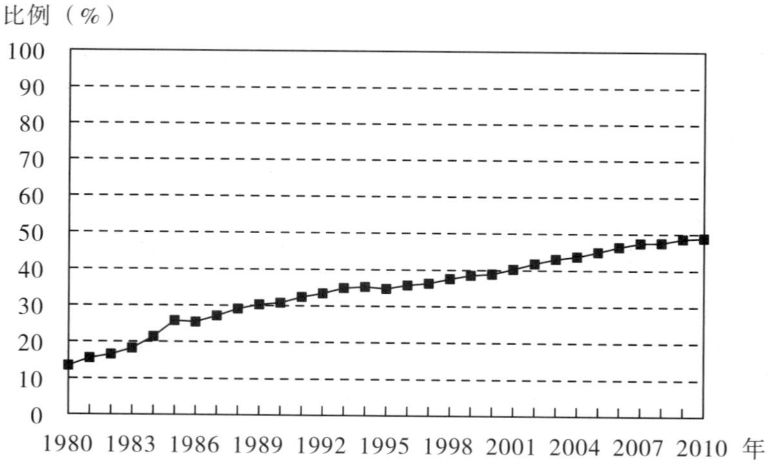

图 1　1980—2010 年两地贸易总额占香港对外贸易总额的比重

注：数据来源于香港特别行政区政府统计处。以下有关两地贸易和香港经济增长的数据来源同此。

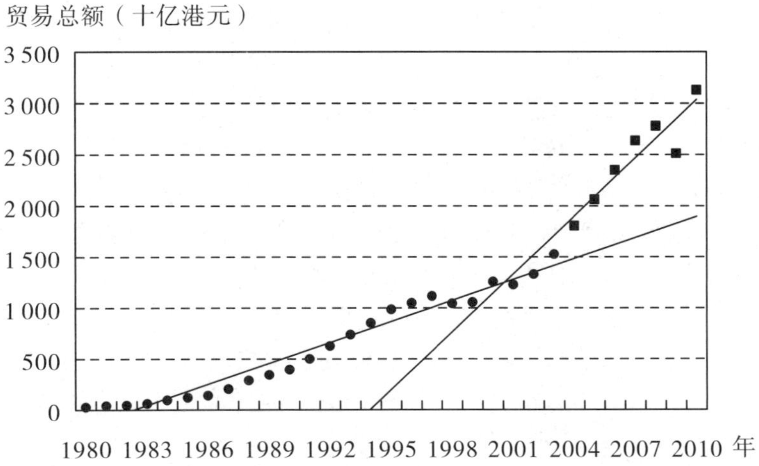

图 2　1980—2010 年两地贸易总额

两地贸易与香港 GDP 之间的正向关系可由图 3 直观得出，这一事实得到协整检验的支持。我们用 *HKGDP* 表示香港本地 GDP 年度序列①，*TCHHK* 表示两地贸易额年度序列。1980—2010 年两个指标均为一阶单整，在 5% 的显著性水平下存在一个协整关系（协整检验过程见附录一），这说明两个变量之间确实存在长期的关系，加上引言所述，学界的共识认为两地贸易影响香港经济增长，这为我们研究二者关系的变迁提供了初步的理论和经验支持。

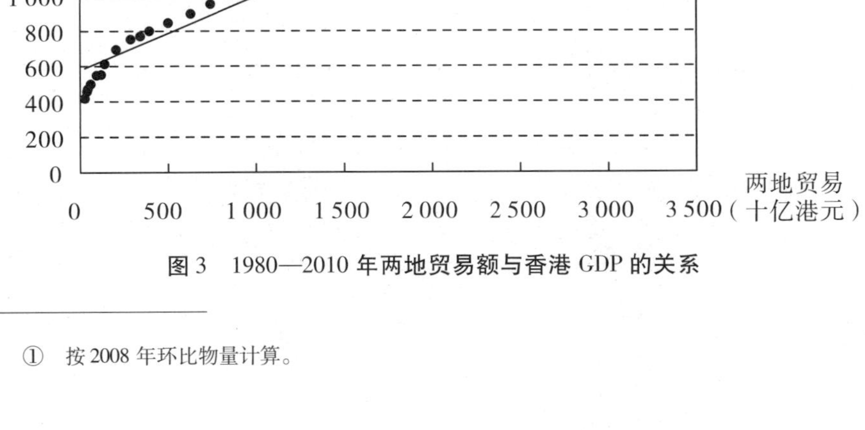

图 3　1980—2010 年两地贸易额与香港 GDP 的关系

① 按 2008 年环比物量计算。

无疑，在两地贸易和香港经济增长的长期关系中，CEPA 这一制度安排将对之发生作用。我们再观察图 2，发现 2004 年 CEPA 实施以来，两地贸易增长大幅上升。1998—2003 年，两地贸易年均增长率为 5. 77%，而 2004—2010 年两地贸易年均增长率则上升至 11. 26%，2010 年更是高达 24. 49%。我们再将时间序列细分至月度单位，由图 4 可知，从 1998—2010 年，两地贸易额分布的峰值不断向右移动，但增长幅度存在差异。对同样的时间间隔进行比较，2004—2008 年每两年峰值右移的幅度显著大于 1998—2002 年每两年峰值右移的幅度①。2010 年峰值右移的幅度继续加大，而从 2002—2004 年，峰值右移的幅度也显著大于 2002 年以前。这一事实直观地说明，CEPA 的实施确实在规模上促进了两地贸易的增长。

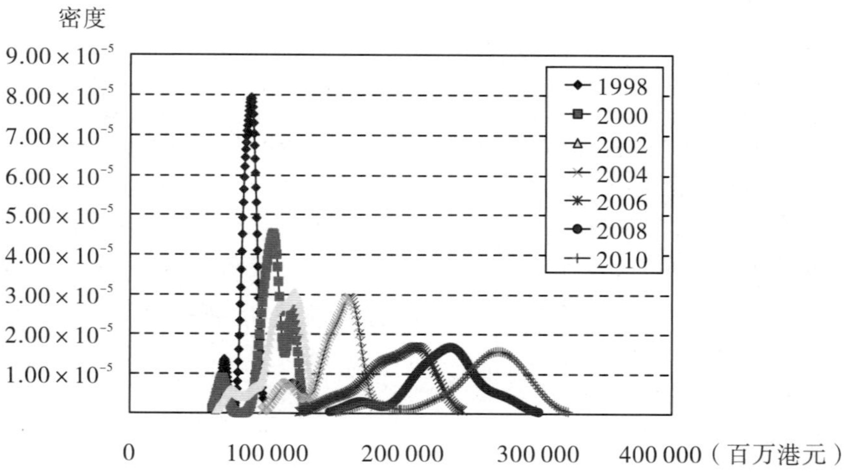

图 4　两地贸易额（月度）kernel 密度图

注：核函数采用高斯核（Gaussian），窗宽（Bandwidth）根据样本自动生成。以下各 Kernel 密度图设置与此图同。

既然两地贸易影响香港经济增长，那么，CEPA 这一制度安排是仅仅改变了两地贸易的规模，还是同时改变了两地贸易对香港经济的影响作用？显然，后者将是更为深远和结构性的，它将改变政策制定者和市场交易各方的预期和行为，进而影响 CEPA 实施的战略目标。为了进一步分析这一可能发生的变革，我们需要对 CEPA 实施前后的情况进行对比分析。

① 按照每一年的统计数据制作的 Kernel 密度图也显示出同样的规律，此略。以下各 Kernel 密度图类似。

三、两地贸易与香港经济增长的波动分析：SVAR 模型

在时间序列分析领域，VAR（向量自回归）模型已得到广泛的应用，而 SVAR（结构向量自回归）模型则是通过对 VAR 施加具有经济意义的限制条件而识别出变量之间的结构性冲击，从而对经济现象进行结构性解释（Sims，1980；Blancha，Quah，1989）。在本部分，我们将建立包含两地贸易额增长率和香港 GDP 增长率的 SVAR 模型，对 CEPA 实施前后的样本进行对比分析，以获得两地贸易波动对香港经济增长的影响，从而确认 CEPA 所带来的效应。

由于 CEPA 自 2004 年 1 月 1 日起实施，而实施后至本文数据收集截止年份（2010 年）只有 7 年时间，因此，我们采用季度数据进行分析以增加样本容量。考虑到 2004 年前后样本的对称性，并排除 1997 年香港回归这一制度性影响，我们最终决定使用 1998—2003 年和 2004—2010 年两个阶段的季度数据分别对两组 SVAR 模型进行比较分析。*PTCHHK* 表示两地贸易额增长率，*PHKGDP* 表示香港 GDP 增长率，各个变量均按可比价采用与上年同比指标，由此亦可避免季节性影响。由附录二的平稳性检验可知，*PTCHHK* 和 *PHKGDP* 均为平稳序列，因此直接构成 SVAR 的内生变量。首先，我们需要建立 VAR 模型，见式（1）。

$$y_t = \Pi_0 + \sum_{i=1}^{n} \Pi_i y_{t-i} + e_t \qquad (1)$$

其中，y_i =（*PTCHHK*，*PHKGDP*）是变量向量，Π_i 是 2×2 阶系数矩阵，Π_0 为 2×1 阶系数矩阵，e_t 是可观测的简化式（Reduced Form）的残差。设 SVAR 模型为（2）式，Ψ、Γ_i 为 2×2 阶系数矩阵，Γ_0 为 2×1 阶系数矩阵。其中 Ψ 说明向量之间的同期影响，由此，μ_t 是不可观测的“结构新息”（Structual Innovations）。

$$\Psi y_t = \Gamma_0 + \sum_{i=1}^{n} \Gamma_i y_{t-i} + \mu_t \qquad (2)$$

由（1）和（2）式得：

$$\Psi e_t = \mu_t \qquad (3)$$

我们采用 Amisano 和 Giannini（1997）的方案对 Ψ 进行识别，借助于因子分解矩阵 $A=\begin{pmatrix}1 & a_{12}\\ a_{21} & 1\end{pmatrix}$ 和 $B=\begin{pmatrix}b_{11} & 0\\ 0 & b_{22}\end{pmatrix}$，（3）式转换为（4）式：

$$Ae_t = B\mu_t \tag{4}$$

在 VAR 中，滞后期越多，当期被解释的信息越全面，结合 VAR 稳定性检验和最佳滞后期检验，在尽可能包括更多滞后期的前提下，我们选取滞后阶数为 3。具体选择过程见附录三①。

接着，我们需要对结构因子分解矩阵进行识别。由（4）式，矩阵 A 实际上代表了 *PTCHHK* 和 *PHKGDP* 之间的同期关系。在四个未知参数 a_{12}、a_{21}、b_{11}、b_{22} 中，我们需要对其施加一个约束条件才可进行识别②。结构因子分解矩阵的识别有很多种方式，包括零约束（Blancha，Quah，1989）和数量约束（Blanchard，Perotti，2002；Kuttner，Posen，2002；Perotti，2004）等。零约束需要先验确定变量之间的同期单向关系，具有一定的主观色彩。由于我们无法在 CEPA 实施前后的有限样本期内先验确定 *PTCHHK* 和 *PHKGDP* 之间严格的单向关系，我们采用数量约束，根据经济信息来确认变量之间的同期关系。

如前文所述，两地贸易拉动香港经济增长，其作用由因子分解矩阵 A 中的系数 a_{21} 来表示，我们通过 *PTCHHK* 和 *PHKGDP* 之间的回归分析进行③。为了增加稳健性，我们考虑加入控制变量。既然考察两地贸易对经济增长的拉动作用，那么，我们需要同时隔离香港与世界其他地区贸易的作用。我们使用 *PTHKO* 表示香港与世界其他地区贸易额的增长率。另一方面，作为区域上毗邻的两个地区，内地经济增长对香港形成 GDP 溢出效应；而作为自由港，国际性的经济波动也可传递至香港，从而对香港经济增长造成影响。因此，我们在回归中加入表示内地经济增长和对香港造成影响的国际性经济因素指标。内地经济增长用内地 GDP 增长率（*PCHGDP*）表示。由于国际经济发展的多元性，若使用全球经济增长率这一平均指标，

---

① 由附录三，根据 AR 特征多项式倒数根分布情况可知，当滞后期为 3，倒数根均处于单位圆内，系统是稳定的，而当滞后期为 4，部分倒数根处于单位圆外，系统非稳定。最佳滞后期检验中大部分标准也确定最佳滞后期数为 3。

② SVAR 由两个变量组成，因此需要施加的约束条件个数为 $2\times(2-1)/2=1$ 个。

③ 在国内此类文献中，运用回归方法进行参数识别的有李晓芳等（2005）、胡永刚和杨智峰（2009）等。

则不能突出影响香港经济的主体因素，而美国作为世界经济总量第一的大国，在全球经济中具有指标性作用，加上美国也是香港的第一大贸易国，因此，本文使用美国 GDP 增长率（*PUSGDP*）表示影响香港经济的国际性因素。两地贸易和香港 GDP 数据来源于香港特别行政区政府统计处公布的数据①，内地 GDP 数据来自于国家统计局②；美国 GDP 数据来自于美国商务部经济分析局（Bureau of Economic Analysis）③。GDP 增长率均为按不变价格计算的与上年同期比率。

我们根据变量之间的相关系数来考虑加入控制变量，以避免共线性问题。在 1998—2003 年样本期内，*PTCHHK* 与 *PTHKO*、*PCHGDP* 和 *PUSGDP* 之间的相关性较低，在 2004—2010 年样本期内，*PTCHHK* 与 *PTHKO*、*PCHGDP* 的相关性虽然有所上升，但其绝对值仍不超过 0.5，而与 *PUSGDP* 高度相关④。因此，在 1998—2003 年样本期内将考虑控制变量 *PTHKO*、*PCHGDP* 和 *PUSGDP*；在 2004—2010 年样本期内，考虑控制变量 *PTHKO* 和 *PCHGDP*，回归结果见表 1。另外，我们加入 *ar*（1）项来改善序列相关问题，以使系数更为可靠⑤。从表 1 中（1）和（4）列的回归结果可知，在 1998—2003 及 2004—2010 两个样本期内，*PTCHHK* 对 *PHKGDP* 的同期影响分别为 0.31 和 0.25，加入控制变量以后，系数并没有出现大幅改变。由此，我们确定两个样本期内的 a_{21} 分别为 -0.31 和 -0.25，识别结果见附录四。

表 1　*PTCHHK* 对 *PHKGDP* 的同期影响

变量	*PHKGDP*					
	(1)	(2)	(3)	(4)	(5)	(6)
C	0.25 (0.16)	-1.63 (-0.93)	-2.18 (-0.45)	2.08* (1.86)	2.13* (1.96)	-4.86 (-1.70)
PTCHHK	0.31*** (3.85)	0.31*** (4.02)	0.29*** (3.29)	0.25*** (5.71)	0.24*** (5.54)	0.23*** (5.62)

① 参见香港特别行政区政府统计处网站. http://www.censtatd.gov.hk/home.html.

② 参见中华人民共和国国家统计局网站. http://www.stats.gov.cn.

③ 参见美国商务部经济分析局网站. http://www.bea.gov.

④ 在 1998—2003 年样本期内，*PTCHHK* 与 *PTHKO*、*PCHGDP* 和 *PUSGDP* 之间的相关系数分别为 0.33、0.03 和 0.01，而在 2004—2010 年样本期内，相关系数分别为 -0.49、0.45 和 0.86。

⑤ 同样的处理有李晓芳等（2005）、胡永刚和杨智峰（2009）等。

（续上表）

变量	PHKGDP					
	(1)	(2)	(3)	(4)	(5)	(6)
PTHKO		0.12 (1.44)			−0.07 (−1.33)	
PCHGDP			0.14 (0.26)			0.65** (2.50)
PUSGDP			0.49 (0.77)			
ar（1）	0.69*** (3.91)	0.62*** (3.07)	0.71*** (3.73)	0.66*** (4.15)	0.66*** (4.23)	0.55*** (3.11)
R^2	0.84	0.86	0.85	0.85	0.86	0.88
修正 R^2	0.83	0.84	0.82	0.83	0.84	0.86
D−W Stat	1.90	1.99	2.03	1.97	2.01	2.16
样本	1998—2003 年（季度）			2004—2010 年（季度）		

注：回归系数下括号内为对应的 *t* 检验值；***、**、* 分别表示 1%、5%、10% 的显著性水平。

由此，经过识别以后，我们通过 SVAR 的累计脉冲响应和方差分解分析获知两地贸易的结构性冲击对香港经济增长的影响。结果见图 5 和图 6。

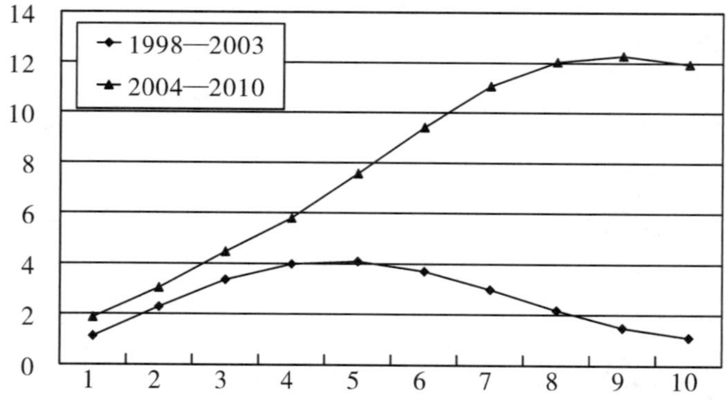

图 5　*PHKGDP* 对于 *PTCHHK* 冲击的累计脉冲响应

图 5 为 *PHKGDP* 对于 *PTCHHK* 冲击的累计脉冲响应。在 CEPA 实施前后两个样本期内，两地贸易增长率的冲击对香港经济增长率的累计影响均

为正，但 1998—2003 年样本期的累计脉冲响应一直低于 2004—2010 年样本期。在 1998—2003 年样本期内，两地贸易 1 个单位正向冲击的累计影响从第 5 期达到 4. 09 以后便开始下降，而在 2004—2010 年样本期内，两地贸易增长率对香港经济增长率的累计影响不断增加，在第 9 期达到最大值 12. 29。这说明，CEPA 实施以来，两地贸易的波动对香港经济增长的正向影响更为显著和持久。

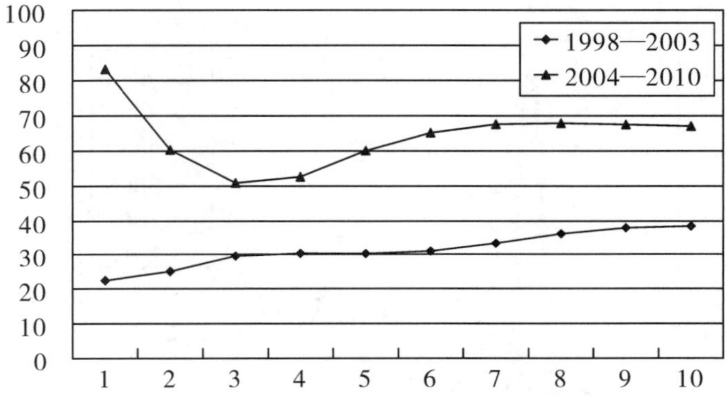

图 6　*PHKGDP* 方差分解：*PTCHHK* 冲击的贡献

图 6 是 *PHKGDP* 的方差分解。由图可知，1998—2003 年样本期两地贸易冲击对香港经济增长的贡献一直低于 2004—2010 年样本期。在 1998—2003 年样本期内，第 3 期以后，两地贸易的冲击构成香港经济增长的 30% ~40% 左右的贡献，而在 2004—2010 年样本期内，从第 5 期开始，其贡献率处于 60% ~70% 之间。显然，在 2004—2010 年样本期内，两地贸易冲击对于香港经济增长的重要性加大了。综合累计脉冲响应和方差分解，我们获得的结论是：自 CEPA 于 2004 年开始实施以来，两地贸易对香港经济的正向影响更为显著，香港经济增长对于两地贸易的依赖性也加大了。由此，我们回答了引言部分提出的第一个问题：CEPA 不仅扩大了两地贸易的规模，并且改变了两地贸易对香港经济增长的影响作用。于是，在下一部分，我们将回答第二个问题：CEPA 实行以后，两地贸易对香港经济增长的具体影响路径是什么？

四、进一步的讨论：CEPA 实行以后的转口贸易与经济增长溢出

进一步地，我们通过对 CEPA 实行以后两地贸易分类指标的分析来挖

掘两地贸易对香港经济的影响机制。根据香港政府统计处对于统计口径的解释，商品贸易总额包括进口货品、出口货品及转口货品①。根据数据的可获得性，我们首先对香港自内地进口、来自内地的转口、销往内地的转口、出口至内地的香港产品这几个指标进行描述。其分年度制作的月度数值 Kernel 密度分布见图 7 至图 10。

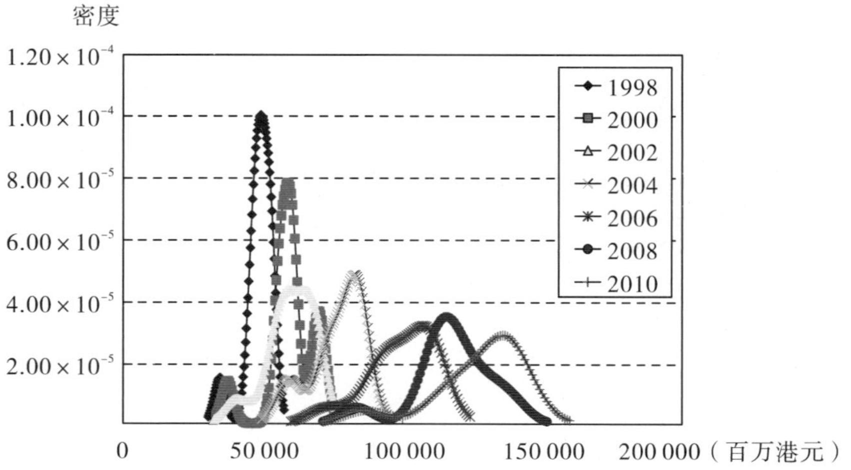

图 7　1998—2010 年（月度）香港自内地进口额 Kernel 密度图

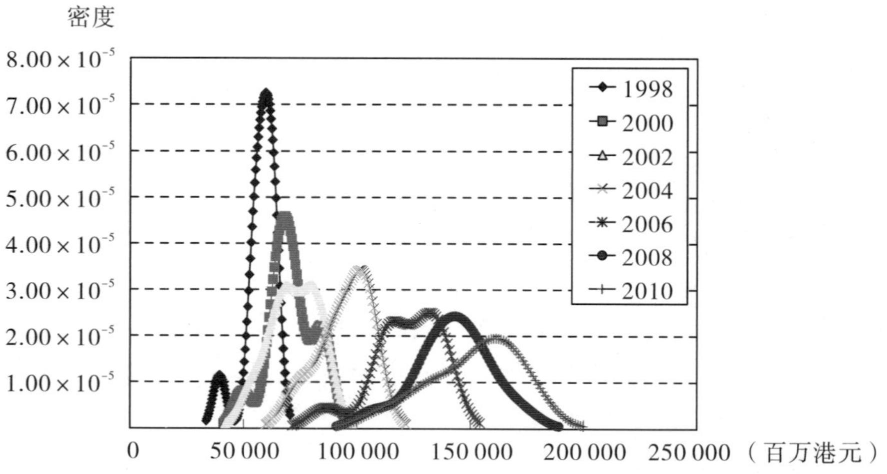

图 8　1998—2010 年（月度）香港自内地转口额 Kernel 密度图

① http：//www. censtatd. gov. hk/hong_ kong _statistics/statistics _by _subject/glossary/external _trade/index_tc. jsp#48690.

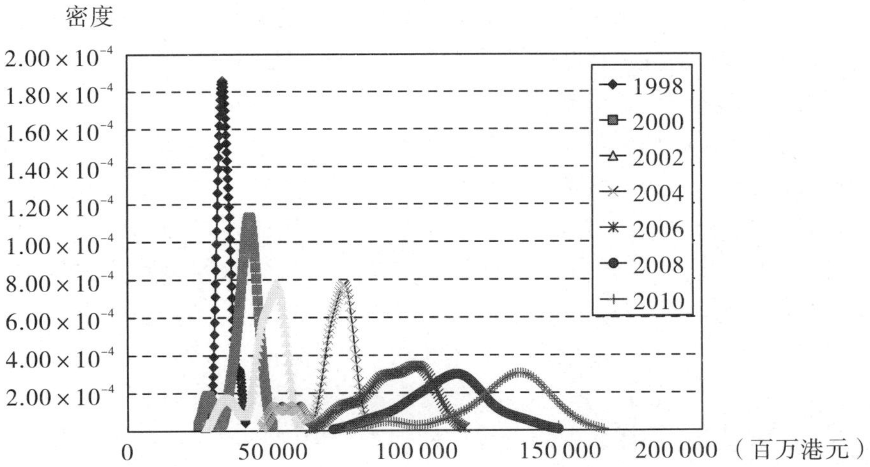

图 9　1998—2010 年（月度）香港往内地转口额 Kernel 密度图

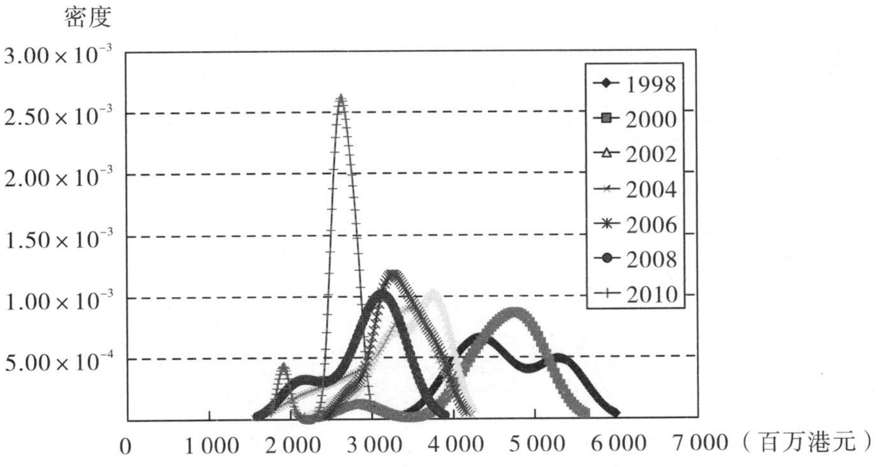

图 10　1998—2010 年（月度）香港产品往内地出口额 Kernel 密度图

图 7 为香港自内地进口额的 Kernel 密度图，根据统计指标的解释，包括在内地出产或制成的货品，输入香港供本地使用或转口，以及再进口的香港产品。由图可知，从 1998—2010 年，进口额分布的峰值不断向右移动，但增长幅度存在差异。对同样的时间间隔进行比较，2004—2008 年每两年峰值右移的幅度显著大于 1998—2002 年每两年峰值右移的幅度。2010 年峰值右移的幅度继续加大，而从 2002—2004 年，峰值右移的幅度也显著大于 2002 年以前。这一事实直观地说明，CEPA 的实施促进了香港从内地

进口的加速增长，同样的规律体现在香港自内地的转口额（图8）和香港往内地的转口额（图9）上。而需要注意的是，2004年以来，香港产品往内地的出口额分布并未体现出向右移动的趋势（图10），说明CEPA对香港产品出口的促进作用尚未显现。

进一步地，我们通过回归分析来考察分类贸易指标对香港经济增长的影响。延续上一部分季度数据的统计口径，我们用*PGCHTO*表示内地向香港的出口额增长率，*PCHREEX*表示香港来自内地的转口额增长率，*PREEX*表示香港往内地的转口额增长率，*PRE*表示香港来自内地和销往内地的转口总额增长率，*PGHKNTO*表示香港产品向内地的出口额增长率。同样，各指标为与上年同比数据，数据来源与上部分同。各指标均为平稳序列（见附录二的平稳性检验），可直接作为回归的解释变量，而被解释变量仍为*PHKGDP*。同样，我们选择性地加入控制变量*PTHKO*、*PCHGDP*和*PUSGDP*，以避免共线性问题。回归结果见表2。

表2　两地贸易各分类指标对*PHKGDP*的影响（2004—2010年，季度）

变量	*PHKGDP*						
	（1）	（2）	（3）	（4）	（5）	（6）	（7）
C	1.81*** （5.24）	2.16*** （6.98）	−4.72 （−1.38）	−7.55** （−2.39）	−4.10 （−1.16）	−9.00*** （−3.85）	−2.65 （−0.62）
PTCHHK	0.08* （1.91）						
PGCHTO			0.24*** （4.80）				
PCHREEX				0.26*** （5.41）			
PREEX					0.18*** （4.86）		
PRE						0.30*** （9.42）	
PGHKNTO							0.11*** （3.09）

（续上表）

变量	PHKGDP						
	(1)	(2)	(3)	(4)	(5)	(6)	(7)
PTHKO			-0.02 (-0.26)	0.01 (0.11)	-0.04 (-0.67)	0.07* (1.95)	-0.03 (-0.43)
PCHGDP			0.64** (2.09)	0.90*** (3.24)	0.61* (1.94)	0.96*** (4.60)	0.67* (1.77)
PUSGDP	1.45*** (7.02)	1.78*** (16.17)					
ar（1）			0.49** (2.30)	0.44* (2.02)	0.64*** (4.04)		0.59*** (3.73)
R^2	0.92	0.91	0.87	0.88	0.87	0.87	0.80
修正 R^2	0.91	0.91	0.84	0.86	0.84	0.86	0.77
D - W Stat	2.06	2.46	2.13	1.91	2.25	1.66	2.20

注：回归系数下括号内为对应的 t 检验值；***、**、*分别表示1%、5%、10%的显著性水平。

表2中的回归系数传达了丰富的信息。一方面，将回归（1）与表1中的回归（4）相比，我们发现，加入控制变量 *PUSGDP* 后，*PTCHHK* 的系数大幅下降了，而回归（2）说明，*PUSGDP* 显著影响 *PHKGDP*，由于 *PUSGDP* 与 *PTCHHK* 高度相关①，因此 *PTCHHK* 对 *PHKGDP* 的影响因素中，有一部分来自 *PUSGDP* 的间接影响。进一步地，考察指标之间的相互关系可以发现，*PUSGDP* 与 *PGCHTO*、*PCHREEX*、*PREEX* 均存在高度的相关性②，而 *PCHREEX* 构成 *PGCHTO* 的主要部分（参见图7，从1992年起一直处于60%~70%之间），这说明国际经济增长因素与涉及两地间的转口密切相关。为此，我们通过列（3）至（6）的回归作进一步的分解。同样地，为避免共线性，回归中没有加入 *PUSGDP* 这一控制变量。回归（3）说明，*PGCHTO* 对 *PHKGDP* 的拉动作用显著为正，而其中来自内地的转口部分（*PCHREEX*）对香港经济增长的拉动作用最为显著，达到0.26，见回归（4）。同时，*PREEX* 的作用虽然小于 *PCHREEX*，但仍达到0.18。这

① 其相关系数高达0.86。

② *PUSGDP* 与 *PGCHTO*、*PCHREEX*、*PREEX* 的相关系数均在0.80以上。

并不难理解，因为根据CEPA关于货物贸易原产地规则的规定，原产地认定标准包括“完全获得”和“实质性加工”两大原则①。香港销往内地的转口货物不满足“完全获得”原则的，但可能满足“实质性加工”原则，因此可以享受CEPA的优惠措施。由相关系数可知，*PCHREEX*和*PREEX*高度相关，并分别与*PTCHHK*高度相关②，成为两地贸易的主要部分（见图7）。由回归（6）可知，这两部分转口总额的作用高达0.30，为所有解释变量回归系数中的最大值，且回归方程的拟合效果是最好的③，说明了转口的重要性。回归（7）说明，*PGHKNTO*的作用相对最低，为0.11（由图11可知，这部分贸易规模较小，2010年仅为1%左右）。由此，我们可推断出，CEPA在全面促进两地贸易的同时，拉动了来自内地的转口和往内地的转口。由于这两部分转口贸易反映了内地和国际市场对对方最终产品和中间产品的需求，因此决定于双方经济增长的情况。由此，内地和国际经济因素也更多地通过转口而影响两地贸易，进而影响两地贸易对香港经济的作用。

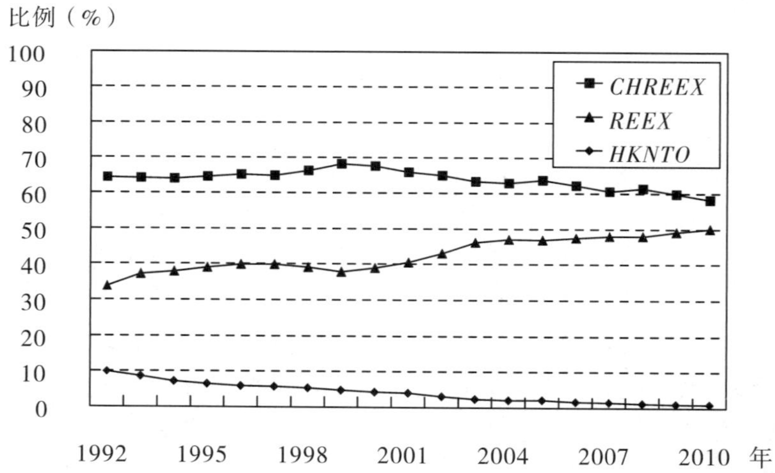

图11　转口及港产品出口货值比重

注：*CHREEX*、*REEX*和*HKNTO*分别表示自内地的转口、往内地的转口及香港产品往内地的出口货值。比例为各货值除以两地贸易总额的百分比。由于统计口径的重叠等因素，三个序列之和不等于100%。

---

① “实质性加工”的认定标准可采用“制造或加工工序”“税号改变”“从价百分比”“其他标准”或“混合标准”。详见CEPA附件《关于货物贸易的原产地规则》。

② *PCHREEX*和*PREEX*相关系数达到0.90，二者与*PTCHHK*相关系数分别为0.95和0.98。

③ *D*－*W*值为1.66，无须加入*ar*（1）项，而R^2也达到0.87。

另一方面，对表 1 回归（3）和表 2 各项回归进行比较，我们发现，CEPA 实施以前，*PUSGDP*、*PCHGDP* 对 *PHKGDP* 的影响并不显著，而在 CEPA 实施以后则非常显著，特别是 *PUSGDP*，显著性水平达到 1%。由相关性比较可知，CEPA 实施以前，*PTCHHK* 与 *PUSGDP*、*PCHGDP* 并不相关，而在 CEPA 实施以后则高度相关①。这说明，CEPA 实施以后，内地经济增长、国际经济增长对香港经济增长的溢出作用增强了②。结合以上分析可知，从两地贸易这一角度考察，溢出性的增强源于 CEPA 加强了两地贸易（特别是转口）这一外溢路径的作用，使得内地和国际经济增长更加显著地影响两地贸易，再影响香港经济增长。

到此为止，我们可以就第二个问题给出回答：一方面，CEPA 减少了两地贸易的障碍，加强了两地贸易的联系，从而拉动香港经济增长；另一方面，CEPA 同样使得两地贸易转口部分的交易成本下降，使内地和国际市场商品需求更依赖于转口，两地贸易作为经济增长溢出渠道的作用因而得到加强。而鉴于两地贸易的重要性，香港经济增长也更大程度地受到内地和国际经济增长的溢出作用的影响。由此，CEPA 对于香港经济增长的促进作用最终将由以上两个效应综合决定。我们通过图 12 来描述这一影响机制。

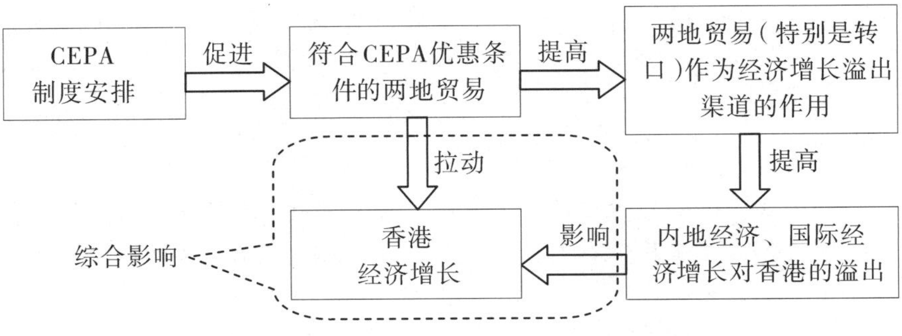

图 12　CEPA 对香港经济增长影响机制示意图（两地贸易视角）

---

① CEPA 实施以前，*PTCHHK* 与 *PUSGDP* 相关系数只有 0.01，而在 CEPA 实施以后，相关系数达到 0.86。*PTCHHK* 与 *PCHGDP* 的相关系数也由 0.03 上升至 0.45。

② 这种溢出效应称为“增长溢出”或“GDP 溢出”，表示一个地区经济增长对与之有关系的另一个地区的影响，溢出渠道包括贸易、R&D 等。研究这个问题的学者非常多，例如 Grossman and Helpman（1991）、Verspagen and Caniëls（2001）、Douven and Peeters（1998）、Zhang and Felmingham（2002）、Brun et al.（2002）等。

由此可知，香港经济增长实际上受到三个外生因素的影响：CEPA 制度安排、内地经济增长和国际经济增长。于是，CEPA 虽然直接对两地贸易产生正向作用，但并不能独立构成对香港经济的最终影响。所以，在评估 CEPA 的制度变迁效应时，需要综合考虑全球宏观经济因素，而政策制定者在完善 CEPA 各项制度安排时，也需要考虑全球宏观经济因素对它的抵消或促进作用。

五、总结

两地贸易在香港全球贸易总额中占有重要的地位，对香港经济增长的影响显著。CEPA 有利于两地贸易的进一步发展，而它是否也改变了两地贸易对香港经济增长的影响作用？具体的影响路径是什么？本文以 CEPA 开始实施的 2004 年为样本分割点，对构造两地贸易和香港经济增长的 SVAR 模型进行了比较分析，并结合分类贸易指标，说明 CEPA、两地贸易、国内外经济增长因素对香港经济的影响。分析内容、结论与政策建议如下：

（1）本文考察了分年度的两地贸易 Kernel 密度图并进行回归分析。研究发现，2004 年以来两地贸易额月度分布的峰值加速右移，说明 CEPA 促进了两地贸易的规模。其中，香港来自内地的进口贸易、涉及内地的转口增幅较大，说明 CEPA 对香港经济增长的拉动作用较强，但尚未发现 CEPA 促进港产品向内地出口的证据。

（2）本文构造了两地贸易增长率和香港 GDP 增长率的 SVAR 模型，对 1998—2003 年和 2004—2010 年两个样本期间累计脉冲响应和方差分解进行了比较分析。研究发现，CEPA 实施以来两地贸易的冲击对香港经济增长的影响作用、贡献程度均有所加强，说明 CEPA 提高了两地贸易在香港经济增长中的地位。

（3）本文通过分类贸易指标的回归和对比分析，挖掘了 CEPA、两地贸易对香港经济增长的影响机制。研究发现，CEPA 通过两条路径影响了香港经济增长：一方面，CEPA 减少了两地贸易的障碍，直接促进两地贸易，从而拉动香港经济增长；另一方面，由于转口是两地贸易中的重要组成部分，CEPA 关于“实质性加工”等的原产地规则也减少了涉及内地的转口贸易障碍，使内地和国际市场商品需求更依赖于转口，两地贸易作为经济增长溢出渠道的作用从而得到加强。而鉴于两地贸易的重要性，香港经济增长更大程度地受到内地和国际经济增长的溢出影响。因此，CEPA

对香港经济增长的影响最终决定于以上两条路径的综合作用。

综合以上分析，政策制定者需要进一步落实 CEPA 的各项措施和其他配套措施，继续促进两地贸易，并需要特别关注香港产品向内地的出口，以促进香港的经济增长。但同时，我们需要认识到，香港经济增长实际上受到三个外生因素的影响：CEPA、内地经济增长和国际经济增长。因此，CEPA 虽然直接对两地贸易产生正向作用，但并不能独立构成对香港经济的最终影响。由此，在评估 CEPA 的制度变迁效应时，需要综合考虑全球宏观经济因素，而政策制定者在完善 CEPA 各项制度安排时，也需要考虑全球宏观经济因素的抵消或促进作用。

参考文献：

［1］AMISANO G，GIANNINI C. Topics in structural VAR econometrics (Second Edition)［M］. Berlin：Springer-Verlag，1997.

［2］BLANCHARD O，QUAH D. The dynamic effects of aggregate demand and supply disturbances［J］. American economic review，1989，79（4）.

［3］BLANCHARD O，PEROTTI R. An empirical characterization of the dynamic effects of changes in government spending and taxes on output［J］. The quarterly journal of economics. 2002，117（4）.

［4］BRUN J F，COMBES J L，RENARD M F. Are there spillover effects between coastal and non-coastal regions in China?［J］. China economic review，2001（13）.

［5］DOUVEN R，PEETERS M. GDP-spillovers in multi-country models［J］. Economic modelling，1998，15（2）.

［6］GROSSMAN G，HELPMAN E. Trade，knowledge spillovers，and growth［J］. European economic review，1991（35）.

［7］KUTTNER K，POSEN A. Fiscal policy effectiveness in Japan［J］. Journal of the Japanese and international economies，2002（16）.

［8］MACKINNON G，HAUG A，Michelis L. Numerical distribution functions of likelihood ratio tests for cointegration［J］. Journal of applied econometrics. 1999，14（5）.

［9］PEROTTI R. Estimating the effects of fiscal policy in OECD countries［J］. IGIER working paper，2004（276）.

［10］SIMS C. Macroeconomics and reality［J］. Econometrica，1980（48）.

[11] VERSPAGEN B, CANIÄLS M. Barriers to knowledge spillovers , and regional convergence in an evolutionary model [J] . Journal of evolutionary economics, 2001 (11).

[12] ZHANG Q, FELMINGHAM B. The role of FDI , exports and spillover effects in the regional development of China [J] . Journal of development studies, 2002, 38 (4).

[13] 胡永刚，杨智峰. 财政农业支出对农村产出与居民消费影响的SVAR分析 [J]. 数量经济技术经济研究，2009 (7).

[14] 李晓芳，高铁梅，梁云芳. 税收和政府支出政策对产出动态冲击效应的计量分析 [J]. 财贸经济，2005 (2).

[15] 刘力，林志玲. 粤港区域产业转移及产业升级路径——CEPA协议效应与泛珠区域合作影响分析 [J]. 国际贸易问题，2008 (7).

[16] 肖红，杨凤美. 中港贸易对香港经济增长贡献率的实证分析 [J]. 国际经贸探索，2010 (1).

[17] 于绯. CEPA实施后粤港服务贸易合作的实证研究 [J]. 经济管理，2009 (10).

[18] 俞肇熊，王坤. CEPA对香港和内地经济的影响与发展前景 [J]. 世界经济研究，2007 (6).

[19] 张光南，陈广汉. 香港对外贸易与经济增长和产业结构升级——"一国两制"和改革开放的成功结合与实践 [J]. 国际经贸探索，2009 (1).

（本文修改稿《CEPA改变了两地贸易对香港经济增长的影响吗?》刊载于《统计研究》2012年第3期）

附录一：两地贸易与香港经济增长的协整关系检验（年度数据）

附表1　ADF单位根检验

	样本	检验式 (c, t, k)	*ADF*值	临界值	结论
TCHHK	1980—2010（年度）	(1, 1, 0)	-0.76 (0.96)	-3.22 (10%)	不平稳
△*TCHHK*	1980—2010（年度）	(1, 0, 0)	-4.51 (0.00)***	-3.68 (1%)	平稳
HKGDP	1980—2010（年度）	(1, 0, 0)	0.78 (0.99)	-2.62 (10%)	不平稳
△*HKGDP*	1980—2010（年度）	(1, 0, 0)	-4.60 (0.00)***	-3.68 (1%)	平稳

注：△表示一阶差分；检验式（c，t，k）中，c，t分别代表检验式中有无截距项和时间趋势，0表示无，1表示有；k为滞后阶数，按照SIC规则进行选择。*ADF*值中括号内为检验的*P*值。***、**、*分别表示1%、5%、10%的显著性水平。

附表2　HKGDP与TCHHK的协整关系检验

		迹检验			最大特征值检验		
原假设：协整关系数	特征值	迹统计量	临界值（5%）	*P*值	最大特征值统计量	临界值（5%）	*P*值
0	0.54	29.99	20.26	0.00	21.87	15.89	0.01
最多1个	0.25	8.12	9.16	0.08	8.12	9.16	0.08

注：数据来源于香港政府统计处 http://www.censtatd.gov.hk；样本：1980—2010年；滞后期为2；检验式选择：协整方程中具有截距项，无趋势项。*P*值为MacKinnon等（1999）的*P*值。

附录二：各变量的平稳性检验（季度数据）

附表 3　ADF 单位根检验

	样本	检验式 (c, t, k)	*ADF* 值	临界值	结论
PHKGDP	1998—2003（季度）	(1, 0, 3)	-4.60 (0.0)***	-3.81 (1%)	平稳
	2004—2010（季度）	(1, 1, 3)	-4.26 (0.01)**	-3.61 (5%)	平稳
PTCHHK	1998—2003（季度）	(1, 0, 4)	-3.53 (0.02)**	-3.03 (5%)	平稳
	2004—2010（季度）	(1, 1, 3)	-6.13 (0.00)***	-4.39 (1%)	平稳
PGCHTO	2004—2010（季度）	(1, 1, 3)	-5.29 (0.00)***	-4.39 (1%)	平稳
PCHREEX	2004—2010（季度）	(1, 1, 3)	-6.25 (0.00)***	-4.39 (1%)	平稳
PREEX	2004—2010（季度）	(1, 1, 3)	-6.00 (0.00)***	-4.39 (1%)	平稳
PRE	2004—2010（季度）	(1, 1, 3)	-6.29 (0.00)***	-4.39 (1%)	平稳
PGHKNTO	2004—2010（季度）	(1, 1, 3)	-3.86 (0.03)**	-3.61 (5%)	平稳

注：检验式（c, t, k）中，c, t 分别代表检验式中有无截距项和时间趋势，0 表示无，1 表示有；k 为滞后阶数，按照 SIC 规则进行选择。*ADF* 值中括号内为检验的 *P* 值。***、**、* 分别表示 1%、5%、10% 的显著性水平。

附录三：VAR 滞后期的确定

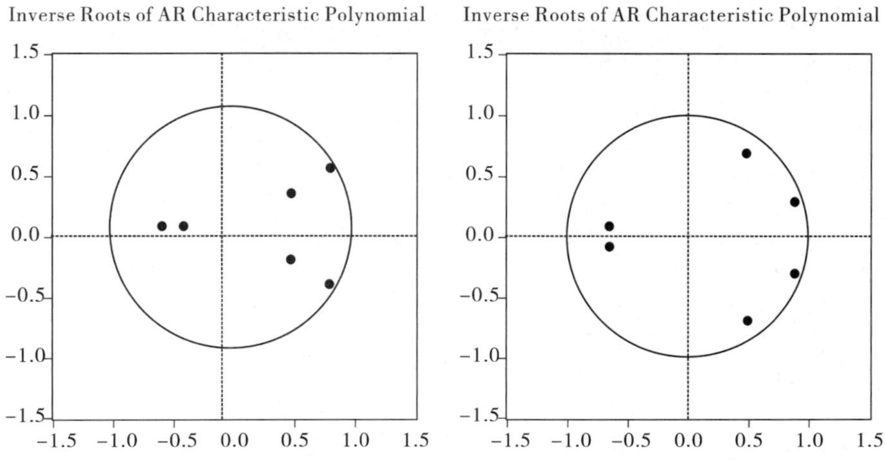

A：1998—2003 年　　B：2004—2010 年

VAR 稳定性检验图（滞后期为 3 期）

附表 4　VAR 最佳滞后阶数检验

	Lag	LogL	LR	FPE	AIC	SC	HQ
1980—2003	0	-125.93	—	670.41	12.18	12.28	12.21
	1	-105.63	34.79	142.57	10.63	10.93	10.70
	2	98.41	11.00*	106.46	10.32	10.82*	10.43
	3	-93.23	6.92	98.41*	10.21*	10.91	10.36*
2004—2010	0	-149.04	—	606.54	12.08	12.18	12.11
	1	-130.49	32.65	189.83	10.92	11.21*	11.00
	2	-129.30	1.92	239.58	11.14	11.63	11.28
	3	-119.45	14.18*	153.07*	10.68*	11.36	10.87*

注：* 表示各标准选中的滞后阶数。

附录四：SVAR 结构因子分解矩阵识别结果

附表 5　结构因子分解矩阵识别结果

样本期	系数			
	a_{12}	a_{21}	b_{11}	b_{22}
1998—2003 年（季度）	-0.11（-0.31）	-0.31	-3.52（-5.16）***	-2.04（-6.48）***
2004—2010 年（季度）	2.17（0.79）	-0.25	-11.51（-2.14）**	-1.30（-7.07）***

注：括号内数值为 Z 统计值，* * 和 * * * 分别表示 5% 和 1% 的显著性水平。

CEPA 对内地吸引香港 FDI 的影响分析

张　珺[①]　王肖肖[②]

一、引言

随着经济全球化的不断推进，FDI（Foreign Direct Investment，外商直接投资）成为推动世界经济发展的重要一环。世界各国，尤其是发展中国家，都特别重视吸引 FDI，并为此推出了多种优惠政策和鼓励手段。这些手段不仅涵盖税收和费用的减免，还包括土地政策、劳动力教育等全方位的辅助。高效利用 FDI 将促进经济发展成为大多数国家的共识。诸如美国、德国等资本输出大国也在积极争取资本流入，并成为 FDI 的主要投资地，这表明 FDI 不仅对于发展中国家的经济发展具有不可或缺的推动作用，对发达国家的经济发展同样也有着重要意义。

2014 年之前，中国吸引 FDI 总量长期位居发展中国家首位，仅次于美国。2014 年中国超越美国，成为全球外商投资最大东道国，吸收外资达到 1 280 亿美元，约占当年全球对外投资总额的 10.2%[③]，这是中国良好投资环境的具体体现。

我国吸引外资的来源十分广泛，FDI 东道国包括世界各主要发达国家和部分发展中国家，从历年数据来看，港资无疑是其中最重要的部分。港资占内地每年吸引外商直接投资总额的比例长期超过 50%，即使是在 1997 年亚洲金融危机期间，这一比例仍然超过 40%，显示了港资对内地投资的长期性和稳定性。内地吸引外资比较活跃的省市如北京、上海、广东、江苏、浙江，来自香港的 FDI 总额长期居首位，港资成为 FDI 中最重要、也最具代表性的资金来源。因此，研究港资对内地投资的变化与发展趋势对

---

① 张珺，暨南大学经济学院副教授，博士，主要研究国际经济与贸易，对港澳经济的研究专长主要在粤港澳经济一体化方面。E-mail：tjunzh@ jnu. edu. cn。

② 王肖肖，暨南大学经济学院硕士研究生，主要研究国际贸易，对港澳经济的研究专长主要在粤港澳经济一体化方面。E-mail：491769319@ qq. com。

③ 数据来自商务部外资司统计快报。

于我国进一步提升吸引外资的水平具有重要的现实意义。

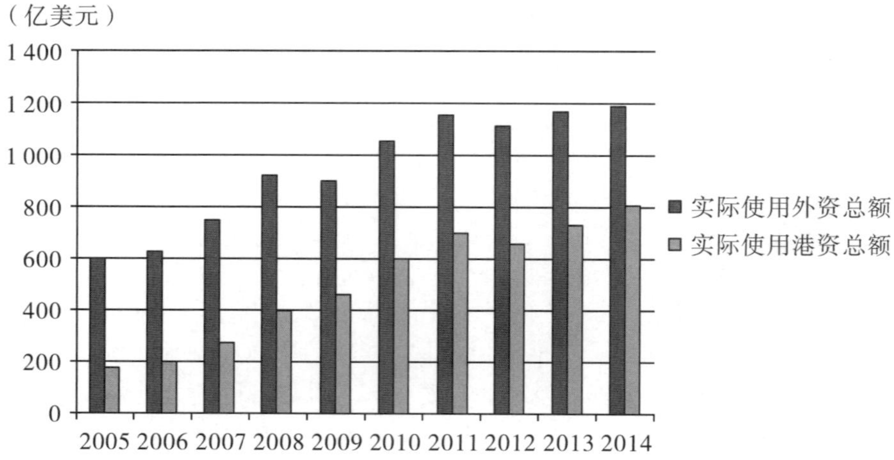

图 1　2005—2014 年内地实际使用外资和港资总额

数据来源：各年《中国统计摘要》，未含银行、证券、保险领域数据。

2003 年 6 月 29 日，《内地与香港关于建立更紧密经贸关系的安排》（CEPA）签订，2004 年正式生效。这是香港签署的首个区域经济一体化协议，标志着内地与香港的经济合作走向深化，双边开放程度不断提高。其后为进一步完善 CEPA 实施细则，扩大协议影响范围，双方又在 2004—2013 年间接连签署了十个补充协议，并在 2014 年签署了《关于内地在广东与香港基本实现服务贸易自由化的协议》，2015 年又进一步签署了《服务贸易协议》。CEPA 这种递进式的发展模式，既能照顾现实条件，又能不断补充新的内容，为世界各地的区域经济一体化进程提供新思路。

CEPA 及其补充协议内容广泛，主要包括三个方面，即货物贸易关税减免、服务贸易准入扩大以及贸易投资便利化。目前，国内对于内地和香港在货物贸易以及服务贸易两个层面的开放和合作关注较多，相关的研究成果也比较丰富，但在投资开放和投资便利化方面，由于缺乏数据以及方法上的困难，关注较少。

同时，现有研究中对 CEPA 的研究大多是定性研究，近年来出现的定量分析仍较多涉及 CEPA 对货物贸易的影响方面，较少关注服务贸易和投资领域。而服务贸易开放又主要通过投资的形式展开，因此对于两者的分析可以有机地结合在一起。通过定量方法评价 CEPA 协议对香港投资内地的影响，可对政策因素在次区域经济合作中的作用进行实证研究，量化分析合作中制度变迁对区域经济一体化的投资效应，也有助于拓展现有的区域经济一体化的投资理论。此外，服务业进一步开放是目前我国进一步深化改革和开放的主要领域和难点之一，金融业等专业服务业是香港一直以来的优势所在，在 CEPA 及其补充协议的推动下，港资进入内地服务行业的门槛放低，可引导香港优势服务行业进入内地服务行业，并推动其产业升级。

二、区域经济一体化协议对 FDI 的影响综述

区域经济一体化最主要的目的是通过成员国之间的贸易、投资或是人口移动等手段，对成员国间的资源进行重新配置，从而提高该一体化组织成员国的总体福利。对于区域经济一体化的研究从二十世纪五六十年代开始，该概念提出之后被广泛引用（Balassa Bela，1962），围绕区域经济一体化的类型、基本理论和影响，国内外学者进行了深入的研究，其中区域经济一体化对贸易和投资的影响成为国内外研究的热点。

Kindleberger（1966）借鉴贸易创造和贸易转移学说，提出投资创造和投资转移观念，此后围绕区域经济一体化投资创造和投资转移的理论研究和实证研究也逐渐丰富起来。在理论研究方面，主要是探讨区域经济一体化中投资创造和投资转移的形成。Baldwin R. E.，Forslid R. 和 Haaland J.（1995）首先建立政治经济学模型来分析双边投资协议的决定因素，及其对成员国和非成员国成本收益的影响，Shabtai Donnenfeld（2003），Barthel，F. E. Neumayer.（2012）也进行了类似的研究。Neumayer 等进一步深入到解开双边协议这个“黑匣子”，探讨协议中包含与 FDI 相关的条款是否会影响 FDI 流向及其对发展中国家参与协议的影响，提出包含严格投资条款的双边投资协议比那些不包含严格投资条款的双边投资协议更能刺激 FDI 流入，从而促使签订双边投资协议的国家引入严格的投资争议解决条款（ISDS），并事先设立国民待遇条款（A. Berger，M. Busse，P. Nunnenkamp & M. Roy，2013；E. Neumayer，P. Nunnenkamp & M. Roy，2014）。

关于区域经济一体化投资效应的实证研究与世界各国区域一体化的进程结合在一起。20 世纪 60 年代起，开始出现关于欧洲经济一体化对跨国公司 FDI 影响的研究，Kindleberger（1966）认为成员国企业出于规模效应、贸易成本等原因，会在其他成员国直接投资，扩大生产规模。20 世纪 80 年代，研究转向北美自由贸易区建立对资本流动的分析（Blomstrom M. et al.，1998；Blonigen B.，Davies R.，2000；Waldkirch A.，2003）。北

美自由贸易协议（NAFTA）是典型的发达国家和发展中国家之间签订的区域经济一体化协议，该协议中同时也包含了促进投资、扩大金融及服务业准入以及保护知识产权等内容，重点强调了投资的国民待遇和最惠国待遇。NAFTA 生效前，虽然墨西哥与美国和加拿大有天然的地理优势，但美国、新加坡对墨西哥的投资总额仅占墨西哥吸引外资的 38%。协议生效仅仅 7 年后，2001 年，美国、新加坡对墨西哥的投资总额占墨西哥吸引外资总额的比重就超过了 80%，增长惊人（Unctad，2002）。我国学者通过对 NAFTA 三国贸易和投资的分析，指出墨西哥在 NAFTA 中获得了较大的收益，认为中国应借鉴墨西哥的经验，利用多种模式加强与周边国家的经济一体化程度（兰天，2011）。随着亚洲区域经济一体化的发展，研究热点转移到亚洲国家，比如对东盟自由贸易区投资效果的分析（Bende-Nabende A.，Ford J. L. & Slater J. R.，1999）。郭宏（2009）认为，东盟经济一体化中的投资便利化与信息透明化政策、敏感清单（类似于负面清单）等政策使得东盟内部投资流动加大，除 1997 年与 2008 年金融危机之外的年份，对外资的吸引也呈现增长势头。此外研究还涉及中日韩自由贸易协定对韩国吸引 FDI 的影响（Han，Yeo，Yoon et al.，2004）。

已有研究表明，自 20 世纪 80 年代以来，区域经济一体化在实践与理论上都取得了巨大成就，有力地推动了世界经济自由化进程。近年来，得益于发展中国家和发达国家的一致推动，区域经济一体化实践仍然保持迅猛发展，诸如中国的自贸区建设和美国主导的 TPP 谈判都取得了明显的阶段性成果。理论方面除了得到深入研究的贸易创造和贸易转移效应外，区域经济一体化同时推动了成员国内的投资，显现了明显的投资创造和投资转移效应。这一动态的投资效应目前已成为推动区域经济一体化的主要动力之一。然而区域经济一体化协议能否对吸引投资产生正效应，特别是能否促进 FDI 流入尚未得到充分的实证检验。

CEPA 作为内地与港澳签署的类似自由贸易区协议，使内地在 WTO 框架下进一步对港澳开放。CEPA 签署后，国内学者对 CEPA 背景下内地对港澳的贸易及投资展开了广泛的研究，主要集中在贸易领域，其后进一步延伸到投资领域（孙薇，2004）；特别是对港资在内地的重点投资区域比如广东和北京有专门的研究（袁持平等，2006；陈恩，2012），并对内地吸引香港投资的因素进行了分析（吴献金，2008）。目前在 CEPA 背景下香港对内地的投资研究多以理论论述为主，实证分析的研究成果只鲜见于王静（2012）等人的成果中。尽管签订双边投资协议的根本目的是吸引来自协议国的直接投资，但事实显示，双边协议对于刺激直接投资的效果是不确定的（Swenson，2005）。而研究成果又显示，CEPA 协议在投资方面仅关注服务业市场准入和投资便利化，并未就投资待遇和投资保护问题做出规定，导致内地港资享受的制度性保障弱于其他外资（王楠，2013），因而 CEPA 是否有利于内地吸引来自香港的投资，协议的签订有助于哪些行业的投资尚不明确，本文将重点关注 CEPA 及其补充协议的签署对香港投资内地的影响，以期弥补目前研究中的不足。

三、CEPA 对内地吸引香港 FDI 的实证研究

港资对内地的投资始于沿海，对象主要是珠三角的制造业，后逐步向内陆发展，遍布主要省份。随着香港的经济转型于世纪之交基本完成，服务业成为香港最大的支柱产业，几乎占据 GDP 的八成。相应地，香港 FDI 投资领域也从制造业拓展到地产基建、港口运营、科技通信、贸易金融等优势行业。此时香港的投资除了土地等刚性成本之外，市场开始成为更加重要的考虑因素，通过投资缩短与用户之间的距离，不仅可以降低运输的成本，同时可以缩短企业对用户需求的反应时间，这也意味着企业可以大幅降低决策成本。尤其是服务业进入内地，人力成为主要成本之一，人员在流动中更多的是考虑投资地发展水平和经济状况，以此估算投资的预期收益率来决定投资的大小和范围。

由于服务业的占比增加，香港的投资目的地也不再局限于广东，而是辐射全国主要的一二线城市，尤其北京、上海等地，内地实际利用香港 FDI 总额开始显著上升。内地与香港面临再一次经济整合，而涉及的深度和广度必将达到一个新的境界。CEPA 的诞生正是迎合了这种发展趋势，其投资的便利化措施为香港 FDI 进入内地创造了更加优良的条件。

CEPA 关于投资便利化的内容很多，其中对内地吸引港资流入的三个重要内容是：放宽行业准入条件，尤其是以金融为代表的服务业；加强知识产权保护；专业人员资质互认。按照香港对行业的区分方法，港资投资服务业（主要包括金融、通信、地产及物业管理等）、制造业与其他行业的情况如图 2 所示。CEPA 生效之后，香港投资内地的主要行业总体都呈现增长态势。十年间，服务业投资存量增长为 2004 年的 3.6 倍，投资存量金额从 8 643 亿港元增加到 31 100 亿港元；制造业投资存量增长为 2004 年的 2.3 倍，投资存量金额从 2 737 亿港元增长到 6 248 亿港元。无论从总体还是行业数据上看，CEPA 生效后香港对内地的投资金额都在不断增长。这与之前学者的研究结果相一致。华晓红（2008）指出，CEPA 签署生效

后，香港对内地投资不仅数量上升，行业分布也更加多样。但该问题由于数据统计口径不统一，部分数据缺失严重，统计连续性不强，并没有得到完善的实证研究。本文将采用香港统计署提供的国家投资数据和内地各省统计年鉴披露的省域数据，结合模型设定，尝试补充这一研究领域的不足。

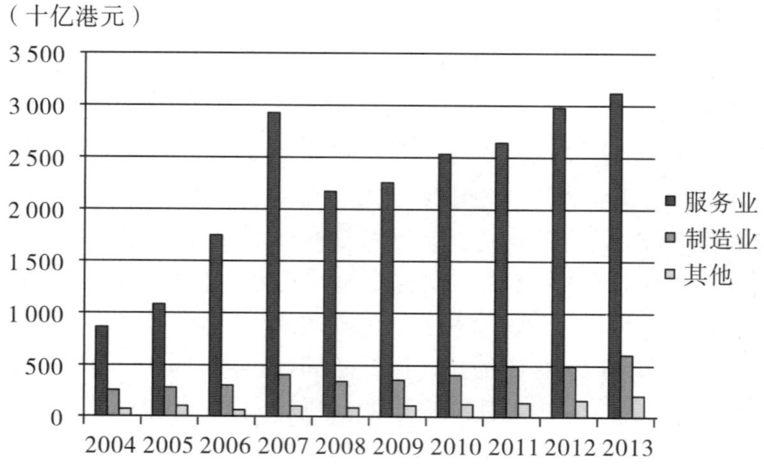

图 2　2004—2013 年香港分行业内地投资存量

数据来源：香港特别行政区政府统计处历年《对外直接投资统计》。

（一）实证方法及数据介绍

本文主要采用倍差法进行分析。倍差法（DID）近年来被广泛用于各种政策影响的研究之中，不断得到创新和发展。倍差法最基本的原理是通过虚拟变量的设置（类似物理学中设置参考系），以对照组模拟样本组在没有实施新政策情况下的状态，通过将样本组与对照组进行政策实施前后的比较来反应新政策对样本组的影响。倍差法最简单的形式如下：

$$\ln FDI_{ijt} = \beta_0 + \beta_1 du + \beta_2 dt + \gamma du \times dt + \varepsilon_{ijt} \tag{1}$$

其中虚拟变量 $du = 1$ 时表示为样本组变量，$du = 0$ 时表示为对照组变量；$dt = 1$ 表示政策实施以后，$dt = 0$ 表示政策实施以前。政策实施前后对样本组的影响为 $E(dt = 1, du = 1) - E(dt = 0, du = 1) = \beta_0 + \beta_1 + \beta_2 + \gamma - (\beta_0 + \beta_1) = \beta_2 + \gamma$；政策实施前后对对照组的影响为 $E(dt = 1, du = 0) -$

$E(dt=0,\ du=0)=\beta_0+\beta_2-\beta_0=\beta_2$，两者之差，即乘积交叉项 $du\times dt$ 的系数 γ 就是用来衡量协议净影响的变量，也是本文最重要的观察项。

本文选取澳大利亚、英国、美国、百慕大、新加坡和加拿大作为对照组国家，原因在于，这些国家一直是港资的主要投资目的地国家，并且拥有完善的数据统计。同时，为提高模型拟合度和说服力，本文将引力模型引入倍差法之中。

引力模型出现于二十世纪五六十年代，最早被用于国际贸易的分析中，主要变量为经济规模和距离，后来在 20 世纪 90 年代经过不断发展，加入各类新变量以提高说服力，被广泛用于贸易和投资的分析中。国内在 90 年代后开始广泛使用引力模型进行实证研究。潘向东（2004）较早运用引力模型研究了制度对双边贸易的影响，指出工资政策对中国双边贸易影响最大，这也是引力模型研究的典型领域。赵雨霖、林光华（2008）使用引力模型分析了东盟十国与中国的农产品贸易，指出双方发展潜力巨大。本文在使用引力模型时，使用其经典回归方程，引力模型一般含有一个表示不同区域的虚拟变量，但这里由于倍差法的引入而省略。

综合倍差法和引力模型的要求，本文设定如下模型：

$$\ln FDI_{ijt}=\beta_0+\beta_1 du+\beta_2 dt+\gamma du\times dt+\theta_1\ln PGDP_{it}+\theta_2\ln PGDP_{jt}+\theta_3\ln TP_{it}+\theta_4\ln TP_{jt}+\theta_5\ln DIS_{ij}+\varepsilon_{ijt} \tag{2}$$

其中：i 表示 i 国或地区，j 表示 j 国或地区，t 为时间变量。FDI_{ijt} 表示 i 地区在 t 时期对 j 地区的直接投资额，这里采用市值法计算。根据国际标准，直接投资采用市值法计算比账面价值计算更能有效度量各经济体系间资源转移的经济价值，因此更具有说服力。du 为虚拟变量，$du=0$ 表示为对照样本组变量，$du=1$ 表示样本组变量。dt 为虚拟变量，由于协议于 2004 年正式生效，选择 2004 年作为转折年份，$dt=0$ 表示政策实施前（2004 年之前），$dt=1$ 表示政策实施后（2004 年之后）。$PGDP$ 表示真实 GDP 增长率，由于两国的投资额受到两国经济发展水平的影响，通常 GDP 是反映经济发展的代表性变量，由于国家大小相差较大，这里采用真实 GDP 增长率更具客观性。TP 表示总人口数，人口多的地区对商品需求旺盛，因而形成巨大的市场，对投资的需求相对较高，同时，服务业的投资依赖于人力资源，这对于香港是重要的限制条件。DIS 为距离变量，两国投资受到距离限制，距离增加可能会使投资成本上升，投资的难度也会加大，对于距离的衡量一般采用两国首都间距离表示，国内各省部分使用香港到各省省会之间的距离表示。ε 为残差项。

本文核心数据为香港 1998—2013 年的对外直接投资统计数据，来源于香港统计署，是目前在保证连续性和一致性基础上较为全面的数据①；距离数据来自于 Google Earth 的测量，单位为公里；GDP 增长率及人口数据来自 WTO 官方数据库；各省投资数据来自中国各省统计年鉴。

（二）实证结果及其讨论

本文使用目前较为主流的 Hausman 检验判定模型设定形式。检验结果显示，p 值为 0.925 5，支持使用随机效应回归模型。同时，考虑到前文的分析和倍差法的基本理念，加上本文数据很可能存在着在时间或者截面上的显著变化，因此本文决定采用随机效应模型进行回归，这样既可以突出数据变化特征，还能够节约自由度，提升回归的可靠性。

表 1　省级数据名单

排名	省市	排名	省市
1	江苏省	7	山东省
2	辽宁省	8	河南省
3	广东省	9	四川省
4	上海市	10	重庆市
5	天津市	11	安徽省
6	浙江省	12	北京市

省级数据的选取方面，由于中国省份众多，为避免受个别吸引外资总量较少的省份在个别年份异常值的影响，本文根据 2014《中国城市外资吸引力研究报告》，选择中国外资吸引力前十的省份作为样本组。这些省份实际利用外资总量居于全国前列，相对来说更加具有代表性和稳定性，名单及排名见表 1。

回归结果如表 2 中的（1）所示：

① 以香港自 1998 年开始依照国际货币基金组织出版的《国际收支平衡手册（第五版）》来编写对外投资统计资料。

表 2　回归结果

	(1)	(2)	(3)
β_0	-68.806*** (0.000)	-23.905 (0.444)	2.764*** (0.000)
β_1，du	-0.125 (0.671)	2.003*** (0.003)	1.987*** (0.000)
β_2，dt	-0.431*** (0.002)	-0.120 (0.629)	0.111 (0.431)
γ，$du \times dt$	0.621*** (0.000)	0.685* (0.074)	0.711* (0.056)
$\ln PGDP_{it}$	0.530 (0.573)	1.767* (0.080)	
$\ln PGDP_{jt}$	-1.007 (0.491)	-0.527 (0.848)	
$\ln TP_{it}$	11.432*** (0.000)	4.155 (0.385)	
$\ln PTP_{jt}$	-0.013 (0.751)	-0.024 (0.393)	
$\ln DIS_{ij}$	-0.295*** (0.006)	-0.018 (0.905)	
$\ln INV$		0.040 (0.763)	
R^2	0.492	0.634	0.616

注：*、**、***分别代表在 10%、5% 和 1% 水平上显著。

从实证结果可以看出，乘积项 γ 为正值，并在 1% 条件下显著，这说明香港直接投资内地的趋势在 CEPA 生效之后发生改变，可以认为 CEPA 协议签署对香港投资内地起到了明显的促进作用，这也证明了前文分析的正确性。从现实情况考虑，虽然内地在传统产业方面由于劳动力成本和环保成本上升、人民币升值等因素而逐渐丧失竞争力，近年来很多传统产业逐渐迁往东南亚等地区，但相应地对通信业、金融业等高端服务业的需求迅速增加，内地巨大的市场对香港投资者仍有强大的吸引力。人口变量在1%的情况下显著，表明香港的投资能力受到人口的巨大影响。由于香港90%以上的生产总值来自服务业，而服务业对人力资源的需求是其主要的限制条件，这一结果也与现实情况较为一致，而且侧面证实了香港的投资更多转向与服务业相关的产业。距离变量在1%情况下显著，可能有两个原因：一是香港对内地的投资，由于接壤广东以及在文化、语言等传统优势的影响下，加上CEPA的政策支持，相对其他国家具有明显的优势；二是来自香港的FDI对内地不同省份的投资可能会出现明显的区别，这可能是由于香港对内地的早期投资较多集中在珠三角地区，虽然在2000年之后呈现出明显的北上和内进趋势，但珠三角周边地区的先发优势依然在一定时期内得以延续。

综合来看，实证结果明显地支持了前文的判断。CEPA的实施效果，尤其是对内地吸引香港FDI的影响是正面的。

（三）稳健性检验

为了检验模型的稳健性，本文使用国家级数据再一次进行面板回归分析。由于香港的国家间投资统计数据更加细致，这里引入投资存量这一解释变量：*INV*为投资存量变量。由于投资可能是长期、分批进行的，因此，先前投资的存量对于今后投资可能会有较大的影响。模型中其他各项的含义均与上文相同，不再赘述。所用模型如下：

$$\ln FDI_{ijt} = \beta_0 + \beta_1 du + \beta_2 dt + \gamma du \times dt + \theta_1 \ln PGDP_{it} + \theta_2 \ln PGDP_{jt} + \theta_3 \ln TP_{it} + \theta_4 \ln TP_{jt} + \theta_5 \ln DIS_{ij} + \varepsilon_{ijt} \tag{3}$$

结果如表2的（2）所示。γ项仍然为正值，并在10%条件下显著，这更加有力地说明了CEPA对内地吸引香港FDI的正效应。香港真实GDP增长率在10%条件下显著，说明GDP的增长在整体上提高了香港的对外投资能力。香港是一个开放的小经济体，对外投资的意识很强，因此投资与GDP有较紧密的关系。而在省级的统计数据回归中并未明显出现显著则可能是由于内地各省存在差异性，其吸引的投资类型差异较大。投资存量的影响不显著，则表明新增的投资并不是简单扩大原有生产规模的再投资，更多的是将投资转向其他新的产业或者地区，这与现实情况也较为一致。

从港资投资内地排名前三的行业（资讯及通信业，投资及控股、地产、专业及商用服务，制造业）合计占投资总额比重的统计可以看出（见图3），香港对内地的投资集中度仍然较高，但是呈现出明显的下降趋势。考虑到香港还会进一步开放个人投资者进入内地，同时伴随CEPA开放范围的持续扩大，以及知识产权保护等条款的落实，香港对内地投资的领域将会更加广泛，这一分散化趋势今后还有加速的可能。香港对内地的投资范围将向更多产业延伸，将有利于其分散风险、保持收益水平，内地也会有更多行业因此受益。对原始模型（1）式进行回归分析，结果支持上述结论，见表2的（3）。

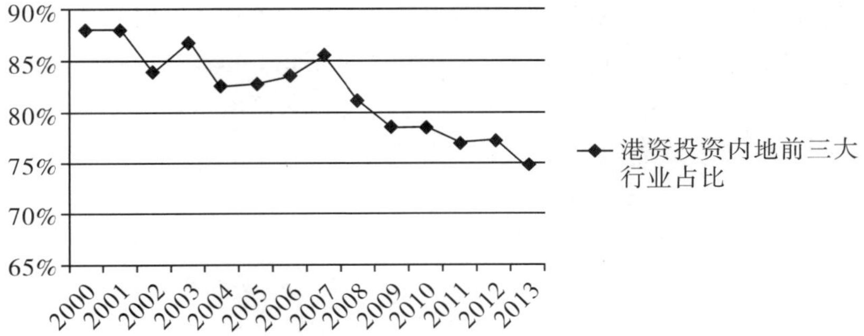

图3　港资投资内地前三大行业占比统计

数据来源：香港特别行政区政府统计处《对外直接投资统计》。

四、结论及政策建议

内地经过长期快速发展，居民可支配收入得到极大提升，相应地对产品和服务的需求水平也不断提高，形成了巨大的新兴市场。中国融入世界经济的脚步从未停歇，国内随着上海以及天津、广东、福建自由贸易试验区的设立，通过负面清单制度放开投资限制，显著提高了对外开放程度，未来对外资的吸引力将持续上升。从国际范围来看，中国在建自贸区20个，涉及32个国家和地区，其中，已签署自贸协定的13个，涉及20个国家和地区，表明中国在经济一体化方面迅速推进。CEPA及其补充协议是一个全面的经济一体化协议，也是香港签署的第一个区域一体化协议（张应武、徐丽苹，2014）。更好地推进和利用CEPA协议带来的便利，扩大对内地的对范围，对香港来说日益重要。

本文的研究显示，CEPA及其补充协议的签署促进了香港投资内地的力度，并扩大了香港对内地的投资范围，特别是打开了香港服务业进入内地市场的大门。无论从总体上还是行业数据上看，CEPA 生效后香港对内地的投资金额都在不断增长。CEPA 关于投资便利化的内容众多，加上补充协议不断地拓展和细化，达到了超越大部分区域经济一体化组织的水平。概括起来，对内地吸引香港 FDI 的流入影响最大的主要是以下三个方面：

一是放宽各行业的准入条件，尤其是以金融为代表的服务业。比如 CEPA 允许香港相关机构在内地设立合资证券投资咨询机构与期货公司，但持股比例不能超过 49%；香港交易所可在北京设立办事处，从事交易与结算的相关事项。在《补充协议十》中，内地允许港资机构在上海和深圳设立全牌照合资证券公司并进行控股经营，此外，在国内金融改革试验区可以设立控股的证券资讯公司。2012 年成立的广证恒生研究所就是在 CEPA 基础上成立的证券投资研究资讯机构。目前该研究所运行良好，是广州市越秀集团旗下重要的上市资源。首支由港资控股的基金公司“前海金控”也已在前海落户，控股方为香港重要的零售银行、基金分销商恒生银行，前海金控为中资出资方，这是首个在《补充协议十》的基础上落地的基金公司，提供港式的基金募集和资产管理业务。

除金融业以外，在航空运输与物流管理、海运报关、会展服务、教育医疗等众多领域，CEPA 及其补充协议都放宽了港资的投资范围并提高其持股比例，甚至允许大量香港独资企业进入，这必将扩大资源的配置空间，增强资本的流动性，为香港投资内地提供便利化条件。

二是加强知识产权保护。服务业主要的成本体现在人力资源方面，具体就是以知识产权、专利为代表的成本投入。CEPA 从《补充协议三》开始，就将知识产权保护作为协议的重要内容独立出来，比如允许香港公司在内地工商行政机构批准的情况下进行商标代理业务，降低香港企业商标申请的难度。此外，《补充协议八》也再一次强调在知识产权保护领域加强合作。

三是专业人员互认。CEPA 及其《补充协议八》对于在香港从业的会计师、律师等专业服务提供人员，允许其在符合相关考试规定的条件下参加内地专业资格考试。《补充协议五》还规定为香港人员在深圳和东莞提供专门的会计从业资格考试考场，以方便应试。通过考试的相关会计从业人员，可将在港工作经验叠加计入内地审计的工作经验中。《补充协议八》提出，双方继续深化内地房地产估价师、造价工程师与香港产业测量师、工料测量师的资格互认工作。通过这些和其他更多相关的努力，两岸在专业人员和标准上不断融合，为今后的经济整合提供便利。

以上三点，尤其是第一点的落实在目前的区域经济一体化协议中难得一见，现阶段主要的区域经济一体化组织在货物贸易降低关税方面达成了较多共识，尤其在WTO框架指导下，世界关税总体水平有了明显的下降，货物贸易在世界范围内因运输技术进步和保护壁垒减少而达到了空前的繁荣，“中国制造”也借此遍布全球。但是在服务贸易问题上，由于各国竞争力差距明显，发达国家与发展中国家存在的分歧较大，多哈回合谈判多年难以取得进展。CEPA最新成果中，香港与广东的服务贸易基本实现自由化，下一步将推进在内地更广阔范围内的服务贸易自由化。

至于投资便利化，仅仅在大部分区域一体化组织协议中作为谈判目标之一，少有具体措施和实施成果。CEPA与其补充协议，仅从定性来看，实现了指导纲领的落地和细化。将投资便利化作为补充协议的重要考虑部分，现实中也取得了明确的阶段性成果，出现了典型的投资案例。

对于内地而言，吸引高水平的外商直接投资流入，有利于维持经济中高速发展，实现产业升级和结构调整，尤其对于提升高端服务业的发展水平有重要的推动作用。两地都可以从CEPA的实施中获得巨大利益，因此双方都对CEPA寄予了很高的期待，也为此付出了不懈努力。但CEPA是一个全面的经济一体化协议，可以借鉴的先例较少，发展时间尚短，有待完善。比如，CEPA及其补充协议的便利化措施和准入清单虽然扩大了FDI的投资范围，特别是放宽了香港服务业进入内地市场的条件，但在具体实施过程中相关协议却存在“玻璃门”“弹簧门”的情况。例如CEPA对香港投资者身份的认定有较为严格的限制，对于跨国企业在香港设立的分支机构要求运营满三年才可申请享受优惠，此外还有其他的严格规定难以逾越。这就使得资本的流入总额受到了限制，尤其是考虑到香港是一个显著的外向型经济体，相关规定的执行成本较高，执行难度也比较大。

此外，现阶段CEPA主要关注的是降低市场准入门槛，在投资后期的待遇和投资人权益保护方面的具体规定较为欠缺，与NAFTA相比，在争端解决机制和企业权利维护方面还有一定差距。随着CEPA开放领域的不断扩大和深化，加强贸易投资便利化将成为CEPA有效实施的关键环节和强调的重点，这就需要通过对内地和香港的投资开放力度及其行业效应和地区效应进行进一步实证分析，解读香港服务业在内地投资的具体问题，并有针对性地采取措施加以解决。未来，随着股权投资的日益普遍，相关法律法规还会远远滞后于实践的需要。

基于以上的研究结果，本文提出以下建议：

第一，扩大宣传，提高推广力度，借鉴上海自贸区推广的负面清单制度。CEPA实施时间已经超过十年，但协议属于渐进式扩充，每年都有较大变化，这导致公众认知困难。因此，简化宣传内容、提高宣传力度对于提升公众认知水平、降低学习成本有极大的利处。同时，CEPA可以借鉴上海自贸区负面清单以及NAFTA服务业负面清单的经验，适时推出CEPA负面清单制度，这不仅可以扩大CEPA的作用范围，也可以省去频繁增加补充协议的谈判成本和学习成本。

第二，进一步加快服务业开放力度，尤其是推动金融业深化合作。目前，香港与广东地区已经基本实现了服务贸易自由化，接下来的重点是加快其在全国其他地区的推广。对于服务业也要进一步细化，加大对高端服务业，比如金融业的扶持力度，将金融合作作为服务贸易下一步的热点和重点，这对中国金融现代化有极大的促进作用。例如股权投资，尤其是以沪港通为代表的两地股市互相联通，既可以丰富两地居民的投资标的，又为企业融资模式的创新带来可能性。再如加强金融业合作，推动香港成为人民币离岸交易中心，可以有效地规避汇率风险，降低内地投资门槛。金融是经济的命脉，以金融业为突破口，将带动国内更多产业降低融资成本，使内地产业广为受益。

第三，优化准入条件，完善纠纷处理措施，保护双方合法权益。对于原产地或者投资者身份的确认，不仅要参考企业成立年限，还要考虑所在行业的具体情况，采用更加机动灵活的方式，可以考虑对资质较好的企业实行备案制。法律制度建设方面，在今后的谈判中要注意加强仲裁机构或者纠纷处理机构的建设，提供完善的法律保护和争端解决机制，设立双方都认可的仲裁机构，对争议进行快速调解，降低纠纷扩大的可能性。

美欧日主导的TPP协议和TTIP谈判正试图形成新的贸易和投资规则，而我国则被隔离在外。CEPA及其补充协议是目前我国最全面、最开放的区域贸易和投资协议，通过对CEPA协议下内地对港资的开放程度及其效应进行研究，能够对相关投资政策和制度进行更精准的解读和分析，为我国应对TPP的高水平开放，发展区域经济一体化，提高招商引资水平提供重要借鉴。

本文研究的范围较局限，希望今后可以获取更加丰富的数据，能够对各行业和地区提出更有针对性的建议。

参考文献：

[1] KINDLEBERGER C P. European integration and the international cor-

poration [J]. The columbia journal of world business, 1996, 1 (1).

[2] BALDWIN R E, FORSLID R & HAALAND J. Investment creation and investment diversion: Simudation analysis of the single market programme [R]. NBER working paper No. 534, 1995.

[3] DONNENFELD S. Regional blocs and foreign direct investment [J]. Review of international economics, 2003, 11 (5).

[4] BARTHEL, NEUMAYER F E. Competing for scarce foreign capital: Spatial dependence in the diffusion of double taxation treaties [J]. International studies quarterly, 2012, 56 (4).

[5] BERGER A, BUSSE M, NUNNENKAMP P, et al. Do trade and investment agreements lead to more FDI? Accounting of key provision inside the black box [J]. International economics and economic policy , 2013, 10 (2).

[6] NEUMAYER E, NUNNENKAMP P, ROY M. Are stricter investment rules contagious? Host country competition for foreign direct investment through international agreements [R]. WTO working paper, 2014.

[7] BLOMSTROM M, et al. Regional economic integration and foreign direct investment: The north American experience [R]. Working paper series in economics and finance No. 269, 1998.

[8] 兰天. 北美自由贸易区经济效应研究 [D]. 吉林: 吉林大学, 2011.

[9] BEND-NABENDE A, FORD J L, SLATER J R. The impact of FDI on the economic growth of the ASEAN-5 economies, 1970—1994: A comparative dynamic multiplier analysis from a small model with emphasis on liberalisation (department of economics) [R]. University of Birmingham in its series discussion papers with number 91 - 18, 1999.

[10] 郭宏. 东盟区域经济一体化及其贸易投资效应分析 [J]. 亚太经济, 2009 (5).

[11] HAN, YEO, YOON, et al. How will the China-Japan-Korea FTA affect the inward FDI to Korea [J]. Sungkyunkwan University, Korea and the world economy, 2004 (3 - 4).

[12] 孙薇, CEPA 为港资对大陆投资带来的前景 [J]. 管理世界, 2004 (12).

[13] 袁持平, 吴肯浩. 粤港澳直接投资的演进路径及其扩散效应——基于直接投资便利化的视角 [J]. 广东金融学院学报, 2006, 21

(2).

[14] 陈恩. 港商在内地和珠江三角洲投资的区位布局与实证研究[J]. 当代港澳研究，2012 (2).

[15] 吴献金，王莹莹. 中国内地吸引香港直接投资的因素分析 [J]. 湖南大学学报 (社会科学版)，2008 (3).

[16] 王静. CEPA 框架下香港对内地直接投资的引力模型分析 [J]. 当代经济管理，2012 (7).

[17] SWENSON D L. Why do developing countries sign BITs [J]. U. C. Davis journal of international law and policy，2005 (12).

[18] 王楠. 构建 CEPA 框架下内地与香港间投资协议的若干思考[J]. 云南大学学报 (法学版). 2013，26 (5).

[19] 华晓红，杨立强. 中国内地与香港 CEPA 效益评价 [J]. 国际贸易，2008 (11).

[20] 潘向东，廖进中，赖明勇. 制度因素与双边贸易：一项基于中国的经验研究 [J]. 世界经济，2004 (5).

[21] 赵雨霖，林光华. 中国与东盟 10 国双边农产品贸易流量与贸易潜力的分析——基于贸易引力模型的研究 [J]. 国际贸易问题，2008 (12).

[22] 张应武，徐丽苹. CEPA 促进了香港与内地的货物贸易吗？[J]. 国际经贸探索，2014 (2).

第三编　粤港合作

新时期粤港澳经济更紧密合作的基本趋向

杨 英[①]

改革开放三十多年来，粤港澳三地的经济在市场、资源及产业互补性的基础上，开展了多向度的合作，并迅速有效地推动了区域经济一体化的进程。目前，粤港澳的经济合作已处于谁也离不开谁的状态。[②] 但是，由于粤港澳经济合作的发展是在探索中的“一国两制”的环境中进行的，区域经济一体化一直深受内地与港澳之间不同经济运行机制的约束及影响，无法充分利用市场机制高效地整合资源。迄今为止，就连粤港澳区域经济合作的基本定位、分工与协作关系及合作机制等最为基本的问题，国内外学术文献都未能给出有效的思路与对策。在新的发展时期（特别是进入“十三五”之后），国家将通过实施“一带一路”战略及建设自由贸易区，加强对外拓展，以有效地融入世界经济体系。在此背景下，在国内外经济竞争日益激烈的今天，若再任由区域经济一体化无序地进行，粤港澳三地在国内外经济体系中的竞争力将难以得到有效提升，甚至会受到一定程度的削弱。基于这样的考虑，本文将从全球、国内外等多个层面对粤港澳经济合作趋向、定位、分工与协作和经济运行机制等问题进行系统探讨。

一、粤港澳区域经济一体化的基本定位

区域经济发展定位是对拟研究的区域在更高层面的区域职能及价值职能的发现。区域经济发展定位一般包括区域定性、定向、定形和定量四项主要内容。[③] 笔者认为，“定量”应属技术层面的问题，故而区域经济发展定位研究应集中在前三项。其中，“定性”指对区域发展具决定性意义的、能在区际经济发展中体现区域价值的角色选择；“定向”指按区域“定性”

---

① 杨英，暨南大学经济学院投资经济教研室主任，教授，主要研究方向为区域经济学及投资经济学。E-mail：tyangy@ jnu. edu. cn。

② 杨英. 基于市场路径的粤港澳区域经济一体化研究［J］. 华南师范大学学报（社会科学版），2014（5）.

③ 吴殿廷，宋金平，姜晔. 区域发展战略规划：理论、方法与实践［M］. 北京：中国农业大学出版社，2010.

的要求具体设定的包括区域发展方针、目标及战略模式等规定区域发展基本方向的项目；“定形”则为确定一个区域包括软、硬各方面的特色化观感体系。其中，区域“定性”是整个区域经济发展定位的“纲”，它规定了区域“定向”及区域“定形”的基本方向及路径，因而是后两者的着力点。区域“定性”的水平决定着整个区域定位质量的高低。因此，科学把握区域“定性”也就是抓住了整个区域定位的“牛鼻子”。

从区域经济学的学术逻辑看，粤港澳经济现有的发展状况已是国内经济发展水平最强势且可能在未来的世界经济体系中最具潜力的区域经济之一。因此，分析及定位粤港澳区域的经济发展，必须运用国际视野及相应的动态尺度。虽然学术界对粤港澳经济合作及区域发展的研究已有相当的时间，并已积累了较为丰富的文献，但对其基本定位的研究还很不清晰。① 在政府层面上，对粤港澳经济合作及区域发展定位较系统的研究始自2008年出台的《珠江三角洲地区改革发展规划纲要（2008—2020年）》（以下简称“珠三角规划纲要”）。由于其仅将已与珠三角经济高度一体化的港澳同泛珠、台湾、东盟等一样，都当成珠三角发展的外部合作对象，以及对区域经济定位的认识尚不到位，因而对粤港澳区域经济发展与合作的“定性”的界定并不完整，只用三段话进行表述：“坚持‘一国两制’方针，推进与港澳紧密合作、融合发展，共同打造亚太地区最具活力和国际竞争力的城市群”，“创新国际区域合作机制，全面提升经济国际化水平，完善内外联动、互利共赢、安全高效的开放型经济体系”和“形成以现代服务业和先进制造业为主的产业结构、具有世界先进水平的科技创新能力，分工合作、优势互补、全球最具核心竞争力的大都市圈之一”。而2011年出台的《广东省国民经济和社会发展第十二个五年规划纲要》对粤港澳合作则仅做了一般性的表述：“率先形成最具发展空间和增长潜力的世界级新经济区域。”这样的“定性”既不系统也欠具体，主要存在如下三个问题：一是“亚太地区最具活力和国际竞争力的城市群”与“全球最具核心竞争力的大都市圈之一”前后表述不一致，混用“城市群”和“大都市圈”概念；二是仅论及“大珠江三角洲”，而非粤港澳合作；三是没有具体指明粤港澳经济合作的区域特性。

① 陈瑞莲，杨爱平．论回归前后的粤港澳政府间关系［J］．中山大学学报（人文社会科学版），2004（1）；江璐明，张虹鸥，梁国昭．环珠江口与环东京湾地区产业发展及环境比较［J］．热带地理，2005（4）；封小云．CEPA框架下的服务业互动与发展［J］．珠江经济，2007（6）；智经研究中心．加速粤港经济整合，打造世界级珠三角都会区［R］．香港，2008；黄枝连．试论C>2+2+1：珠江口—粤港澳发展湾区［J］．中国经济特区研究，2008（1）．

2010年和2011年，广东省人民政府分别与港澳两个特别行政区签订《粤港合作框架协议》和《粤澳合作框架协议》，其中对粤港澳经济合作的发展定位涉及更多。《粤港合作框架协议》提出“推动粤港经济社会共同发展，促进与闽台、北部湾地区深度合作，深化与泛珠江三角洲等其他地区合作”的区域腹地概念，以及“率先建设在全国乃至亚洲具有较强引领作用、更具活力、发展潜力和国际竞争力的世界级新经济区域，具有更大空间和更强竞争力的金融合作区域，世界先进制造业和现代服务业基地，更低成本、更高效率的国际性现代流通经济圈，以及高端产业、高级人才以及优质资源集聚的世界级城市群”这一更为具体的区域“定性”。《粤澳合作框架协议》又进一步在粤港澳经济合作的区际市场拓展方面提出了“提升与欧盟、东盟及葡语国家等的合作水平”的定位。2015年12月发布的《中共广东省委关于制定国民经济和社会发展第十三个五年规划的建议》又提出，要将粤港澳“基本建成亚太地区最具竞争力的大珠江三角城市群，推动形成世界级制造业和服务业集聚区域”，明确了粤港及粤澳的产业及腹地空间，在一定程度上消除了在粤港澳经济合作的区域“定性”上存在的问题。但是对其区域“定性”还是没给予系统的揭示，区域的整体特性、区域的区际关系特征等均不十分清晰。

笔者认为，区域“定性”所要发现的“区域价值”必须包括区域的整体特征及区域功能等要素。从这一角度出发，新的发展时期，对粤港澳经济合作区域进行“定性”应该包含如下几个方面的内容：其一，研究区域应做到全覆盖，既应突出大珠三角这一核心区域主体，更要覆盖粤港澳三个区域范围，以体现区域的完整性和整体性。其二，区域辐射机制方面，以将粤港澳建设成“21世纪海上丝绸之路”的排头兵和主力军为方向，促使自身成为国家实施“一带一路”战略格局中海内外要素交汇的枢纽。其三，产业定位应以“一带一路”建设为核心。珠三角以至整个广东省已是国际上著名的“世界工厂”，且正在由“中国制造”向“中国制造2025”“中国智造”等“领头羊”角色转型；香港作为国际性多功能经济中心的地位不断提升①；澳门经济适度多元化之后现代服务业即将勃发②，由此，在CEPA框架下可以更充分地发掘并提升整个粤港澳地区高水平现代服务业体系的潜能。其四，对于区域功能的界定，则应充分考虑港澳的体制设计符合国际惯例，享有与世界经济市场体系高度对接的优势，以及广东（特别是前海、横琴和南沙三个自由贸易试验区）在国内改革开放方面先

① 杨英．香港经济新论［M］．广州：暨南大学出版社，2002：17－22．
② 杨英．澳门经济“适度多元化”与大珠三角一体化［J］．亚太经济，2012年（2）．

行一步的优势。除了要考虑在实施“一带一路”战略方面能与长江三角洲经济区及环渤海经济圈形成“三足鼎立”的局势，以及在对外和对内进行“双向”辐射及拓展的枢纽区域趋向外，还要考虑如何充分利用港澳独立关税区、发达的市场机制及其对 TPP 的可楔入性，以便能在 TPP 正式运行后，成为其所有成员国依法不对港澳制定歧视条款的制度条件，为中国突围 TPP 屏障提供特别通道。

基于上述分析，笔者将粤港澳在新发展时期中的经济合作的“定性”界定为：在贯彻“一国两制”方针，通过培育发达的市场机制，实现区域内要素便捷流动的基础上，将其建设成以港澳及前海、横琴、南沙三个自贸区的“体制洼地”优势为基点，作为与世界经济体系高度对接的平台的亚太地区的最具活力和国际竞争力的大珠三角城市群为核心圈的，以中国南部为依托的面向全世界、辐射全国的，与长江三角洲经济区及环渤海经济圈形成合理分工与协作关系的，以世界级先进制造业和现代服务业集聚区域所构成的开放型经济体系及“一带一路”建设的排头兵、主力军和国内外服务基地。

二、粤港澳经济的分工与协作

区域内不同地区的合理分工与协作是推动区域总体健康发展的极为重要的前提。所谓区域分工，是指在科学合理地确定区域发展的基本定向后，区域内不同地区（即“次区域”）在区域总体发展定位的框架下，根据自身的区位特点及资源禀赋状况寻求各自的经济及产业所的侧重的发展安排。区域分工合理化自然又是促进及推动区域之间有效地开展协作的基础。

区域经济学视角是从“块块”和“条条”两个基本向度考察区域经济分工与协作问题的。其基本的研究思路是按区域总体定向的基本要求，一是通过经济区划工作，对区域内不同的“块块”，即区域内的次区域，进行相对细化的定位，指明其在区域中具体扮演的区域职能；二是通过产业布局研究，对区域内不同的“条条”，即产业，进行较为具体的布局安排。

推进粤港澳经济区域一体化及健康发展，就必须在粤港澳三地间进行合理的区域分工。改革开放之后，粤港澳的区域分工很长一段时间是基于降低生产成本以提升港澳的出口竞争力的目的开展起来的，因此受“有限要素互补性合作”机制驱动，呈港澳与广东之间“前店后厂”的分工模式。新世纪前后，受国际竞争日趋剧烈的环境影响，粤港澳逐步转由“全面要素互补性合作”机制驱动，促使港澳经济不断地向国际性高端服务业集中，而广东的经济则更多地着力于提升制造业的技术含量及发展生产性服务业。①《珠三角规划纲要》等上述多个文件也较具体地对粤港澳经济的合理分工作了基本谋划。如在“块块”方面，明确珠三角及广东要“坚持高端发展的战略取向，建设自主创新新高地，打造若干规模和水平居世界前列的先进制造产业基地，培育一批具有国际竞争力的世界级企业和品牌，发展与香港国际金融中心相配套的现代服务业体系；建设与港澳地区错位发展的国际航运、物流、贸易、会展、旅游和创新中心”；粤港澳共同规划建设环珠江口“湾区”及南沙、前海、横琴三个自贸区和深港边界区、珠澳跨境合作区等功能区；粤东、西、北地区也开始致力于培育新增长极；② 明确提出继续支持香港发展金融、航运、物流、旅游、专业服务、资讯和其他高增值服务业，以及建设离岸人民币业务中心和国际资产管理中心、高价值货物存货管理及区域分销中心，巩固和提升香港国际金融、贸易、航运中心的地位，增强金融中心的全球影响力；支持澳门建设世界旅游休闲中心及中国与葡语国家商贸合作服务平台。在“条条”方面，提出“全力支持在珠江三角洲地区的港澳延伸产业链条，向现代服务业和先进制造业发展，实现转型升级”，支持港澳增强产业创新能力，加快培育新的经济增长点，推动经济社会协调发展；支持香港环保、医疗服务、教育服务、检测和认证、创新科技、文化创意等优势产业的发展，拓展合作领域和服务范围；支持澳门推动经济适度多元化，加快发展休闲旅游、会展商务、中医药、教育服务、文化创意等产业；“支持港澳地区银行人民币业务稳健发展，开展对港澳地区贸易项下使用人民币计价、结算试点”，支持发展珠江三角洲区域的循环经济产业。然而，由于受区域协作机制及内地“诸侯经济”体制的影响，地方官员时打本位“小算盘”，城市规划仅从政绩及自身本位考虑，各地互不信任、画地为牢，随意更改发展规划及不执行既定区域经济一体化规划的现象时有发生，导致低水平重复建设、产能严重过剩及各地无序竞争等，从而影响了区域间的合理分工与协作。③

在新的发展时期，粤港澳必须在市场体制有效覆盖整个粤港澳区域、保障经济要素按市场机制自由流动的基础上，按如下思路合理开展经济分工与协作。

---

① 杨英. 香港经济新论［M］. 广州：暨南大学出版社，2002：141－145.

② 杨英. 启动“复合驱动”模式推动广东区域协调发展及持续发展［J］. 中国发展，2014（1）.

③ 杨英. 基于市场路径的粤港澳区域经济一体化研究［J］. 华南师范大学学报（社会科学版），2014（5）.

“块块”即次区域分工与协作，必须解决好四组关系。一是珠三角内部各市之间的关系。这是构建粤港澳经济分工与协作的最基本的前提，若不解决，则粤港澳经济合作无从谈起。解决这一问题的着力点可以遵循目前多地已经启动的“同城化”的路径，促使珠三角各市按《珠三角规划纲要》的要求进行分工与协作。尽快按市场经济发展的要求，在深化“广佛肇”“深莞惠”和“珠中江”三个片区“同城化”的基础上，推进并实现珠三角的完全一体化。二是珠三角与港澳之间的关系。这是粤港澳经济合作的核心问题。就目前的情况看，如何更客观地认识及充分利用港澳自由港发达的市场经济体系以及香港的国际性多功能经济中心地位，构建以香港为龙头的地域经济体系，是解决此问题的着力点。三是珠三角与环珠三角之间的关系。理顺这一关系可以着力于使粤东、西、北地区为粤港澳经济合作建造新的经济增长“驱动器”，并为大珠江三角洲的发展提供资源及配套建设的支持。① 四是自由贸易试验区与粤港澳全域的关系。由于粤港澳存在“一国两制”及分属不同关税区的制度屏障，自由贸易试验区应按国际惯例构建经济运行机制。一方面，在体制改革上先行先试，探索市场经济发展所要求的制度环境，尽快“复制”并向广东全省推广，以优化推进粤港澳经济合作的软环境；另一方面，打造港澳在经济拓展上“楔入”广东省的高端合作平台。

“条条”即合理布局产业，必须解决好四个问题：一是统筹整合并布局粤港澳基础设施及产业，以防止各地各自为政，促使三地基础设施建设体系化，为推进粤港澳更紧密合作奠定高水平的硬件环境基础。二是充分认识及利用香港完善的体制环境以及产业基础，明确以香港为龙头建设国际性金融、贸易、旅游会展、航运、信息中心产业体系。三是集中于港澳、自由贸易试验区、高新区等高层级的经济功能区及中心城市布局战略性新兴产业。四是重视提升粤东、西、北的投资环境，力求改变其仅局限于发展低端产业的状况，培育能同建粤港澳经济体系的新的产业增长极。

三、粤港澳区域经济合作机制

区域经济合作机制是指不同区域的经济进行相互交流、对接以至相互融合的相关制度及相应的运作方式。目前，粤港澳经济体差异明显：粤港澳分属三个不同的关税区（港澳均为独立关税区）；国家对港澳实施“一国两制”

① 杨英．启动“复合驱动”模式推动广东区域协调发展及持续发展［J］．中国发展，2014（1）．

造成了制度和体制差异；三地使用不同的货币；港澳作为自由港实行高度开放的自由经济政策体系，而广东的市场经济体制相对滞后。虽然《珠三角规划纲要》等文件（特别是于2014年12月分别签署的《CEPA关于内地在广东与香港基本实现服务贸易自由化的协议》和《CEPA关于内地在广东与澳门基本实现服务贸易自由化的协议》）提出了支持粤港澳三地在中央有关部门的指导下，扩大就合作事宜进行自主协商的范围；鼓励在协商一致的前提下，共同编制区域合作规划；完善粤港、粤澳行政首长联席会议机制，增强联席会议推动合作的实际效用；坚持市场为主、政府引导的原则，进一步发挥企业和社会组织的作用，鼓励学术界、工商界建立多形式的交流合作机制，且已取得了一定的成效。但广东省因走出“计划体制”的时间不长，在市场经济体制建设上尚不十分完善，因而粤港澳之间一些投资领域尚在一定程度上存在着到底围绕“市场”转还是围绕“市长”转的差别，使三地的经贸合作存在着制度、体制差异及政策障碍，引发偏高的交易成本：作为“世界工厂”运营的国际性服务中心的香港，其向广东辐射时无法完全遵循市场经济规律进行，而必须跨越不同的行政管理“边界”，从而降低了区域整合的效率。①

2016年3月出台的《中共中央关于制定国民经济和社会发展第十三个五年规划纲要》将全面建设小康社会及深化体制改革为基本着力点。而推进“一带一路”建设必将是粤港澳经济合作的重要使命之一。因此，在新的发展时期中，从构建更合理的经济分工与协作关系，以进一步推进粤港澳经济更紧密合作这一要求出发，三地的经济运行机制必须进行全面、系统的对接。从经济运行机制对接的基本内涵看，粤港澳经济运行机制的对接可以考虑三种方式：一是促进港澳经济运行机制与广东对接，即通过所谓的推动港澳的“内地化”来实现对接；二是推动广东经济运行机制与港澳（主要是香港）对接，以促进广东与国际化经济运行机制的对接；三是广东与港澳均按现代市场经济发展的基本方向及相应的要求，促使经济运行机制能在某个节点上进行相互对接、实现双向融合。由于市场经济都具共同的本质特征，不管是实行何种社会制度，只要是发展市场经济，都要遵循共同的规律，建立起以市场机制为基础的经济运行机制。粤港澳只有按市场经济发展的要求，在更高的层面上对接经济运行机制，才能真正推动经济更为紧密的合作，并构建具有较强国际竞争力的区域经济合作体系。考虑到在经济运行机制方面，广东因尚存在着明显的“计划经济”印迹，而港澳则有实施“积极不干

① 杨英，张守哲．区域治理视角下粤港澳经济运行机制对接的基本思路［J］．中国发展，2012（2）．

预主义”政策之不足，采用前述两种方式实行粤港澳经济运行机制对接均不理想。因此，提议粤港澳三地经济运行机制的对接采用第三种方式，即在按现代市场经济发展的基本方向及相应的要求所设定的新平台上进行相互对接、实现双向融合。其中，广东在市场经济体制的建设（包括市场机制、法律规范及中介组织的培育等方面）上应更多地在向港澳学习，在借鉴其有益经验的基础上实现与港澳的对接；而政府对市场的干预方面的相关机制建设则应在三地共同探讨的基础上给予定夺与构筑。①

基于这样的考虑，粤港澳三地的经济运行机制对接可采取相应的对策措施。一是由国家统筹制订《粤港澳经济合作规划》，为粤港澳经济运行机制的全面对接提供基本方向及着力点。二是为促进粤港澳经济运行机制对接，广东应该更多地通过向港澳学习并移植其较为成熟的以市场机制为核心的相关经济运行机制。如针对目前粤港澳合作中存在的政府对经济过度干预的弊端，应尽快转变政府职能，打造服务型、有限型政府；在逐步完善经济运行机制建设的同时，基于靠“红头文件”及部门规章是营造不出现代服务业所要求的稳定有序的投资环境的逻辑，积极稳步地推进规范经济运行的具体制度（如市场准入制度、外汇制度、财税制度、规范的政府运作制度等）建设。三是探索港澳经济运行机制的适度转型基本路向。如针对港澳的经济运行机制存在着与实行自由港制度伴生而来的政府对宏观经济调控乏力的问题，要求其着力探索及构建与自由港制度环境相适应的，既不影响自由港的高效运作，又能够有效增强自身抗击世界经济波动所造成的冲击的宏观经济调控模式。四是优化现有的合作机制。在现有的高层会晤、联席会议制度、专责小组和粤港澳合作统筹机构的基础上，将分属的粤港合作联席会议和粤澳合作联席会议整合成“粤港澳合作联席会议”，以使这一机制更具整体性。同时，考虑到粤港澳区域经济一体化是国家发展战略的一个重要内容，建议从国家层面成立由国务院主管副总理任组长、粤港澳三地首长和国务院有关部委负责人为成员的“粤港澳区域一体化领导小组”，以更有效协调粤港澳在推进经济更紧密合作方面出现的问题，促使国家各主管部门出台的政策能有效地协调。

---

① 杨英，张守哲. 区域治理视角下粤港澳经济运行机制对接的基本思路［J］. 中国发展，2012（2）.

加快深化粤港创新合作之建言①

——《信报》专栏文章六则

左　正②

香港回归祖国已二十周年。自回归以来，香港在祖国怀抱里，与全国13亿同胞共同努力，先后抵御了亚洲金融风暴的疾风骤雨和“非典”的侵袭，也经历了多次经济波动，以及“自由行”“政制发展”和“占中”等风风雨雨，虽不乏艰难曲折，但前途光明。700万港人以其聪明才智，在保持香港继续繁荣发展的同时，也发挥着其在中国和平崛起进程中的“独特优势”。

在这一进程中，香港在CEPA政策框架下，不断加深与内地的合作，尤其与毗邻的广东省全面紧密合作，不仅推动了香港与珠三角“前店后厂”合作模式的升级，也促进了广东的产业结构转型，更孕育了世界级的大珠三角城市群。随着港珠澳大桥通车和“深中”通道开建，广东自贸区和深圳、广州等珠三角自主创新示范区加快建设，必将推动粤港澳大湾区经济进一步发展，使之成为引领华南地区乃至中国南部发展的龙头，在国家推进“一带一路”战略中发挥更大的作用。

本文缘起2003年，笔者受香港理工大学中国商业中心主任陈文鸿博士聘请，为该校学生讲授“中国研读”课程之“中国经济地理：区域发展与竞争”（课程编号：GEC2803），在港任教期间与香港理工大学同事合作，轮流在香港《信报》“珠三角都会区发展论丛”专栏上撰写每篇两三千字的评论文章，几年下来笔者不觉间竟也写了四五十篇。现应特区所钟韵老师所约，特选取有关自贸区和“一带一路”等文章六篇辑录成文。为窥见当年撰文时的认识水平和局限，除个别字句外均按原文辑录，并以刊出时的文章题目作为本文的各小节标题，发表日期也在文末标注以便查对。

① 文中所引用的数据和资料，除特别注明外，均来源于历年的《广东国民经济和社会发展统计公报》及《广东统计年鉴》（中国统计出版社），《港澳经济年鉴》（国务院港澳办《港澳经济年鉴》社），《香港政府年报》（香港政府新闻处）等公开出版物。

② 左正，暨南大学经济学院特区港澳经济研究所副教授，主要研究方向为区域与城市经济、特区港澳经济等。E-mail：zuozh2011@163.com。

一、共建粤港澳自贸区是粤港合作新机遇

2013年9月29日，上海自贸区挂牌成立。而此前两天，国务院已正式颁布了《中国（上海）自由贸易试验区总体方案》，提出上海自贸区设立的五大主要任务是：加快政府职能的转变，扩大投资领域的开放，推进贸易发展方式的转变，深化金融领域的开放创新，完善法制领域的制度保障。

其中，最受关注的是深化金融领域的开放创新。市场期待已久的两项金融基础制度——人民币资本项目可兑换、金融市场利率市场化，将在自贸区得以加快建设步伐并率先落地。方案强调，要在未来两到三年内，在自贸区加快金融制度的创新，增强金融服务功能。此外，探索建立“负面清单”的管理模式、改革境外投资管理方式以及实施“一线放开、二线管住”的创新监管范围模式等，都被视为是具有里程碑意义的重大改革，标志着中国经济由此开启了新的篇章。

（一）自贸区是加快改革的样本

设立上海自贸区对内地进一步改革开放有着重大意义。首先是目前全球经贸格局正面临新一轮的分化和洗牌，中国面临所谓“二次入世”的挑战：以美国为首的经济强国开始力推新一代经贸规则，自2009年以来美国积极参与并主导的《泛太平洋经济战略伙伴关系协定》（TPP）和2013年年初欧美推出的《跨大西洋贸易与投资伙伴关系协定》（TTIP）谈判，这两大贸易协定的谈判都不包括中国。美国当初力推TPP时要价很高，就是刻意要排除中国。面对未来全球经贸规则和格局的可能改变，中国面临着被边缘化的危险，故推出上海自贸区，探索建立“负面清单”管理模式等来应对，这是中国顺应全球经贸发展新趋势，实施积极主动对外开放战略的一项重大举措。

其次，从中国内部自身的因素看，经过三十多年改革开放，中国经济本身也进入转型升级的转折期，在国际需求疲弱而国内用工成本不断升高导致产业转移的情况下，加上内地长期实行严厉的计划生育政策，人口老龄化趋势日益凸显，其在低端制造业的优势将会迅速消失，但又未能在高端制造业方面确立优势，更缺少具有优势的企业和品牌，所谓“两头不到岸”将导致产业空心化，造成增长停滞。

要避免陷入这种所谓“中等收入陷阱”，就必须鼓励创新，加快经济

结构的转型升级，以及适应全球服务贸易发展的新规则PTA（全球FTA与优惠贸易协定）。改革开放之初，经济特区曾是我们打开国门与世界交流的视窗，今天我们需要有新的视窗和动力来支持深化改革和发展，自贸区或许就是最好的样本选择，可在此推进新一轮的改革试验。

（二）自贸区"红利"及效应

自贸区的设立无论对上海还是中国的经济发展都是一个重大利好。对上海而言是以开放促改革的又一次尝试，必然会把中国的改革推向一个新的阶段，正如20世纪80年代深圳经济特区的建立，接着是90年代浦东的开放，其后是新世纪中国加入WTO，自贸区必定会是中国改革开放的"4.0"版。

具体而言，自贸区给上海带来的"红利"，首先是会有更多的贸易活动和高端服务业集聚到上海，这对推动其尽快完成经济转型升级非常关键。利用自贸区这种更为高级的自由贸易功能，包括对加工制造带动的功能，可为上海及长三角乃至全国做出示范效应。其次，促进上海金融机构更快更好地与国际接轨，实现建设世界一流国际金融中心的梦想，并凭借各项配套政策资源集中的优势，打造一批具有强大承载功能和影响力的城市发展平台，集聚辐射各种高端资源，使之成为上海发展的突破口，引领其迈向世界城市。

自贸区"红利"也给全国各地带来极大的示范效应，它们纷纷向国家争取设立自贸区。早在此前，已有天津、重庆、广东、厦门、舟山等地积极向中央申报自贸区试点，都想享受自贸区带来的政策红利。像重庆就提出要建一个不同于上海的立足于货物贸易的内陆型自贸区，自称是"中国保税区的升级版"。武汉也在上海自贸区获批后，申建内陆最大的"武汉江北综合保税区"，作为其迈向申请自贸区的重要"地基"。

（三）粤港合作共建自贸区

以上各地的申报中，最有希望、也最应获批的当属广东。理由很简单：第一，广东是全国"排头兵"，不仅人口规模、经济总量、增速等均排全国首位，还有各种开放形式，包括：经济特区全国建立最早、数量最多；六个国家级新区之一；各种高新区、开发区、保税区数量全国第一；广州是全国五个国家中心城市之一且是唯一的非直辖市；全国三大空港枢纽之一；亚洲第二、全国最大的铁路客运枢纽站等。

第二，从地理位置看，广东除了位于大陆岸线靠南端，海运航线离欧洲最近，是南北交通终点与沿海交通的交会点等自然地理特征外，其最大的地理区位优势是毗邻港澳。常言道："粤港唇齿相依。"翁海颖研究员文中的"少了香港的广东，只是中国的一个沿海经济强省，与江苏、山东差异不大；没了广东的香港，只是孤掌难鸣的人口密集城市"① 这一话语，对两地经济关系描述得非常到位。

事实上，自 CEPA 签订以来，粤港合作已取得较好成效。2013 年 8 月《CEPA 补充协议十》正式签署，累计对港服务业开放先行先试政策达 79 项，约 400 多条措施，港资银行已在粤设立营业性机构 152 家，6 家香港银行在粤设立异地支行 58 家，100 名香港建筑专业人士已在粤成功注册执业，22 家香港律师事务所在粤设立代表机构。2012 年，广东与香港服务贸易进出口总额 554.6 亿美元，比 2011 年增长 40.6%，而 2013 年仅上半年就达 507 亿美元，接近 2012 年全年水平，增幅达 70%。粤港合作成效显著，尤其是在银行、证券、建筑、法律、会计等专业服务领域对港澳开放取得明显进步。

上海自贸区的设立，短期内不会对香港构成多大威胁，但长期看，如伴随国内银行业人民币离岸业务的发展，满足了人才的需求以后，香港的优势可能就会减弱，除非香港能不断提升其金融业态服务，向财富金融方向发展。如果粤港能够合作携手共建一个以深圳前海、广州南沙、珠海横琴三大新区为基点，联合港澳的区域性粤港澳自贸区的话，将是一个极好的改革样本，可以充分发挥港澳在国际经济中的突出地位和优势，实施各项自贸区政策，包括在现有 CEPA "正面清单"优惠基础上建立"负面清单"的外商投资管理模式，推动更多高端资源向自贸区集聚，让香港高端服务业发展获得新空间和新平台，以此带动珠三角乃至华南地区经济结构的转型升级等，此乃粤港合作达成双赢的新机遇。

二、共建粤港澳自贸区的挑战与机遇

中共十八届三中全会通过的《中共中央关于全面深化改革若干重大问题的决定》（以下简称"决定"）指出：要选择若干具备条件的地方发展自由贸易园（港）区；坚持世界贸易体制规则，坚持双边、多边，区域、次区域开放合作，扩大同各国、各地区的利益汇合点，以周边为基础加快实施自由贸易区战略，形成面向全球的高标准自由贸易区网络，并扩大对

---

① 翁海颖．沪推自贸区改革，考验粤港合作［N］．信报，2013－10－21。

港澳台地区的开放合作。

这是中央继批准建立上海自贸区试点后，正式在全国部署加快实施自贸区战略的措施，显示中央为适应经济全球化的新形势，以开放促改革来推进全面深化改革，构建开放型经济新体制的决心。随着今后中央批准“具备条件的地方”设立新的自贸园（港）区，自贸区的全国蓝图将被逐步绘画出来。

（一）上海自贸区的挑战

上海自贸区自2013年9月29日挂牌以来，一直吸引着国内外乃至全球的目光，粤港两地各界更是高度关注，原因当然与此政策的“改革风向标”作用带来的巨大影响有关。对号称“中国改革开放排头兵”的广东而言，上海自贸区的设立使其面临着“先行一步”的区域开放优势不断衰减的压力。珠三角本来在市场规模、资源禀赋以及人才优势等方面与长三角相比就已经“先天不足”，再加上上海自贸区的政策优势（其实更多的是体制、规则的改革优势）的多重吸引下，外商投资者很有可能会“弃粤奔沪”，蜂拥至上海和长三角，这对广东、尤其是正在意图通过转型升级加速发展的珠三角地区，特别是前海、南沙等几个新区的招商引资将造成巨大的冲击。

上海自贸区在金融范畴方面的改革，会给香港带来巨大的竞争压力。从上海自贸区总体方案来看，最受关注的是金融领域的开放创新，未来两到三年内，将在自贸区加快金融制度创新，增强金融服务功能。业界认为，市场期待已久的两项金融基础制度——人民币资本项目可兑换、金融市场利率市场化，将会在自贸区加快建设步伐并率先落地。目前，央行已对外发布了《中国人民银行关于金融支持中国（上海）自由贸易试验区建设的意见》（以下简称“意见”），表明自贸区的金融创新已快速起步。金融创新既是中央政府的着力点，亦是香港的龙头产业所在，港人不无担心上海自贸区金融投资市场自由化后，外资可能直接转投上海，使香港金融中介地位下降，削弱香港国际金融中心的竞争力。

此外，上海自贸区在扩大服务业开放方面，选择金融、航运、商贸、专业、文化以及社会六大服务领域的18个服务子项及多达23条开放措施，采取暂停或取消投资者资质要求、股比限制、经营范围限制等准入限制措施，营造有利于各类投资者平等准入的市场环境，都对已在CEPA框架下“先行先试”服务贸易改革多年、虽有进展但仍处于“大门已开、小门紧闭”状态的粤港合作，构成了颇具压力的挑战和危机，警示粤港合作犹如逆水行舟，不进则退矣！

（二）粤港澳自贸区的机遇

化危为机的出路是粤港澳三地携手共建自贸区，争取在广东三个国家级经济新区的基础上，在 CEPA 框架下，共建开放程度更高、主要面向港澳的区域性自贸区——粤港澳自贸区。对广东而言，这样就能：一是扩大开放，深化粤港澳的合作，率先构建广东开放型经济新体制；二是创新体制，全面深化改革，转变政府职能，实行世界贸易体制规则，建立国际化和法治化的营商环境，实现习近平总书记代表中央对广东“三个定位、两个率先”的要求。

对港澳而言，首先是可以大大拓展各自的发展空间，在国内新一轮重大改革开放的机遇中寻求更多、更大的合作商机，促进区域经济一体化的发展，同时也巩固各自在区域发展中的独特优势，保持港澳地区的社会持续繁荣稳定；其次是港澳可以利用自身较成熟的市场机制和制度、人才等优势，帮助广东实现经济转型升级，坚持通行的世界贸易体制规则，共同打造世界级的粤港澳经济区，实现三方的“共赢”。

粤港澳共建自贸区不仅是机遇且具可行性。按李克强总理的构想，落户上海的首个自贸区，承担着“打造中国经济升级版”的示范作用，但不等于所有改革试验都要在上海自贸区 28 平方公里内“先行先试”，它也不可能承担这样的任务。所以三中全会的《决定》提出，“要选择若干具备条件的地方发展自由贸易园（港）区”，加快实施自贸区战略，尤其要扩大对港澳台地区的开放合作。那么，设置粤港澳自贸区就顺理成章。

（三）自贸区的“经济升级版”

若仔细研究上海自贸区已公布的方案，包括那张长长的“负面清单”以及央行的金融支持《意见》就会发现，实际开放的力度并没有人们原来预想的那样大。如央行《意见》最大的看点在于账户分类，但打通的前提是“条件成熟”，如何才能“成熟”？还需采取分类和分步走的策略，总体仍然谨慎放不开。所以其对香港的冲击还不至于太快，反而是香港离岸人民币市场的巨大机遇之所在。

再以“负面清单”为例，罗列的特别措施共 190 项，其中禁止类 38 项、限制类 152 项，对比全国实行的《外商投资产业指导目录》，完全沿袭其禁止或限制外资进入的 21 项，沿袭但有修改的 55 项，另外的 110 多项是新增加进来的。据说，在该方案制定的过程中，中央各部委提出的修改意见多达63条，可见中国改革之路的艰难。

好在中国疆域辽阔，不会只有一个自贸区，在不同的区域内按照地区优势，围绕“打造中国经济升级版”就可以做很多试验。如CEPA在开放服务贸易遇到的“小门紧闭”问题，可能就是相关部门怕完全打开对内地冲击范围太大所致。但若只在粤港澳自贸区的有限范围内，比如在广东的前海、横琴和南沙三个片区内，加起来也不到1 000平方公里，在CEPA已有优惠措施的基础上实施“负面清单”管理措施，主要面向港澳实行更高程度（即制度、规则的改革和创新）的开放，“先行先试”把“大小门”全打开又何妨？如果连这点勇气都没有，又怎能坚持世界贸易体制规则呢？

商务部新闻发言人姚坚在“自贸区建设”专题新闻发布会上，介绍目前我国正在建设的18个与其他国家签订的自贸区时指出，这有别于国内正全力建设的上海自贸区及各地正在申报的自贸区，后者是近期国家深化改革开放的一个重点内容，是在特定的区域里自主开放的一个手段。粤港澳自贸区也应如此。据悉，广东已进行了超过半年的深入调研和论证，并已初步与港澳政府进行接洽与沟通，粤港澳自贸区应成为深化粤港澳合作的“升级版”，进而成为“中国经济升级版”的区域之一。

三、粤港共创“海上丝绸之路”战略新局

2015年全国两会上，“一带一路”战略成为热点议题。李克强总理的政府工作报告提出实施新一轮高水平对外开放，包括要推进“丝绸之路”经济带和21世纪“海上丝绸之路”建设，构建全方位对外开放新格局，拓展区域发展新空间。这将为地处“海上丝绸之路”前沿的粤港澳地区带来新的发展机遇。

改革开放三十多年，中国对外开放以发展外向型经济的模式，即“招商引资+出口”的“双轮驱动”，成功地转变为世界第一出口大国和外汇储备大国，并推动中国从计划经济向市场经济转变，成长为全球第二大经济体，广东与港澳“前店后厂”合作创造的“珠三角奇迹”就是其中最成功的表现之一。但近年这种外向型经济赖以生存的国际环境已发生变化，尤其是全球金融危机后世界经济格局重组，亚太地区建立的TPP就不包括中国，这使我们在国际贸易中面临被边缘化的威胁，建设“海上丝绸之路”是应对这一挑战的最佳战略。

（一）加工贸易企业外移

回顾以往三十多年，中国对外贸易的重点是商品输出，重头戏是加工贸易出口，其增长对拉动 GDP 曾有重要做用。但是，当中国开始成为庞大的经济体后，随着劳动力成本提高和土地价格飙升，加工贸易企业开始出现外移。虽然近年来中国外贸整体仍保持着较快增长，但加工贸易的增长却在减缓，其中加工贸易出口所占比重 2014 年已降到了 30% 左右，2015 年还会继续下降，这是不可逆转的趋势。

广东和港澳地区对此感受更深，广东加工贸易最多时曾占全国半壁江山，现今仍居 1/3 有多。加工贸易为广东经济高速增长和广东省成为中国经济第一大省立下汗马功劳。但最近两年广东加工贸易却一直处于负增长状态，从 2013 年的 -0.4% 到 2014 年的 -0.9%，出口比重已从 2010 年的 61.8% 下降到 2014 年的 49.6%，减少到不足一半的水平；加工贸易企业向外转移的速度和数量也多于全国，而珠三角地区劳动密集型的港企也早已几乎是“全线撤退”了。事实上，除了劳动力成本和土地、资源价格等制约因素外，科技革命浪潮使蓝领工人的需求量减少，互联网技术让全球资源配置变得更加便利，全球化开始出现本土化的趋势，企业回归本国等，都意味着中国过去用低成本参与国际分工的时代结束了，未来中国对外贸易要多用资本输出的方式，才能带动产业、人才、服务、设备等在全球布局，创建一个共享发展的合作新模式。

“海上丝绸之路”战略正契合这一新的发展需求。其连接东亚、南亚，沟通太平洋与印度洋，是地缘上的“大亚太”区域，且沿线涉及 20 多个国家和地区，覆盖近 30 亿人口，经济规模超 10 万亿美元，将为我国打造一个新的国际合作开放格局。

（二）自贸区将成战略支点

广东是“海上丝绸之路”最早的发源地，应在 21 世纪的“海上丝绸之路”中扮演一个重要的角色。广东仅与东盟十国的贸易往来，2014 年就已达1 120多亿美元，在打造中国—东盟自贸区（FTA，国家间的自贸区，解决国与国的贸易、投资便利化等问题，应成为“海上丝绸之路”沿线国家合作重要方式）升级版中占重要地位。

广东目前已经拥有国家批准的广东自贸试验区（FTZ，自由贸易园区，主要是“境内关外”的概念，解决货物转口、转运、拆拼箱、保税贸易、加工等业务），包括广州南沙、深圳前海蛇口和珠海横琴三个片区。李克强总理在2015年政府工作报告中已经提到，要把“一带一路”建设与区域开发开放结合起来，并将“一带一路”与自贸区建设都列为构建全方位对外开放新格局的内容。

如果说，“海上丝绸之路”战略是从构建对外开放新格局的高度出发，要做到“政策沟通、道路联通、贸易畅通、货币流通、民心相通”，而自贸试验区在“投资自由化、贸易便利化、金融国际化、行政管理简化”四个具体方面的先行先试，则有利于成为“海上丝绸之路”战略在国内的载体和重要支点。因此，要尽快推进广东自贸试验区建设与“海上丝绸之路”战略接轨。尤其是广州南沙自贸区，既是国家级新区，有300多平方公里的可建设用地，又是广东自贸试验区中最大的片区，“双区”优势叠加并且区域面积大，区位优势非常明显；同时它还是一个国际大港，广州港自秦以来就是我国唯一没有关闭过的通关口岸，加快建设国际航运中心更是对“海上丝绸之路”战略的强力支撑。

（三）合作胜过“单打独斗”

粤港澳深度合作，把广东的优势与港澳结合起来，是开创“海上丝绸之路”战略新局的必由之道。尤其是香港作为国际金融中心，能够为推进“海上丝绸之路”战略提供项目融资及投资管理、推广等高端金融服务，这是广东未来资本输出中最薄弱的环节；以及香港优质的专业服务，如会计、法律、教育及人才储备等，这也是广东产业转型升级和今后企业对外扩张所亟须的。因此，粤港携手就能够合作共赢，一定不要各自“单打独斗”，更要避免在国际金融中心、国际航运中心（包括空港）等地位上所谓“必有一争”的后果。如何携手？有两个提议：

一是打造新“9＋2”特大城市带。由粤港两地政府牵头，把环绕着珠江河口地带分布的珠三角九个市和港、澳两个特别行政区联合起来，组成“环珠湾区特大城市群”（或称“特大都市带”）。这11个城市组合的经济规模接近1.5万亿美元，进出口贸易额可达2万多亿美元，实乃我国以至世界最重要的经济发达区域之一，有着特殊的共同历史、地理、人文及经贸分工等合作优势。建议上报中央把其上升为国家战略并纳入“十三五”规划，合作打造比肩纽约、东京、旧金山等世界一流湾区的“环珠湾区特大城市群”，作为推进“海上丝绸之路”战略的重要引擎。

二是共建广东自贸试验区，作为打造上述新“9＋2”的突破口。因其是目前国内四个自贸试验区中最具特色的，不仅获批准区域的面积几乎最大，包含的三大片区都属国家“推进粤港澳合作”的战略平台，又都具备发展服务贸易所需的承载空间，均涵盖有海关特殊监管区域和非海关特殊监管区域，广州南沙片区更包含有国际级大港的南沙保税港区，且三大片区所在位置又正是该湾区城市群的核心区域。

这里强调的是，粤港不仅要以“合作”为共识，而且要把“共建”作为双方打造新“9+2”共同的“抓手”，要在CEPA框架下扩大对港澳的开放，切实解决CEPA落地过程中的体制机制障碍，通过创新自贸试验区体制机制，清理准入后的政策障碍和各种“隐形壁垒”，使其真正成为粤港携手推进“海上丝绸之路”战略的突破口。

四、借助“一带一路”，提升粤港合作水平

2015年3月，国务院三部委联合发布《推动共建丝绸之路经济带和21世纪海上丝绸之路的愿景与行动》文件，对中国提出“一带一路”战略的时代背景、共建原则、框架思路、合作重点、合作机制和行动方案等进行了清晰、系统的阐述，勾画出一幅全面推进“一带一路”规划实施的“路线图”。

这份“路线图”对中国各地的开放态势作了详细描述和发展指引，为各地区如何发挥比较优势指明了方向。其中提出，广东要“充分发挥深圳前海、广州南沙、珠海横琴等开放合作区的作用，深化与港澳台合作，打造粤港澳大湾区”，成为“一带一路”特别是21世纪“海上丝绸之路”建设的排头兵和主力军；而香港特别行政区则要发挥“独特优势作用”，积极参与和助力“一带一路”建设。显然，中央期盼粤港两地能借助推进“一带一路”建设，提升合作水平。

（一）“抱团取暖”的区域战略

在推动粤港两地提升合作水平时，首先要对当前外界对“一带一路”战略的一些流行看法给予廓清。其中最受关注的是将“一带一路”看作中国版的“马歇尔计划”（Marshall Plan），认为这反映出中国希望借此向世界输出过剩产能，进行资本和地缘的扩张，并在周边地区扩展影响力的强烈意图。另外，由于没有美国参与，“一带一路”还被认为是对美国重返亚太战略和跨太平洋经济战略伙伴关系协议（TPP）的强力回击。而由中国主导发起建立，并已得到欧亚非多个国家，包括英、德等一些西方发达国家及俄罗斯支持的亚洲基础设施投资银行（AIIB），也被认为是对美国主导的世界银行的直接挑战。美国有学者还认为，“一带一路”构想将带

动中亚国家与中国建立更紧密的经贸关系，这是要削弱美国“新丝绸之路”计划经过阿富汗的贸易和能源通道的作用，对抗美国在阿富汗撤军之后在中亚的布局。

上述种种，都可谓源自西方传统“国强必霸”的历史惯性思维逻辑。认为现行的国际政治经济运行机制是由美国为首的西方国家主导的，而中国只是参与者，故“一带一路”显示中国要与西方国家重新划分势力范围，试图冲击现行国际政治经济秩序，而实现本国国家利益的最大化。这是对“一带一路”战略的误读。

这种误读混淆了“一带一路”与“马歇尔计划”的根本区别。其根本区别在于：中国不追求霸权。与美国“二战”后在欧洲推出“马歇尔计划”的目的是以经济援助为手段，将欧洲控制在美国手中，形成由美国主导的世界政治经济体系完全不同，中国“一带一路”的核心内容在于区域合作，其目标是实现与周边国家建立“命运共同体”和“利益共同体”。可以说，“一带一路”是中国在全球经济复苏乏力及全球经济一体化开始退潮的大背景下，与周边国家“抱团取暖”的区域共同发展战略。

然而，受到上述误读的影响，也有些看法对中国推进“一带一路”建设的前景不无担忧，加上国内经济正在进入转型调整的“新常态”中，尤其广东 2015 年以来经济发展下行压力加大，故对香港今后与其合作的提升也存有不少疑虑。

（二）广东经济发展审慎乐观

广东 2015 年第一季度经济发展总体上仍保持稳定，但下行压力加大。第一季度广东经济增幅虽比去年全年回落 0.6 百分点，但与去年第一季度持平，达 7.2%，仍比全国增速高出 0.2 百分点；外贸增长下降 2.8%，虽比同期全国 6% 的降幅低，但实际上出口只增长 2.6%，低于全国同期的 4.9%，只是进口下降 10.5%，较全国同期的 17.3% 为佳，才维持了优于全国外贸整体状况的表现。

经济下行压力大主要是全球和中国经济发展均有所放缓，全球经济自开年以来表现就差于预期，工业生产低速增长，贸易低迷，通胀水平下降，国际大宗商品价格持续低位，主要经济体通缩预期增强，多国汇率贬值，国际经济环境日趋复杂，国内“三期叠加”① 对经济影响继续加深，而广东的货运量、用电量、工业品价格等先行指标下滑，令经济发展前景

---

① 学术界指当前中国经济发展的阶段性特征。指中国经济进入了增长速度换档期、结构调整阵痛期和前期刺激政策消化期交织的发展阶段。

也存隐忧。

但可喜的是，广东经济发展中新的积极因素也在不断增加：一是新业态仍保持高速增长，第一季度新增登记企业数量庞大，新登记各类市场主体近30万户，同比增长15%以上，注册资本金7 718亿多元，同比增加59.2%；通过公共网络实现的商品零售额接近158亿元，高速增长57.8%；金融保险市场动力充足，银行存贷款余额增速保持10%以上，保费收入增长21.8%。尤其是外贸转型的新业态增势迅猛，旅游购物出口112.5亿元，增长15.9倍；全省23家外贸综合服务试点企业出口40亿美元，增长42.1%；跨境电商进出口值已达10.5亿元，更居全国前列。

二是经济转型升级加快，现代服务业发展继续领先，比重提高至52.4%，上升3百分点，对全省经济增长贡献率达到51.8%；高技术制造业增长9.9%，占规模以上工业比重达27%，同比提高1.8百分点，先进制造业增长8.9%，占比重达48.7%；反映贸易自主发展能力的一般贸易进出口保持增长，占比重提升至43.1%，而加工贸易进出口增长则下降了9.4%；民企工业增幅高于全省工业增速4.9百分点，占比重达43%，同比提升了3.9百分点。

可见广东2015年总体需求状况并没有出现萎缩迹象，而4月份贷款、就业、PMI等指标已开始释放积极信号，房地产市场也已有所回暖，反映广东经济增长的基本面仍保持良好，发展后势可审慎乐观，这就为广东在推进“一带一路”建设中深化与港澳台的合作奠定了基础。

（三）发挥香港独特优势

香港如何发挥三部委《推动共建丝绸之路经济带和21世纪海上丝绸之路的愿景与行动》文件中定位的“独特优势作用”？笔者赞同封小云教授“香港目前对内地的优势是特有、特定方面的优势”① 的观点。封小云认为，这种优势是“与全球供应链管理相关的物流、专业服务、资本运营及金融交易等”，而这个优势是内地短时期内难以复制替代的，因为其与香港本土的基础设施和软实力相关。

但香港也有两个不足之处，一是土地空间有限，二是人力资源不足。好在香港还有一个最大的优势，就是背靠大陆，尤其是毗邻广东这个中国第一经济大省，特别是广东已获批建立了包括深圳前海、广州南沙、珠海横琴三个片区的自由贸易试验区，广东只要下定决心实施全面的深层次改

---

① 封小云．关于香港特殊优势的两点思考［N］．信报，2015－04－13.

革，首先在自贸试验区近120平方公里的土地上，进而在粤港澳大湾区范围内，打造符合国际惯例的营商环境（相当于复制香港的基础设施与软实力），引入香港上述的独特优势产业，与广东转型升级后的高技术产业、先进制造业和服务业形成互补互利、具有竞争力的产业链条，以及承担推进“一带一路”建设枢纽的跨国服务中心，切实提升粤港合作水平。

同时，利用香港中西文化交汇和高等教育发达且极具特色的条件，与广东众多高校和研究机构等合作，在内地增设各种特色的高等教育机构，合作培养（训）广东（包括内地）各种中高级人才，加强粤港两地人才资源交流，弥补香港人力资源不足的短板，提升人才合作水平和增强粤港两地的人力资本，更好地参与和助力国家“一带一路”战略的发展。

五、开创南沙与香港合作的新格局

2015年7月2日，广东省政府召开常务会议，研究加快推进广东自贸试验区建设，审议通过了《中国（广东）自由贸易试验区建设实施方案》，强调要以制度创新为核心，突出广东特色和优势，按照先行先试的要求，构建开放型经济新体制，探索粤港澳经济合作新模式，将广东自贸试验区建设成为粤港澳深度合作示范区。

方案明确了广东自贸试验区三个片区的功能布局，其中占广东自贸试验区过半面积的广州南沙自贸区，因其在成立挂牌仪式上就亮出的一系列创新举措，以及早前在“2015广州国际投资年会”上就提出的要在南沙打造千亿级融资租赁产业集聚区和建设国际航运中心的三年行动计划，更是受到社会各界的关注和热议。

（一）制度创新引领南沙建设

作为广东面积最大的自由贸易试验区，南沙自贸区集国家级新区、自贸试验区、保税港区、国家级经济技术开发区和高新技术产业开发区于一体，可谓国家级政策优势叠加地区；而在地理和历史上，广州南沙不仅地处珠三角地理几何中心，距香港38海里、澳门41海里，是连接珠江口东西两岸城市群的枢纽，也是珠江东、北、西三江汇合的出海口，自古以来就是古代和当代“海上丝绸之路”的重要通途。

20世纪90年代初，香港著名实业家霍英东先生就率先与当时的番禺县合作，开发南沙南部；1993年南沙国家级开发区成立，2002年广东省委省政府全面启动了南沙的大开发建设。及至2012年9月，国务院批复《广州南沙新区发展规划》，使之成为继上海浦东新区、天津滨海新区、重庆两江新区、浙江舟山群岛新区和兰州新区之后的第六个国家级新区，南沙的开发建设由此上升为国家战略。2014 年，南沙的经济总量迈上了千亿元台阶，更为南沙自贸区的发展奠定了雄厚基础。

自贸试验区作为一项重大的国家战略，其核心是推进制度创新建设，形成一整套与国际贸易投资通行规则相衔接的制度框架，所以中央已经明确表示"不在自贸区实行税收优惠政策"，南沙自贸区必须依靠自己的制度创新来发展，而不是造就一个特殊的所谓"政策洼地"，依赖优惠政策坐等资源要素自动流入。

故以制度创新引领南沙自贸区建设，成为粤、穗省市上下一致的共识。广州市在南沙自贸区挂牌成立之日，采取了两大动作：首先是一口气发布了十项创新业务，其中最受关注的是，广州海关在全国首创并率先推进的快速验放机制，首先在南沙推行实施，形成可复制经验后再向全国推广。实行新机制后，海关通关时效提高 50% 以上，进出口货物物流运转时间由原来的 2～3 天缩短为 1 天以内。

其次是启动了十个旨在突出国际化特色和强化粤港澳合作的功能性平台项目，其中金融类占了半壁江山，而相关平台的主事者都是有相当影响力的大企业和集团。这与上海自贸区挂牌时启动的"实体"项目不一样，功能性平台项目入园，既体现了这些大企业强势进入南沙的意图，又避免落入"跑马圈地"式的传统思维定式，因为功能性平台意味着巨大的发展空间，一个功能平台可以衍生出的项目、服务和产品几乎就是无限的，加上广东自贸区实行的负面清单，在上海负面清单的基础上又进一步削减了 12% 的项目，这意味着外资进入南沙自贸区进行综合性创新试验的积极性也应该会更大一些，尤其是为港澳中小资本进入南沙自贸区开拓了新的途径。

（二）打造千亿融资租赁产业

深化金融领域开放创新是南沙自贸区建设的重要内容，特别是通过发展融资租赁这一新兴业态，将形成千亿元级的融资租赁产业集聚区。目前国内融资租赁业发展较快的是天津，各类融资租赁公司达 400 余家，企业注册资金约合 1 600 多亿元人民币，融资租赁合同余额逾万亿元人民币，约占全国的 30%；而广州现有融资租赁企业 140 余家，注册资金约合 560 余亿元人民币，大致只相当于天津不到四成。

不过，国家已明确在南沙自贸区开展融资租赁体制改革试点工作，央行等十部委已出台“南沙金融创新 15 条”政策，要求把南沙自贸区建设为全国首个内外资融资租赁行业统一管理体制改革的试点地区。穗市政府也决定每年在全市的战略性主导产业发展资金中，安排 9 000 万元作为扶持融资租赁产业的奖励资金，用于奖励融资租赁企业落户增资、效益贡献、项目补贴和平台建设等，推动把南沙建设成为继天津滨海和上海浦东之后的国内第三大融资租赁产业聚集区域。

随着 2014 年年底珠江金融租赁有限公司在南沙挂牌成立，成为广东省内首家全国性金融租赁公司，公司有关负责人表示将大力支持南沙自贸区在造船、农业等方面的发展，同时今后还将在全国范围内开展飞机、船舶等实物租赁业务。一般来说，远洋货物的需求往往集中在某些节日或季节，多为短暂性需求，若航运公司为满足短暂性集中需求而购买大量轮船，那么闲时就会有部分船只因空置而造成损失。因此，航运融资租赁业务具有广阔的市场前景，珠江金融租赁有限公司的成立，标志着南沙港口的航运融资租赁业务即将展开，必将推动融资租赁业在南沙的集聚发展。

目前，南沙自贸区管委会已与渤海租赁股份有限公司、工银金融租赁有限公司、中国南方航空股份有限公司等多家企业签署了合作备忘录，计划在南沙开展飞机、船舶、大型海空设备、医疗设备等的相关租赁业务，如渤海租赁公司在南沙成立单机项目公司开展飞机租赁业务，计划 2015 年 8 月份完成首架 A330 宽体机的交付使用。

（三）穗港联手造大航运“蛋糕”

南沙自贸区受关注的另一重点是建设国际航运中心，其提出的三年行动计划中，长远目标是要建成一个航运资源高度集聚、航运电商发达、现代物流服务高效、特色航运服务功能突出、航运市场环境优良的世界级国际航运中心，三年行动计划只是其中一个打基础的起步期，要求“重点推进、三年见效”，形成广州国际航运中心的基本框架。

在“重点推进”的计划中，提出依托南沙自贸区建设，以“对港澳开放”和“全面合作”为方向，打造“粤港澳航运服务示范区”，计划将香港的自由港优势、高端航运产业优势与内地的资源优势有机整合，实行港澳航线船舶按国内航线管理、粤港澳船员免签等粤港澳航运市场一体化政策，并推动粤港澳航运物流与会展、旅游等专业领域的合作，显示了南沙加强与香港航运业合作的愿望。

其实除上述的航运服务合作外，南沙自贸区与香港在航运金融保险、航运信息平台建设等方面还有着广阔的合作空间。无可否认，香港与南沙在航运物流之间的竞争关系是客观存在的，因为正如香港贸发局首席经济师关家明先生所言，无论广州、深圳还是香港，货源都是来自珠三角经济区，但如果把穗、深、港三个货运码头每年的吞吐量加起来，就已经比上海、新加坡多一倍。这说明只要三地港口合作得好，就能把航运经济这块“蛋糕”做得更大。

所以，借助香港航运业在船舶管理、融资租赁、保险仲裁、信息及法律服务等方面的优势，依托南沙自贸试验区的国家级政策优势，实现穗港联手，共建联合的世界级国际航运中心，就能开创南沙与香港合作的新局，也为未来把南沙建设成广东高水平对外开放的门户而奠定基础。

六、加快深化粤港的创新合作

2015 年 9 月 10 日，李克强总理在大连出席第九届夏季达沃斯论坛并发表特别致辞，对国际投资者因近期内地股市大幅波动，一些经济数据表现欠佳而对中国经济放缓的担忧，李克强总理掷地有声：中国经济运行仍处于合理区间，目前正处于新旧动能转换阶段，增长难免有波动起伏，但这是调整转型时的正常现象，而前期采取的一系列政策措施已经见效，“中国不是世界经济风险之源，而是世界经济增长的动力源之一”。

李克强总理强调将通过推进结构性改革和实施创新驱动战略，充分挖掘潜在增长率，保持经济中高速增长。而在达沃斯论坛开幕的前两天，中共中央办公厅、国务院办公厅已经印发了《关于在部分区域系统推进全面创新改革试验的总体方案》（下称《创新改革方案》），准备“以点带面”形成若干具有示范、带动作用的区域性改革创新平台，引领和推动全国加快实现创新驱动发展。在该方案中，广东被列为其中四个承担改革试验的省级行政区域之一。

（一）广东进入创新转型期

作为全国第一经济大省，广东在这一轮推进全面创新改革的试验中责无旁贷。根据《创新改革方案》的要求，承担改革试验的区域需要具备几项基本条件，包括：创新资源和创新活动能量等居于前列，经济发展步入创新驱动转型窗口期，已设有或纳入国家统筹的自主创新示范区、综合配套改革试验区、自贸试验区等各类国家级改革创新试验区，体制机制改革走在前列、经验丰富和示范带动能力强，对稳增长、调结构起重要支柱作用以及重视保护知识产权等。

广东完全符合上述的基本条件。其不仅经济体量庞大，GDP 总量占全国的1/7，作为全球制造中心，更具有强大的产业和企业实力，以及市场规模巨大和对科技创新的强烈需求。2014 年全省 D&R 强度（D&R 经费支出占 GDP 比例）已近 2.4%，全年专利申请量和获授权量已经连续五年排在全国首位，其中发明专利授权量达 2.23 万多件，增长近 11%，《专利合作条约》（PCT）国际专利申请量 1.33 万多件，增长近 16%，全省迄今的有效发明专利量已逾 11.2 万多件，居于全国首位。

更重要的是，广东经济发展从 20 世纪 90 年代末亚洲金融危机后，就已经率先进入了经济转型阶段。十多年来，历经三个“五年计划（规划）时期”的多次艰难甚至是痛苦的结构性调整，终使超高速的粗放型经济增长基本实现了“软着陆”，从改革开放初期两位数的高速增长逐步平稳过渡到 10% 以下的常态增长，近年基本稳定在 7% ~8% 之间。产业结构从 20 世纪末的 12.1∶50.4∶37.5，调整为去年的 4.7∶46.2∶49.1，第三产业已上升为主要部门，对 GDP 增长贡献率达 49.1%，比当年第二产业高出了 3 百分点；人均 GDP 水平按平均汇率折算已达 10 330 美元。在第二产业中，广东高技术制造业增加值比重已超过 25%，先进制造业增加值比重也占一半多；而现代服务业增加值占第三产业比重更达 58.4% 以上。全省进出口贸易中，加工贸易比重已从 74.2% 下降为 48.3%，而高新技术产品贸易比重则从 20.8% 上升为 39.4%，显示广东经济已从过度依赖投资、出口拉动增长，到由科技创新引导增长的升级阶段，步入创新驱动转型窗口期。

特别是 2015 年以来，广东连续出台了《珠江西岸先进装备制造业产业带布局和项目规划（2015—2020 年）》《广东省工业转型升级攻坚战三年行动计划（2015—2017 年）》《广东省智能制造发展规划（2015—2025 年）》等，以及“互联网 +”行动计划的研究制定，伴随着机器代人、数字工厂、工业 4.0 和跨境电商等的深入，必将推动广东制造业迎来全链条的产业变革，实现广东经济增长从要素驱动走向创新驱动。

（二）粤港共建区域创新体系

但广东也面临着不少挑战，目前国内经济的波动不可能不影响广东，尤其作为国内与国际市场关联更为密切的沿海省份，广东的外贸依存度仍高达 95% 以上，出口占 GDP 比重近六成，故在全球经济总体偏弱的情况下，更不可能独善其身。去年广东经济增长不仅首次下行至 7.8%，外贸也负增长 1.4%，使得广东发展长期积累的结构仍不够合理、区域不协调和资源环境约束趋紧等深层次问题和矛盾更加凸显，尤其是自主创新能力不强，高等院校、研究机构及科技人才等在国内不具一流竞争力，更遑论挑战国际先进水平，而各种专业及中介服务、知识产权保护等营商环境的不完善更是广东承担改革试验任务的“瓶颈”。

幸而广东毗邻港澳，开展区域合作是广东改革开放以来能取得迅速发展的最大优势。广东上述“短板”恰好是港澳尤其是香港的“长处”。香港在20世纪70年代末向广东珠三角地区转移了劳动密集型产业，转型重点发展服务经济，以其国际化的金融业、航运业和各种专业服务业，及与全球接轨的卓越营商制度等优势，结合珠三角的土地、劳动力资源，建立了“前店后厂”区域分工合作模式，使珠三角地区迅速实现工业化，创造了举世闻名的“珠三角奇迹”，香港也成为亚洲最发达的经济体之一。

但香港从服务经济向知识经济的转型却相对缓慢，近年来除因内地实施CEPA和开放“自由行”等，一度带动了香港零售和旅游酒店业等的复苏增长外，似乎更多的只是推动了香港楼市的繁荣。加上香港虽有世界一流的大学，但基础研究相对不足，且原有的制造业北移后，又未能孕育更多的新产业，致使产业和企业创新主体缺位，且近年来政府多着重政制发展而对经济、民生等的关注相对不足，这些因素不仅成为制约香港经济发展的内部瓶颈，也使粤港两地的合作进入“胶着”状态。

如能借助这次广东承担国家在部分区域系统推进全面创新改革试验的契机，促进粤港联手共建独具特色的一体化区域创新体系，则有利于粤港两地经济和产业形成互补优势，并能有效地化解粤港两地发展的内部瓶颈，实现《创新改革方案》中提出的“深化粤港澳创新合作”。

（三）依托珠三角创新合作

粤港共建的一体化区域创新体系，是指粤港两地利用各自的创新资源，包括两地政府、企业、高校、研究机构及各种中介服务机构等组织形成的创新主体，及其相互之间通过社会交互作用形成的渠道、网络等组成的一体化系统。

在这一系统中，广东可依托珠三角地区，先行先试。在市场公平竞争，知识产权、科技成果转化，金融创新，人才培养和激励，开放创新，科技管理体制等方面，从香港引入知识、技术、人才及制度等创新资源，通过对创新路径的模拟探索，力争取得重大改革突破，形成能向全国范围复制推广的相关改革举措和重大政策，建成具有示范、带动作用的区域性改革创新平台。而香港借助这一体系，可把其服务经济优势与广东产业、企业等的创新需求结合起来，加快香港科创局的创立和建设，推动香港成为全球一流的亚洲区域性知识引进、研发和创新中心，实现粤港澳创新合作的深化。

（本文按先后顺序依次发表于《信报》2013 年 10 月 28 日，2013 年 12 月 9 日，2015 年 3 月 16 日，2015 年 5 月 18 日，2015 年 7 月 20 日，2015 年 9 月 14 日）

粤港跨境区域协同创新系统研究

谢宝剑[①] 高洁儒[②]

一、引言

面对全球新一轮科技革命与产业变革的重大机遇和挑战，“十八大”报告明确指出，要实施创新驱动发展战略，“以全球视野谋划和推动创新，提高原始创新、集成创新和引进消化吸收再创新能力，更加注重协同创新”。粤港双方通过整合科技创新资源，实施科技创新联合招标项目，制定人才跨境流动的便利措施，推动成果产业化，打造创新研发平台等促进科技创新的举措，较好地提升了粤港区域创新能力，推动地区产业和经济结构升级，增强了区域竞争力（任荣伟，2015）。广东已将创新驱动战略作为推动广东经济结构调整与产业转型的核心战略，并从提高创新能力、培育创新型企业、推动新一轮技术改造和推动区域创新建设四个方面落实战略。在实施创新驱动战略的过程中明确提出要进一步推进粤港澳科技合作的深化发展，建设好粤港科技创新走廊、深港创新圈，发挥香港的创新成果优势，建设国家级科技成果孵化基地。香港特区政府也提出，应结合香港目前科研的现状和优势，对“一带一路”战略所产生的科研需求进行重点研究，要把香港在创新科技、商贸网络、资金融通等方面的优势整合在一起。香港在创新方面具有人才、知识、技术和制度等优势，在科技转移方面仍有很大的发展空间。

二、协同理论及其作用机理

（一）协同理论

协同理论由 Ansoff（1987）首次提出，最初是指两个企业在资源共享

---

① 谢宝剑，暨南大学经济学院特区港澳经济研究所副所长，副教授，自贸区研究院副院长，管理学博士，经济学出站博士后，主要研究区域政策与区域合作，港澳经济与粤港澳合作。

② 高洁儒，暨南大学经济学院特区港澳经济研究所硕士研究生，主要研究区域经济与港澳经济。

的基础上产生的共生互长的关系。而后 Haken（1983）系统地提出了协同理论，指出协同是指在复杂系统内各子系统由于协同行为而产生了超越各要素的单独作用效果的新的作用，即形成整个系统的联合作用。区域协同创新，是通过区域中明确的创新目标驱动、各种创新要素聚合、相关组织间机制的强化以及各个主体的优势互补，实现整个区域的高效综合创新（张玉臣，2009；杨耀武等，2009）。

区域协同创新的内涵主要体现在以下几个方面：①通过各地区的产业联动发展，实现各地区及区域整体的产业结构与发展速度等合理化调整；②以地区间科研人才的自由流动来优化配置区域整体创新性人力资源；③以组织间合作、科技联合攻关实现区域整体创新资源的有效配置；④因地制宜地确定区域最优目标和平等互利地形成跨区域协同规划（王志宝，2013）。

（二）从合作到协同：区域创新系统间的作用机理

Cooke（1992）首先提出区域创新系统的概念。而后 Lundvall（1992）在宏观层面分析技术创新对国家经济发展产生的影响，并对国家创新系统的概念做出界定，重新定义了区域创新系统的内涵。目前，Cooke 的《区域创新系统：在全球化世界中的治理作用》被广泛认为是研究区域创新系统最为详尽、权威的成果。他认为，区域创新系统作为国家创新系统的重要组成部分，是特定区域内由政府、企业、研发机构以及中介组织等相关技术创新和扩散主体通过技术研发、储备、转让和产业化等交互作用形成的网络系统（汪良兵，2014）。区域创新系统并不是一个孤立的系统，而是与其他区域的创新系统相互影响、相互作用的。各具特色的区域创新系统间通过借鉴和学习而相互影响和相互作用。根据区域间创新系统的发展水平差异，不同区域间的创新系统的相互作用可以分为垂直型合作模式和水平型合作模式。

（1）垂直型合作模式。垂直型合作模式是由两个区域创新系统之间的技术差距和知识存量差距产生的。技术和人才从比较先进的区域创新系统转移到相对落后的地区，由于落后地区技术水平较低，两个系统之间的技术合作程度并不紧密，主要表现为两地客户之间的合作。但由于落后地区能够获得技术和创新的转移，因而拥有更强烈的促成合作的愿望（汪良兵，2014）。两个区域创新系统的垂直型合作的典型就是广东与香港早期的“前店后厂”合作模式。香港在 1997 年回归前后，制造业的价值链低端部分开始通过投资的形式向广东转移，而香港作为区域创新系统合作中的先进一方，自身发展产品的设计研发、品牌包装、市场营销网络等价值链高端环节。同时，广东作为区域创新系统合作中相对落后的一方，依托自身生产要素的低成本优势，吸纳来自香港等地区和国家的外资，大规模发展委托设计生产，迅速成为香港的制造业加工生产基地，并在两地合作的过程中，获得技术与创新的转移（程玉鸿、李强，2011）。

（2）水平型合作模式。随着两个区域创新系统的知识存量差距与技术存量差距的缩减，区域创新系统之间的合作由垂直型向水平型转变，并在水平型的基础上不断升级为区域间的创新协同。当两个区域创新系统经济均比较发达且差距较小，同时基础设施、知识产权保护政策和社会制度相对完善，即两个区域创新系统均为先进的区域创新系统，而且彼此的差异性和互补性可以通过合作提升，那么两地就具有较强的合作意愿和动力。发展水平相当的两个区域创新系统在政府以及中介机构的作用下，其中一个区域创新系统的企业会紧密地与另一个区域创新系统的研发机构、大学以及技术供应商联系。例如，在两地合作过程中，一个区域的企业会与另一个区域的研发机构、大学和技术供应商进行积极合作来节省在该地设立生产机构所产生的研发、运输和转移等成本。同时，该企业通过与另一区域的深入合作，增强两地企业的创新能力与综合竞争能力，也吸引了更多的来自不同区域创新系统的客户。粤港两地随着彼此技术合作程度深化与创新水平的缩小，已由原来的垂直型合作向水平型合作转变（王志宝，2013）。自 2004 年以来，双方联合资助关键领域核心技术研发，投入 21 亿元人民币和 7.77 亿港元，开发新产品约 3 000 项，申请发明专利约 6 000 件，申请国外专利 420 件，研究出新材料约 240 种，研究创新工艺约 850 项，开发新装备约 750 项，获得授权约 2 400 件，获得计算机软件著作权约 1 000 项；已有香港中文大学、香港科技大学等 6 所院校在深圳注册企业 15 家，设立研发中心 8 家，累计孵化企业 300 多家，在孵企业约 200 多家，毕业企业约 100 家。①

虽然广东省与香港的区域创新系统已经改变了原本落后的区域创新系统合作模式，但由于粤港区域创新系统间水平分工存在制度壁垒（知识产权保护、人才管理制度、设备管理制度、通关等），广东与香港区域创新系统的合作并未形成有效协同（汪良兵，2014）。

① 资料来源：笔者根据文献资料和广东省科技厅网站数据收集整理。

三、香港与广东各自的创新系统比较分析

（一）香港创新系统分析

1. 香港创新系统的现状

近年来，随着特区政府对创新科技的高度重视，加上香港许多科技团队的积极努力，香港的科研实力正在不断增强，并有不少成果达到世界领先水平。比如，香港在光纤技术上一直处在世界前列，香港科学园有一家公司，开发了光纤感温系统，该技术已被应用在多个地区的基建设置上，包括本地电力公司的电缆、越南行车隧道的火警预报和俄罗斯的石油管道等；香港理工大学的科研团队研发的“光纤光栅铁路监测系统”，可以用一条光纤取代数以千计的传统温度、振动等监测器，获得了多个国际奖项，现时全球已有十多家铁路公司（包括英美公司）有意引入相关技术。

香港有世界一流的大学，香港科学园聚集了电子生物、科技信息、环保等高科技企业群并为科技型公司提供一站式支持服务，建立了与特色产业相匹配的各类研发中心和研究院，并且数量与规模都在迅速扩张（宿军杰，2007）。香港推动创新及科技发展的政策包括五个核心策略：为创新主体提供国际化的创新基建条件；对产、学、研等主体提供财政资金支持，推动研发成果转化；培养创新科技人才；促进不同经济体之间的区域间创新合作；营造创新文化氛围。截至 2015 年 1 月底，研发中心批出项目 728 个，项目成本达 40 亿元。

表 1　科技创新署相关工作一览

资助计划	创新及科技基金
	投资研发现金回赠计划
科技基础设施	香港科技园公司
	香港科学园
	工业邨
	香港应用科技研究院有限公司（应科院）
	香港生产力促进局（生产力局）
人力资本	实习研究员计划

资料来源：香港特别行政区科技创新署．香港便览．

2. 香港创新系统的问题与优势

相对于广东的区域创新系统，随着香港制造业的空心化，相关企业比较少参与创新活动，企业与其他创新主体是一种松散关系，香港创新比较活跃的领域主要是金融服务、中介支援服务等。尽管近年来特区政府大力鼓励创新，但效果并不明显，其创新能力对香港的国际地位产生了很大的不利影响。全球城市竞争力分析报告指出，香港的竞争力虽然位列全球第7，但创新能力不足。细心分析该份报告，会发现香港的创新能力指标只排在第23位，远低于其他地方（见表2）。

表2 全球城市竞争力报告（2014—2015年）

国家或地区	2014—2015年排行		2013—2014年排行
	排行	得分	排行
瑞士	1	5.7	1
新加坡	2	5.65	2
美国	3	5.54	5
芬兰	4	5.5	3
德国	5	5.49	4
日本	6	5.47	9
香港特别行政区	7	5.46	7
荷兰	8	5.45	8
英国	9	5.41	10
瑞典	10	5.41	6

资料来源：2014年达沃斯世界经济论坛。

陈广汉（2009）对香港制造业结构的国际竞争力的研究表明，香港制造业不断走向低落，现在已经出现中空现象。制造业空心化导致企业的创新活动仅围绕服务业展开，尽管香港依托国际市场发展服务业，金融、航运物流、信息以及专业服务等处在国际领先地位，但是由于缺乏先进制造业的支撑，在服务业领域开展的创新动力不足，难以为继。香港经济发展与就业均高度依赖服务业是香港产业结构的重要特征，也是其创新不足的重要原因。

（二）广东创新系统分析

1. 广东创新系统的现状

2014 年年底，根据科技部综合评价，广东区域创新能力连续 7 年稳居全国第二位。在构成区域创新能力的五个分项指标中，广东省创新绩效位居全国第一。全省 R&D 经费支出占 GDP 比重超过全国平均水平，已经达到 2.4%；技术自给率已经接近创新型国家和地区水平，目前为 70%；PCT 国际专利申请量占全国比重超过 50%；全省从事研发的人员规模居全国第一，达 52 万人/年。高新技术产业产值预计达 5.18 万亿元，同比增长 15%；获得 973 首席科学家项目 9 项，连续六年实现丰收。2015 年 1 月召开的国家科技奖励大会上，广东省获 2014 年度国家科技奖励的成果达 46 项，创近七年来新高。同时，广东省新型研发机构发展很快，在创新驱动发展中发挥了重要作用（沈超、郑霞，2015）。

表 3　广东部分新型研发机构名称一览表

成立时间	机构名称	合作方
1991 年 10 月	深圳清华大学研究院	深圳市与清华大学
2005 年 10 月	广州中国科学院工业技术研究院	广州市与中国科学院
2006 年 2 月	中国科学院深圳先进技术研究院	中国科学院、深圳市与香港中文大学
2006 年 3 月	中国科学院广州生物医药与健康研究院	中国科学院、广东省与广州市
2006 年	东莞华南设计院	东莞市与广东工业大学
2007 年 5 月	东莞华中科技大学制造工厂研究院	东莞市与华中科技大学
2007 年 6 月	深圳华大基因研究院	原华大基因研究院部分员工
2007 年 8 月	东莞电子科技大学电子信息工程研究院	东莞市与广东省科技厅、东莞电子科技大学
2010 年 7 月	深圳光启高等理工研究院	
2011 年 10 月	东莞中国科学院云计算产业技术创新与育成中心	中国科学院与东莞市
2012 年 6 月	中山大学（古镇）半导体照明技术研究中心	中山市古镇现代照明灯饰专业镇与中山大学

（续上表）

成立年月	机构名称	合作各方
2013 年 7 月	佛山中国科学院产业技术研究院	中国科学院与佛山市

资料来源：笔者根据文献资料整理。

2. 广东创新系统的问题与优势

由于广东产业结构中制造业的比例大，相应企业的创新活动也非常活跃，企业之间、企业与公共研发机构之间联系比较紧密，研发机构科技成果转化能力较强，政府通过各种途径支持企业创新的力度也比较大。但是金融机构、中介服务等参与创新活动的力度还不足，创新资源不能有效整合，难以形成规模效益；科技创新资金来源单一，研发经费投入与产业发展不匹配，产学研结合不够紧密，难以形成协同效应；区域创新系统间协调机制不健全；基础研究不足，原始创新缺乏，高层次的公共创新平台缺失；创新人才梯队和结构尚不合理，特别是高层次创新人才不足（张丽佳等，2013）。

广东省科技金融融合欠佳、金融支持创新的力度不足，会给科技创新活动带来一系列问题。信贷业务仍然是银行的主营业务，基于安全性、稳定性、流动性等原则，银行担心创新风险，在贷款前通常会对创新机构和企业进行层层把关，审核严格；同时，科技保险业务发展滞后，相关险种不完善，广东金融服务科技发展方面远远滞后于香港。目前，产业同构已成为珠三角区域经济发展中的显著特点（翁计传，2006）。仅从 2003 年、2008 年与 2012 年广州、深圳、佛山三地制造业产值（以当年价格计算）位于前十的行业（表 4、表 5 与表 6）的纵向和横向对比中可以看到，产业趋同现象十分明显。产业结构趋同带来了一系列的问题，如地方政府和企业重复投入研发经费、人员、场地设备等而造成巨大的浪费，对创新能力提升产生了负面影响。

表 4　2003 年广深佛制造业产值位于前十的行业

排序	广州	深圳	佛山
1	交通运输设备制造业	通信设备、计算机及其他电子设备制造业	电气机械及器材制造业
2	化学原料及化学制品制造业	电气机械及器材制造业	非金属矿物制品业

（续上表）

排序	广州	深圳	佛山
3	通信设备、计算机及其他电子设备制造业	电力、热力的生产和供应业	通信设备、计算机及其他电子设备制造业
4	电气机械及器材制造业	仪器、仪表及文化、办公用机械制造业	有色金属冶炼及压延加工业
5	石油加工、炼焦及核燃料加工业	石油和天然气开采业	金属制品业
6	纺织服装、鞋、帽制造业	金属制品业	塑胶制品业
7	电力、热力的生产和供应业	塑胶制品业	化学原料及化学制品制造业
8	皮革、毛皮、羽毛（绒）及其制品业	农副食品加工业	纺织业
9	塑胶制品业	印刷业和记录媒介的复制	纺织服装、鞋、帽制造业
10	纺织业	工艺品及其他制造业	交通运输设备制造业

资料来源：根据2003年三地统计年鉴整理所得。

表5　2008年广深佛制造业产值位于前十的行业

排序	广州	深圳	佛山
1	交通运输设备制造业	通信设备、计算机及其他电子设备制造业	电气机械及器材制造业
2	化学原料及化学制品制造业	电气机械及器材制造业	非金属矿物制品业
3	通信设备、计算机及其他电子设备制造业	电力、热力的生产和供应业	金属制品业
4	电力、热力的生产和供应业	仪器、仪表及文化、办公用机械制造业	有色金属冶炼及压延加工业
5	电气机械及器材制造业	石油和天然气开采业	通信设备、计算机及其他电子设备制造业

（续上表）

排序	广州	深圳	佛山
6	石油加工、炼焦及核燃料加工业	工艺品及其他制造业	塑胶制品业
7	黑色金属冶炼及压延加工业	塑胶制品业	电力、热力的生产和供应业
8	通用设备制造业	文教体育用品制造业	化学原料及化学制品制造业
9	金属制品业	金属制品业	通用设备制造业
10	农副食品加工业	专用设备制造业	纺织业

资料来源：根据 2008 年三地统计年鉴整理所得。

表 6　2012 年广深佛制造业产值位于前十的行业

排序	广州	深圳	佛山
1	电力、热力的生产和供应业	通信设备、计算机及其他电子设备制造业	电气机械及器材制造业
2	通信设备、计算机及其他电子设备制造业	电气机械及器材制造业	金属制品业
3	化学原料及化学制品制造业	文教体育用品制造业	非金属矿物制品业
4	石油加工、炼焦及核燃料加工业	电力、热力的生产和供应业	橡胶制品业
5	电气机械及器材制造业	通用设备制造业	有色金属冶炼及压延加工业
6	通用设备制造业	专用设备制造业	通信设备、计算机及其他电子设备制造业
7	黑色金属冶炼及压延加工业	金属制品业	通用设备制造业
8	纺织服装、鞋、帽制造业	石油和天然气开采业	化学原料及化学制品制造业
9	农副食品加工业	仪器、仪表及文化、办公用机械制造业	纺织业
10	食品制造业	非金属矿物制品业	塑胶制品业

资料来源：根据 2012 年三地统计年鉴整理所得。

香港与广东的区域创新系统存在着明显的差异，正是这种差异使得两地区域创新系统存在合作的可能。同时，由于知识产权保护、人才管理制度、设备管理制度、通关等现存问题，使得两地区域创新系统的互动未能达到较高的协同水平。下文将通过协整模型，从两地区域创新系统的角度，分析创新能力之间的互动关系及系统合作所达程度。再通过空间计量分析，从整合角度分析系统的内部互动情况及创新格局分布。

四、模型1——协整

（一）研究方法与变量的选取

1. 协整理论模型

协整理论（Co-integration Theory）是一种应用较为广泛的建模理论（庞皓，2014）。在进行格兰杰因果关系检验前，需确认时间序列的线性组合是否满足协整性，因此首先对变量组合进行协整性分析。若干个由单位根过程所生成的变量，若由此构成的线性组合的协整残差（或者说偏差）由稳定过程所生成，则称变量之间满足协整关系，即变量之间存在长期稳定性。由于粤港每万人专利授予量之间的协整关系检验属于单变量的协整检验，因此，本文采用单变量时间序列协整检验方法。单变量时间序列协整检验方法如下：用OLS法估计变量间线性组合 $y_t=\alpha+\beta x_t+u_t$，得到 $\overline{y_t}=\overline{\alpha}+\overline{\beta}x_t$，则模型残差估计值为 $\varepsilon=y_t-\overline{y_t}$，利用ADF检验方法判断 ε 的单整性，若为稳定序列，则认为变量 y 与 x 为一阶协整。否则，继续检验 ε 的一阶差分的稳定性，判断二者的协整阶数。

2. 创新能力的衡量指标

本文使用类似于Feldman等使用的每万人人均专利数作为创新能力指标（Feldman et al，1994）。Griliches（1990）认为，由于有些专利并不具备经济价值，且专利与真实的创新能力水平存在偏差，未能准确反映创新能力；同时由于部分企业出于对商业技术安全性的考虑或为能及时推出新产品而未申请专利，因而使用专利来衡量创新能力存在误差。尽管用专利数作为衡量创新能力的指标存在各种问题，但Acs等（1989）认为，专利数据统计较为完善，标准相对客观，且易于获得，并与创新密切相关，所以仍将专利数作为衡量科技创新能力的最优指标。由于香港在1997年6月27日开始使用现行的《专利条例》，造成1998年标准专利申请数目飙升，造成数据的巨大波动，因而选取专利授予量作为创新能力指标更可靠。

本文使用的粤港地区专利及人口数据来自历年《广东统计年鉴》与《香港统计年刊》。经处理可以得到粤港地区每万人专利授予量（单位：件/万人），分别以 x 和 g 表示，并绘制折线图。从图 1 可以看出，粤港两地的创新能力总体上来看均呈上升趋势，但香港地区的创新能力存在着较大的波动，2005 年之前上升趋势比较稳定，在 2005—2008 年短暂降低之后表现出比较平稳的态势。广东省创新能力则稳定地上升，并在 2008 年前后赶超香港地区。

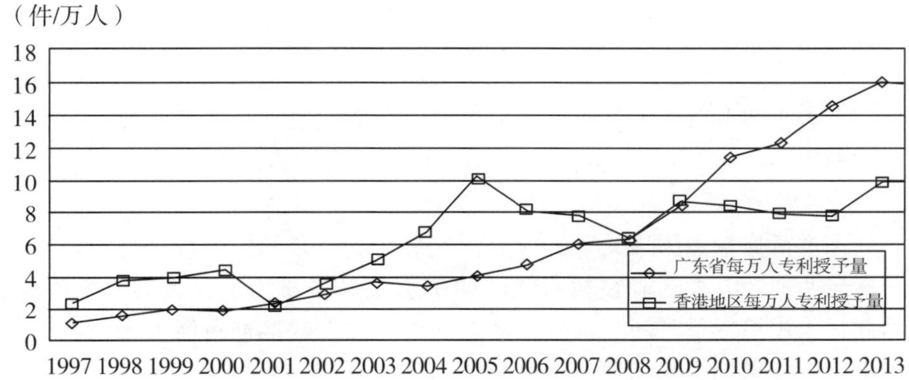

图 1　1997—2013 年粤港每万人专利授予量

数据来源：广东省统计局．广东统计年鉴（各年度）；香港特别行政区政府统计处．香港统计年刊（各年度）．

（二）实证检验

1. 单位根检验

在进行协整分析前，首先对变量的平稳性进行检验。当所有变量均满足平稳性检验时，将不会产生伪回归。当变量不平稳时，若所有变量均满足一阶单整，则认为可能存在协整关系；若变量间的单整阶数不相等，则变量间必然不满足协整性（庞皓，2014）。考虑到对数据做对数变换不改变原来的协整关系且可消除异方差现象，因此，对粤港地区每万人专利授予量进行自然对数变换，计为 $\ln x$ 和 $\ln g$，建模及计量检验采用 Stata 12.0 统计软件完成，得到各变量平稳性 ADF 检验结果如表 7 所示。

表 7　每万人专利授权量的 ADF 检验值

变量	检验类型（c，t，k）	ADF 值	5%水平下的临界值	结论
ln *x*	（*c*，0，3）	-0.786	-3.000	不平稳
Δln *x*	（*c*，0，3）	-3.110	-3.000	平稳
ln *g*	（*c*，0，3）	0.207	-3.000	不平稳
Δln *g*	（*c*，0，2）	-3.198	-3.000	平稳

注：*c*，*t*，*k* 分别代表检验中是否带有常数项、时间趋势项及滞后阶数，如（*c*，*t*，*O*）指单位根检验方程包含常数项和时间趋势项，滞后阶数为0，滞后阶数的选择为 AIC 最小化原则。

从表 7 中可以看出，变量是不平稳的，分别取一阶差分之后均达到平稳，即为一阶单整，可以判断出两者之间可能存在着协整关系。

2. 协整检验

在进行格兰杰因果关系检验前，先对变量组合的协整性进行分析。由于粤港两地每万人专利授权量之间的协整关系检验为单变量的协整检验，因此，采用单变量时间序列协整检验方法来检验两地创新能力之间的协整关系，其结果如表 8 和表 9 所示。

首先以 $\ln g_t = \alpha + \beta \ln x_t + \varepsilon_t$ 进行回归，得到回归结果如表 8 所示。

表 8　ln *g* 与 ln *x* 的回归结果

Variable	Coefficient	Std. Error	t - Statistic	Prob.
C	-0.894	0.472	-1.90	0.077
ln *x*	1.369	0.262	5.22	0.000
R^2	0.645	Durbin - Watson stat		0.813
修正 R^2 值	0.622			

从上表中可以看出，*t* 统计量均显著，R^2 与修正 R^2 值可以看出拟合程度较好，该回归结果从统计意义上来讲是合理的。从该统计结果中提取回归方程的残差，并将该残差定义为新变量 e_t，并对 e_t 进行 ADF 单位根检验，检验结果如表 9 所示。

表 9　回归残值 e_t 的单位根检验

ADF Test Statistic	-2.15
1% Critical Value	-2.66
5% Critical Value	-1.95
10% Critical Value	-1.60

注：此时用的回归方式为 dfuller e，nocon lages（2）。

在 5% 置信水平下，检验值小于临界值，则拒绝原假设，接受 e_t 为平稳的备择假设，即变量 ln *x* 与 ln *g* 满足协整关系，或者说它们之间存在长期均衡关系。从变量之间的长期变化趋势来看，粤港每万人专利授予量存在着正相关的关系，即粤港两地创新能力存在着相互促进的关系。

3. 格兰杰因果检验

协整检验仅结果证明在样本期内，粤港每万人专利授权量之间满足长期稳定关系，现通过格兰杰因果检验来验证是否构成因果关系，检验结果见表 10。

表 10　粤澳每万人专利授权量之间的格兰杰因果关系检验

原假设 H_0	滞后阶数	*F* 值	*P* 值	结论
ln *x* 不是 ln *g* 的因	3	9.84	0.020**	拒绝原假设
ln *g* 不是 ln *x* 的因	3	6.35	0.096*	拒绝原假设

注：***、**、* 分别表示在 1%、5%、10% 的统计水平下显著。

4. 小结

由表 10 可知，香港每万人专利授予量的变化是广东每万人专利授予量的格兰杰原因，说明 1997 年以来，香港创新能力的提升明显带动了广东创新能力的提升。同时，在 10% 的显著水平下，广东每万人专利授予量的变化是香港每万人专利授予量的格兰杰原因，说明香港创新能力的提升带动了广东创新能力的提升。而在 1% 的显著水平下，广东每万人专利授予量的变化，并不是香港每万人专利授予量的格兰杰原因，说明广东创新能力的提升并未明显作用于香港创新能力的提升。

广东与香港自 1997 年香港回归以来在创新合作上取得了一定成效，推进了双方创新能力的提升。但更多的是广东受到了来自香港的提升影响，广东虽为香港的发展提供各种要素，但并未对香港创新能力的提升有更多的影响。可以看出，尽管自 CEPA 签订以来，有多项政策出台以推进粤港联合创新，但并未形成两地区域创新系统的有效协同。造成这种现象的原因是多方面的。首先，粤港创新要素流动存在制度性障碍，粤港科技创新体系的体制机制差异比较大，令两地科技新资源未能有效整合。如科研经费难以跨境使用，香港特区政府财政科经费可以有50%在内地使用，但内地的科研经费则无法跨境使用，这对两地联合研究项目造成了障碍；两地人才不能互认专业资格；研发设备出入境关税较重等。同时，缺乏科技技术服务平台和技术转移中介机构。香港很多高校对于通过何种渠道获得科技合作的信息不够清楚；对国内政策、产业发展、企业需求等缺乏了解，粤港两地技术创新供给与技术创新需求信息不对称。

五、模型2——粤港创新程度的空间关联性分析

本文借助于GeoDa 0.9.5 - i软件，对粤港地区创新程度的空间关联性进行分析，从而更加直观地说明了将粤澳两个区域创新系统整合之后的协作系统中创新程度的分布情况，为粤港地区创新发展程度的现在以及未来的发展方向提供依据。

（一）研究方法及数据来源

1. 全局空间关联性指标

莫兰在1950年提出了全局莫兰指数I。它是最早应用于检验空间关联性和集聚问题的探索性空间分析的指标。它能够反映整个研究区域内，各个地域单元与邻近地域单元之间的相似性。自关联性全局莫兰指数I（通常全局莫兰指数I指自关联性全局莫兰指数I，有时也称为单变量全局莫兰指数I）的计算公式如下：

$$I = \frac{n\sum_{i=1}^{n}\sum_{j=1}^{n}w_{ij}(x_i - \bar{x})(x_j - \bar{x})}{\sum_{i=1}^{n}\sum_{j=1}^{n}w_{ij}\sum_{i=1}^{n}(x_i - \bar{x})^2} = \frac{\sum_{i=1}^{n}\sum_{j=1}^{n}w_{ij}(x_i - \bar{x})(x_j - \bar{x})}{S^2\sum_{i=1}^{n}\sum_{j=1}^{n}w_{ij}} \tag{1}$$

由于全局莫兰指数I是空间自相关回归方程系数的估计值，其取值范围为［-1，1］。全局莫兰指数I在0至1取值，为正相关，表示具有相似的属性集聚在一起（即高值相邻接或低值相邻接）；全局莫兰指数I在0至-1取值，为负相关，表示具有相异的属性集聚在一起（即高值与低值邻接、低值与高值邻接）；接近于0，则表示随机分布，或不存在空间自

相关性。

2. 局部空间关联性指标

安塞林（Anselin）于1995年提出局部莫兰指数（简称LISA），用来检验局部地区是否存在变量集聚现象。地域单元I的局部莫兰指数用来度量该地区和其周围地域单元之间的关联性，定义为：

$$I=\frac{(x_i-\bar{x})\sum_{j=1}^{n}w_{ij}(x_j-\bar{x})}{S^2} \tag{2}$$

正的全局莫兰指数表示一个高值被高值所包围（高—高），或者一个低值被低值所包围（低—低）；负的全局莫兰指数表示一个低值被高值所包围（低—高），或者是一个高值被低值所包围（高—低）。

3. 莫兰散点图

莫兰散点图常用来研究局部的空间不稳定性。莫兰散点图由4个象限组成，同局部莫兰指数相比，它能够更直观具体地反映区域单元与其邻居之间的4种局部空间联系形式。其中，第一象限的“高—高”表示某一空间单元与周围单元的属性值都较高，该单元和周围单元组成的子区域为通常所说的热点区；第三象限“低—低”表示此象限内的空间单元有均质性；第四象限“高—低”表示某一空间单元属性值较高，而周围单元值较低；第二象限“低—高”与之相反，落入这两个象限的空间单元间存在着负相关，即异质性突出（万鲁河等，2011）。

4. 数据说明

由广东地区（广州、深圳、珠海、东莞、佛山、中山、惠州、汕头、江门、茂名、肇庆、湛江、梅州、汕尾、河源、清远、韶关、揭阳、阳江、潮州、云浮）与香港特别行政区共22个地域单元组成的地域，笔者对其每百万人专利授予量进行了全局莫兰指数I和局部莫兰指数分析，了解区域专利授予情况的整体聚焦情况和区域单元之间的关系。本文所采用的档为粤港地区共22个地域单元组成的shapefile文件。为了观察自CEPA签订以来，广东省与香港特别行政区所组成的区域内部各区域单元的创新能力的变化情况，在这里选取2003年、2007年、2010年及2013年的地级市每万人专利授予量进行分析。数据来自历年广东各市统计年鉴、《香港统计年刊》与广东省知识产权局统计信息。

（二）实证研究

1. 概况

由粤港每万人专利授予量分位图（图 2）可以看出，每万人专利授予量被分为三个等级，其中数值较高的为香港、广州、深圳、东莞、佛山、中山、江门和珠海，即创新能力较高的地区主要集中在大珠三角。而第二等级主要在汕头、揭阳、汕尾和茂名等非珠三角沿海城市。2003 年之后第二、三等级分布发生较大变化。综上所述，粤港地区创新能力增长主要分布于大珠三角中的珠江口城市。

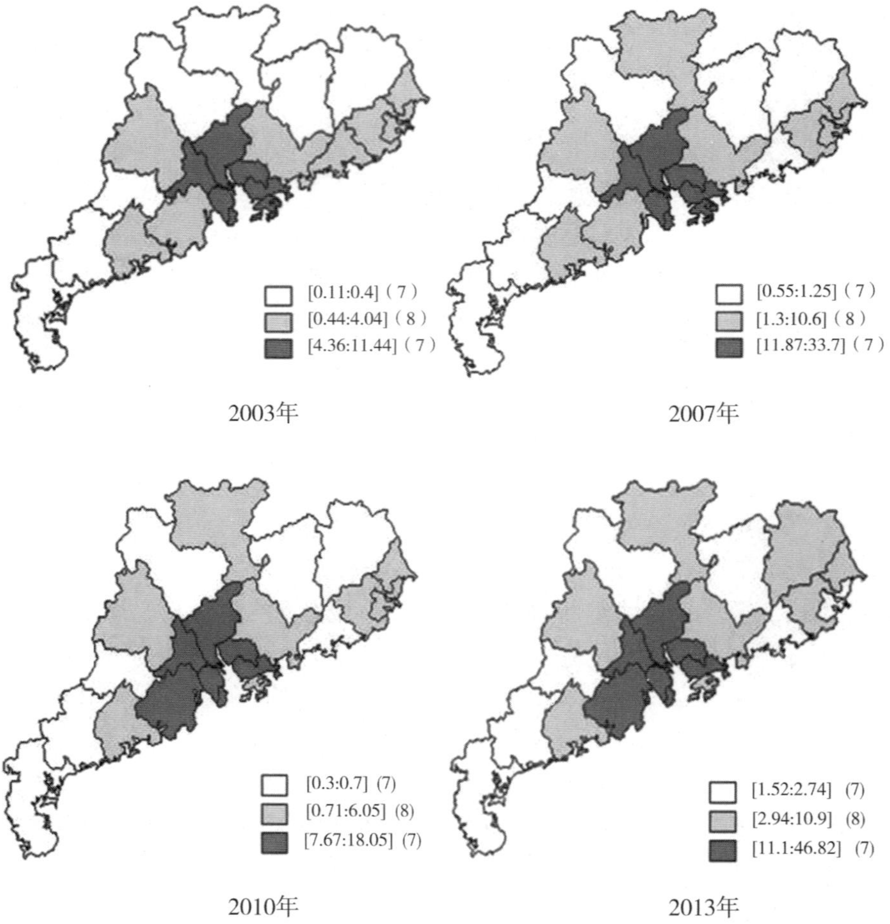

图 2　2003 年、2007 年、2010 年与 2013 年粤港每万人专利授予量分位图

2. 全局空间自相关分析

运用 GeoDa 0. 9. 5 – i 软件对数据进行全局空间自相关分析，分别得到以（IP03，lagged IP03）、（IP07，lagged IP07）、（IP10，lagged IP10）和（IP13，lagged IP13）为坐标的散点图（图 3）。图中分布在第一象限和第二象限的点为空间正相关的点数据，2003 年、2007 年、2010 年与 2013 年的全局莫兰指数 I 分别为 0. 343 627、0. 404 29、0. 416 12、0. 443 556，说明这些区域单元间具有较大的空间正相关性，及粤港组成各区域中单元间的创新能力的空间分布表现为相似值的空间集聚，并非为完全的随机性，并且这种正的相关性呈现出逐渐增长的趋势。

研究结果说明，粤港创新系统间的融合加深，相互作用更加明显。通过创新合作促进了地区创新能力的提升与创新系统的优化升级。并且，随着多方政策的进一步落实与完善，多年来双方合作的广度与深度进一步加深，这种正的相互影响与促进作用的程度也将不断深化。随着时间的推移，粤港两地区域创新系统间的融合将进一步加深，并最终达到相统一的协同状态，更有效地促进两地创新能力的提升和经济的高速发展。

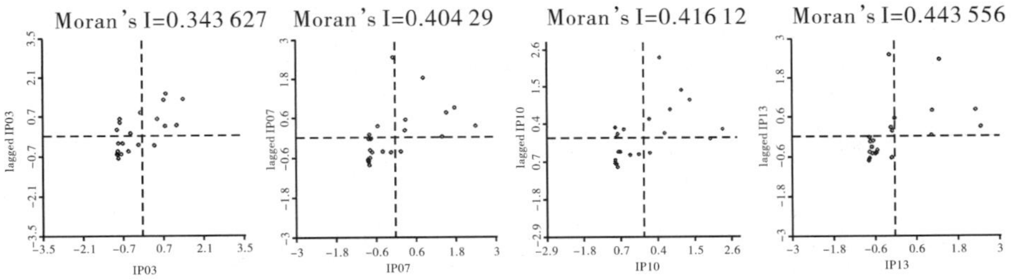

图 3　2003 年、2007 年、2010 年与 2013 年莫兰散点图

为了检验全局莫兰指数 I 是否显著，在 GeoDa 中采用蒙特卡洛模拟的方法来检验（图 4、5）。可以看出，2003 年、2007 年、2010 年与 2013 年的 P 值分别为 0. 009、0. 012、0. 008 和 0. 009，说明全局莫兰指数 I 分别在 99. 1%、98. 8%、99. 2% 和 99. 1% 置信度下的空间自相关是显著的。

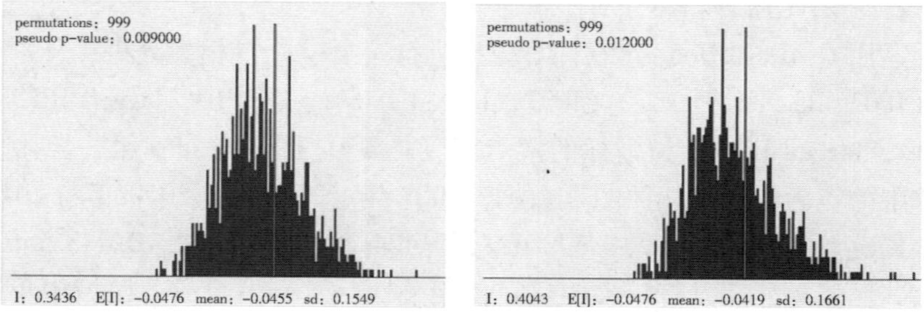

图 4　2003 年与 2007 年全局莫兰指数 *I* 蒙特卡洛模拟检验图

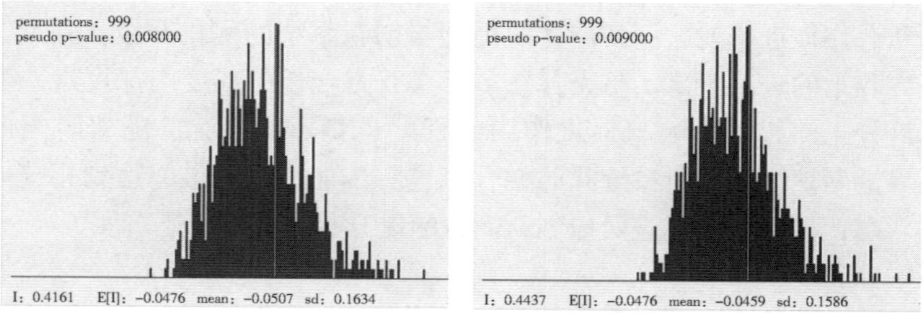

图 5　2010 年与 2013 年全局莫兰指数 *I* 蒙特卡洛模拟检验图

3. 粤港每万人专利授予量局部空间自相关分析

全局空间自相关指标——全局莫兰指数 *I* 仅用于检验整个研究区域的空间模式，为了反映一个区域单元上的某一属性值与邻居单元上的属性值的相关程度，以下使用局部空间自相关指标 LISA 进行分析（Griliches，1990）。

为了更好地说明粤港区域中各区域单元每万人专利授予量的空间分布情况，利用 GeoDa 生产 LISA 聚集图（图 6），用不同颜色渲染不同的空间自相关类别，具体标记方式见图例显示。从图中可以看出，自 2003 年以来，粤东与粤西地区的创新能力都较低。例如在 2003 年，以茂名为中心，其与周边的云浮、阳江和湛江的创新能力都比较低。值得注意的是，自 2003 年以来，尽管广东与香港签订了一系列协议并展开了一系列促进创新协作的活动，香港却始终没有成为创新能力高度集聚的中心城市，未对周边相邻的珠三角城市产生创新能力的正的显著影响。

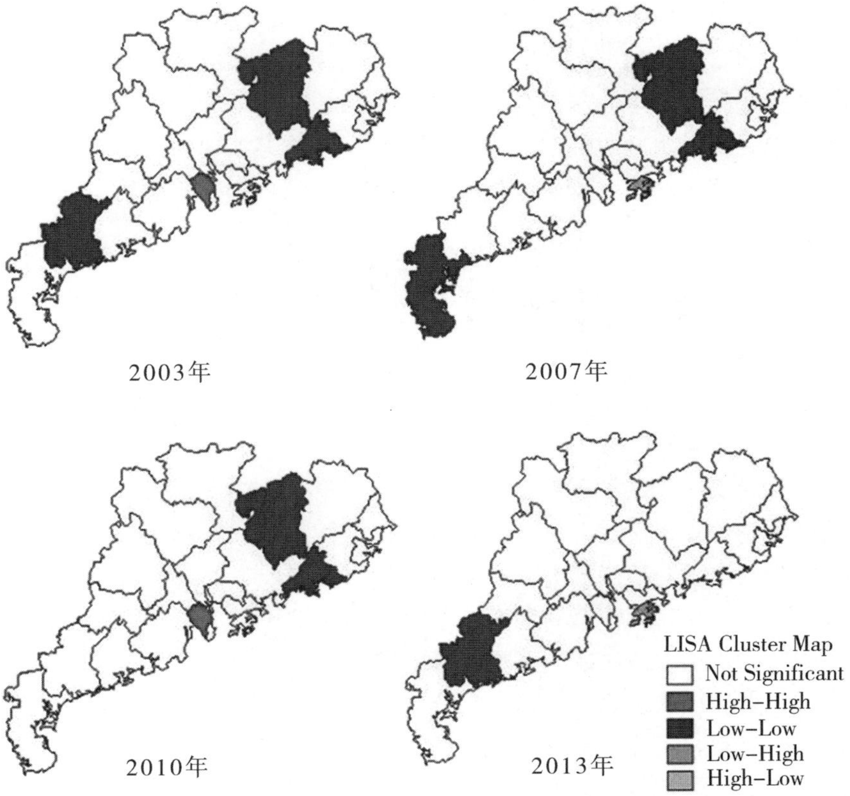

图6　2003 年、2007 年、2010 年与 2013 年 LISA 集聚图

六、结论与对策建议

（一）结论

“广州—深圳—香港”（即“广—深—港”）发展轴作为目前大珠三角区域最发达的经济发展轴，被称为大珠三角区域的“巨型经济走廊”，由广州、深圳、佛山、东莞、香港组成，占有大珠三角区域经济总量的 80% 以上，其扩散效应波及并带动粤港地区的发展（郑新等，2013）。由协整模型分析结果可以看出，粤港两个区域创新系统间已形成良好的互动。但从两个系统的融合和深层次协同合作的角度来看，两地并没有形成此前《珠江三角洲地区改革发展规划纲要（2008—2020 年）》所提出的深港创新圈和以广州—深圳—香港为主轴的区域创新布局的粤港区域创新格局，

两地创新系统间的协作现阶段仍存在很大的改良空间。从以上分析结果可以看出，创新能力的“高—高”正相关关系区域集中在珠三角地区，而粤东与粤西地区并未与大珠三角或者是广—深—港主轴有更深入的互动，主轴线并未表现出明显的带动作用，以广—深—港为主轴的区域创新集群还未成为提高该地区区域创新能力、完善该地区区域创新体系建设的重要部分。

（二）促进粤港跨境区域协同创新的对策建议

1. 制度协同：完善知识产权保护制度

粤港两地知识产权保护制度还存在较大的差异，香港知识产权保护制度属于英美法系而内地属于大陆法系，两地的知识产权法律制度很大差异。香港知识产权保护制度起步较早，具有较强的国际化和开放性特征，体系比较完备；相比之下，广东在对侵权惩罚力度、提高侵权成本、解决举证困难、追索网络侵权等方面仍亟待加强。因此，粤港两地应通过充分协调协商，加强知识产权保护的合作（李平，2011）。在法律上强化对侵权者的处罚，提高违法成本；加强粤港跨境知识产权司法和执法力度，规范程序，秉公执法；完善知识产权公共服务体系，完善粤港两地知识产权信息沟通机制和服务机构人员的交流机制，及时沟通交流知识产权资讯，设立知识产权保护基金，免费提供粤港知识产权咨询和投诉服务。完善知识产权法律支援服务体系，建设知识产权预警系统（唐善新，2005）。

2. 服务协同：完善粤港协同创新的科技金融服务体系

科技金融作为创新驱动战略的重要支撑，是推动广东产业转型升级的重要引擎。广东通过引导基金、科技银行、新三板、科技保险等一系列措施促进科技与金融结合，成效显著，但仍面临着金融资本与科技创新融合动力不足，科技金融融合发展区域失衡，科技金融政策创新对境内外投资机构的吸引力不足，知识产权评估评价机制体制不健全以致银行难以开展纯粹的知识产权质押贷款等问题（王卫红、王颜悦，2014）。粤港两地应抓住广东自贸区建设的机遇，发挥香港的金融优势，促进两地科技金融合作发展，并借此促进两地创新协同层级提升。广东省自贸区的建设方案明确提出了依托港澳、服务内地、面向世界，将自贸试验区建设成为粤港澳深度合作示范区的战略定位。广东自贸区试验方案在科技方面，明确了科技服务是进一步扩大对港澳服务业开放的重点领域之一；在金融领域开放创新方面，要“创新知识产权投融资及保险、风险投资、信托等金融服务，推动建立知识产权质物处置机制”（《国务院关于印发中国（广东）

自由贸易试验区总体方案的通知》，国发〔2015〕18 号）。因此，粤港科技金融要充分发挥自贸区的创新平台作用，以自贸区作为深化粤港金融市场“互联互通”的机制建设的创新平台，通过港澳资本准入、减少业务范围限制等制度创新来促进香港金融、科技人才和机构等资源向广东集聚，依托自贸区，建立华南地区知识产权运营中心、创投服务中心和适应科技金融发展的投资担保中心，发展金融保险业务。同时应发挥香港的区域资源优势，通过打造与国际接轨的营商环境来实现既能吸引国际资本与技术进入，又能推动国内创新成果走出去的更为广阔的科技与金融融合的国际化平台（麦均洪、金江，2015）。

3. 项目协同：健全粤港科技联合招标的长效机制

自 2004 年粤港首次联合招标以来，两地通过公开招标的形式开展科技攻关，进一步紧密合作，充分利用资源优势，促进粤港共同发展。因此，应在加强政策评估的基础上继续开展粤港联合招标：一方面，要通过深化科技体制改革突破联合招标项目的制度瓶颈，加大项目资助力度和扩大资助广度，在项目评审理念、管理机制上不断创新，在机构职能上加强统筹协调与归口管理；另一方面，要加强联合招标项目的针对性，根据香港的创新优势以及珠三角产业结构调整升级的实际情况，在项目选择上要便于资源整合，推动原始创新，突出创新重点，强调成果转化。此外，要重视项目实施的评估工作，总结联合招标工作的经验教训，提炼行之有效的机制和办法作为粤港区域协同创新的经验固定下来，使得两地在协同创新上能够简化环节、固化程序、稳定团队、长效合作。

4. 平台协同：建立粤港科技信息服务平台

围绕粤港科技合作需求，整合、发布粤港两地相关政策、规划、产业、技术、大学、科研机构、企业、人才等信息，逐步形成粤港产业发展数据库、技术路线图数据库、创新主体信息数据库和高端人才信息数据库。同时，建立定期信息沟通，按一定的比例组织广东企业与香港高校、研发机构开展信息沟通，按一定比例、条件组织广东企业与香港高校、研发机构开展信息对接匹配活动，有针对性地推动科研成果产业化。以“粤港协同创新信息服务网”为载体打造粤港科技信息服务平台，及时发布粤港科技创新供需信息，实现创新成果与产业化的无缝对接。探索成立由企业家、科研人员和财务专家组成的创新创投咨询队伍，通过服务平台为粤港协同创新提供智力支持，形成“科技研发 + 成果转化 + 产业孵化”的“一站式”服务模式。

5. 要素协同：促进粤港创新要素跨境便捷流动

粤港协同创新需要进一步突破资金、信息、人才等关键创新要素高效便捷流动的制度瓶颈，如在广东自贸区内先行试点，允许两地联合科研项目的资助资金跨境使用。在无法改变税收制度的情况下对香港在粤科研机构的设备进口进行税收补助。允许两地符合设定条件的企业、机构跨境申请政府资助基金。发挥行业、专业技术协会等科技中介机构的作用，推进相关专业技术资质的互认，为两地创新人才的交流和智力资源合法有序的流动创造前提条件。允许粤港合作科研项目的工作人员在事前确认、所属机构出具证明等条件下，办理多次往返香港的通行证，以及香港的在粤科研人员购买社会保险；允许非广东本地户籍人士和非香港居民的外籍在港工作人员在参与粤港合作科研项目时，在两地通关方面得到便利安排等。

参考文献：

［1］ ANSOFF H I. Corporate Strategy（revised edition）［M］. London：Penguin Books，1987.

［2］ FELDMAN，MARYANN P. and FLORIDA R. The geographic sources of innovation：Technological in frastructure and product innovation in the United States［J］，Annals of the Association of American Geographers，2015，84（2）.

［3］ HAKE H. Synergetics：an introduction［M］. Berlin：Springer－Verlag，1983.

［4］ LUNDVAL B A. National systems of innovation toward a theory of innovation and interative learning［M］. London：Pinter Publishers，1992.

［5］ COOKE P. Regional innovation System：competitive regulation in the New Europe［J］. Geoforum，1992，23（3）.

［6］ 陈广汉．香港回归后的经济转型和发展研究［M］，北京：北京大学出版社，2009.

［7］ 程玉鸿，李强．改革开放以来粤港产业合作关系演进的实证研究［J］．产经评论，2011（4）．

［8］ 李平．粤港两地政府知识产权保护的比较分析［C］//2011广东社会科学学术年会——地方政府职能与社会公共管理论文集，2011.

［9］ 麦均洪，金江．自贸区建设与广东科技金融发展［J］．南方经济，2015（6）．

［10］ 庞皓．计量经济学［M］．北京：科学出版社，2014.

［11］ 任荣伟．经济新常态下两岸四地协同创新机制研究［J］．中国科技产业，2015（3）．

［12］ 沈超，郑霞．新型研发机构助力广东创新驱动发展［J］．广东

科技，2015（10）.

［13］唐善新.粤港知识产权专业支援服务调查研究报告（摘要）［R］//广东省知识产权局.广东知识产权年鉴.广州：广东人民出版社，2005.

［14］汪良兵.区域创新网络结构与协同演化研究［D］.合肥：中国科学技术大学，2014.

［15］万鲁河，王绍巍，陈晓红.基于 GeoDa 的哈大齐工业走廊 GDP 空间关联性［J］. 地理研究，2011（6）.

［16］翁计传.珠江三角洲工业结构趋同性研究［J］. 世界地理研究，2006（1）.

［17］王卫红，王颜悦.广东推进科技、金融与产业深度融合的举措、问题及对策［J］. 科技管理研究，2014（20）.

［18］王志宝，孙铁山，李国平.区域协同创新研究进展与展望［J］. 软科学，2013（1）.

［19］宿军杰.珠三角与香港区域创新系统合作研究［D］. 广州：广东外语外贸大学，2007.

［20］杨耀武，马学新，李健民.长江三角洲发展报告 2008［M］，北京：人民出版社，2009.

［21］张丽佳，侯红明，李宏荣.长三角、珠三角、环渤海区域创新能力与政策比较研究［J］. 科技管理研究，2013（18）.

［22］张玉臣.长三角区域协同创新研究［M］. 北京：化学工业出版社，2009.

［23］郑新，张丽佳，侯红明，等.基于创新集群的以广州—深圳—香港为主轴的区域创新体系建设对策研究［J］. 科技管理研究，2013（23）.

基于共生网络的内地与香港环境科技创新合作研究

王　鹏[①]　王艳艳[②]

一、引言

科技创新已成为当代经济社会发展的主要推动因素，是知识经济区别于传统工业经济最主要的特征之一，决定了一个国家或地区在全球化的进程中能否保持核心竞争力。近年来，许多国家和地区纷纷出台相关政策，加大了对科技创新的支持力度。然而，科技创新是一种成本大、风险高、收益慢的复杂性创新行为，仅靠单个创新主体通常无法单独完成科技创新活动。因此，创新活动逐渐突破地域的限制，促使跨区域创新合作得到迅速发展和壮大，成为当今知识创造和技术溢出的重要源泉。

改革开放以来，随着内地与香港合作关系的不断深化，两地科技创新合作的广度与深度也得到了持续拓展，合作网络中不同参与层次的主体逐渐表现出类似于生物学中的“共生”关系。两地创新合作中出现的新特征，需要采取更加具有说服力的模型或方法进行解释。已有的创新合作网络研究多从理论层面对整体网络的形成与演化开展分析，在忽略网络组成单元及其内部结构特征的情况下进行研究，这种分析模式下得出的影响因素结论容易出现研究不透彻的问题。内地与香港的科技合作不是一种暂时的资源和利益交换过程，而是一种立足当下、统筹未来的共生共荣的提升过程。如何更加准确清晰地对两地不同机构在共生网络形成过程中的位置及权力特征进行定量分析，深入挖掘两地共生网络形成的动力机制，打开合作共生影响因素的“黑匣子”，对未来两地在科技领域的深度融合，提高在世界范围内的科技竞争力具有重要的指导意义。为此，本文从共生网

① 王鹏，暨南大学经济学院特区港澳经济研究所副教授，经济学博士，博士生导师，主要研究方向为区域经济与区域创新，港澳台区域经济等。E-mail：jnuwp@ 163. com。

② 王艳艳，暨南大学经济学院特区港澳经济研究所硕士研究生，主要研究方向为区域经济与共生网络。

络的研究视角，以内地与香港环境科技创新合作为例，探讨跨区域创新合作网络的指标测度和影响因素，提出促进跨区域创新合作深入开展的政策建议，具有较强的理论和现实意义。

二、文献综述

创新合作是实现技术进步的重要途径，创新是一个充满不确定性和风险性的过程，因此创新主体之间需要建立一种深入持久的关系以保障创新的有效性。国内外学者对创新合作及其合作网络进行了广泛而深入的研究，主要包括组织特征、动态演化和影响因素分析等，本文着重对创新合作网络的影响因素进行研究。从现有的国内外文献看，创新合作网络影响因素的研究主要集中在以下两个方面：单维因子分析和多维因子交叉分析。

就单维因子分析而言，该类研究主要从邻近的视角考察单一因素对创新合作网络的影响，相关因素包括地理邻近、技术邻近和社会邻近等。如 Liang 和 Zhu（2002）以区域间的论文合作成果为分析对象，对地理距离与区域研发创新能力的相关性进行研究，发现随着该区域生产效率的提升和地理距离的下降，合作水平有显著提升。Glückler（2007）则从演化的观点研究地理邻近对创新网络的影响，他认为不仅是地理意义上的固定场所可以称为地理邻近，随着交通和通信的便利化，短暂的面对面交流也可以创造地理邻近的新形式，并有利于创新网络的扩展。随着研究的深入，也有学者对地理邻近的作用提出质疑，如王孝斌和李福刚（2007）。Broekel 和 Boschma（2012）认为地理邻近对区域创新的作用存在一个限度，超出这个范围时，会引起技术锁定，反而抑制了创新行为的产生，技术知识的互补性也是合作创新网络发展的重要动力。Woerter（2012）对比了公司和大学技术转移的可能性，发现公司尤其是小公司更易于与技术能力相似的大学合作，它们还倾向于与大学开展多样化的合作防止“技术锁定”。刘志迎和单洁含（2013）对中国大学和企业联合申请发明专利进行测度，发现目前我国的协同创新还处于边际收益递增阶段，技术差距越大，越有利于创新成果的产生。Fritsch、Kauffeld-Monz（2010）和 Hegde、Tumlinson（2014）分别对创新网络和风险投资中社会邻近性的影响作用进行了研究，实证分析的结果都证实：相似的社会结构更有利于合作的开展和延续。

随着信息技术的高速发展，不同区域之间的创新合作愈加频繁，从单一维度已无法准确解释跨区域创新合作网络的影响因素，而从组织、认知、社会、制度和地理邻近等多维影响因子的交叉作用研究创新合作及其合作网络则更趋合理。近期的相关研究主要有：汪涛等（2011）、李琳和杨田（2011）在对我国创新网络进行研究时发现，地理因素在网络发展初期起到决定性的作用，随着网络发展步入成熟期，为了建立长远和复杂的合作关系，组织和知识相似性显得更为重要。Schwartz 等（2012）的研究成果认为，合作类型、经历、规模以及地理距离等综合因素对创新产出具有显著影响。Ter Wal（2014）、吕国庆等（2014）则认为组织、社会因素等在创新合作网络长远发展中会发挥更加重要的作用，地理因子的作用则越来越小。

跨区域创新合作网络的不断发展会产生类似于生物界不同物种之间的“共存”现象，从而形成共生网络。共生网络这一概念的运用可追溯至生物学领域，主要指不同生物种群按照特定模式相互依存、共同进化的现象。创新网络不同主体由于合作创新而产生了关联，随着合作的延续与深入，信任关系不断加深，创新网络必然向共生网络演进。共生网络是在长期演进过程中形成的比较稳定的共生系统，在解释网络节点能量生成、结构优化方面具有显著优势，该网络主要由共生单元、共生环境及共生模式构成。从研究层次来看，现有文献关于共生网络的研究既包括产业层面的共生网络，又涉及国家或区域层面的共生网络，其中又以产业共生网络的组织结构、稳定性、运行效率以及发展方向等的研究最为广泛和深入。如刘洪君和朱顺林（2010）将内部存在紧密联系的产业集群共生网络的结构类型划分为依托型、平等型以及嵌套型共生网络，并认为平等型和嵌套型网络结构对当前经济发展最为有利。张萌等（2008）和 Chopra、Khanna（2014）分别从网络运行模式和产业链等角度出发，寻找提高共生网络稳定性的解决方案，他们的研究均认为单一的核心企业不利于共生网络的稳定，密集嵌套式网络则具有较高的稳定性。王曙光等（2013）、刘晶茹等（2014）通过建立复合评价指标体系，对生态产业园的运行效率进行评价，发现产业链条愈加完善的园区，其资源利用效率也愈高。刘光富等（2014）的研究成果指出传统的产业共生主要关注工业废弃物的资源化，随着城市问题的日益突出，未来产业共生应该加强对城市共生的形成、定位以及评价等问题的研究。Liu 等（2015）则认为共生网络是将传统上相互分离的企业结合在一起，并使其发挥比较优势的多层次网络。

由于共生网络中的结构单元、共生模式以及共生环境在长期的合作中具有动态变化的特征，且这些变化特征易于捕捉，可以从不同层次测量创新合作网络的动态特征，以及定量地刻画跨区域、跨学科和跨部门等创新合作的根本动力因素，因此，从共生网络的视角开展跨区域创新合作网络研究具有合理性。目前，关于国家层面的共生网络研究相对较少，跨区域产学研合作是共生理论运用相对成熟的领域，为共生理论在跨区域创新合作网络中的应用提供了方向。如 Jeong 等（2000）发现了产学研合作网络的“小世界”特征及其自组织特性，认为这些优良的网络特征提高了运用共生网络理论定量阐述跨区域产学研合作的可行性。冯锋等（2013）指出，在经济和社会系统的共同推动下，产学研合作的“网络”和“共生”特征日益明显，共生网络已经成为描述产学研合作的有力视角和构架。范斐等（2015）通过能力结构关系模型实证发现，当前中国东、中、西部的创新能力还存在梯级差异，未来各省区需要打破空间阻隔，发挥各自的比较优势以进行协同创新。

综上所述，现有关于创新合作网络影响因素分析的研究主要以静态的机制分析为主，缺少动态的定量分析，且侧重于单一因素的影响研究，从多维影响因子的视角进行交叉作用分析的成果仍较少。同时，对产业共生网络的研究通常局限于区域内部的产业合作，对共生网络视角下的跨区域创新合作网络进行指标测度和影响因素分析的研究不足，亟须进一步的拓展。本文基于共生网络的研究视角，以内地与香港环境科技创新合作为研究对象，从区域的层面对跨区域创新合作网络进行中心性和核心—边缘结构等指标测度；并运用社会网络分析方法，对内地与香港环境科技创新合作网络进行奇异值（SVD）分析，以探索跨区域创新合作网络发展的主要影响因素。

三、研究对象与数据处理

跨区域创新合作是当前全球科学和技术发展的主要特征，科技创新活动的复杂性和不确定性需要众多企业通过合作实现技术革新（弓志刚，2012）。“创新及科技支援计划”是香港特别行政区政府为提升香港科技创新能力，对大学、研发中心以及专业团体等中下游研发项目进行资助的一项中长期战略计划，包括向研发中心选定的重点研发项目、商品化潜质较高的应用研究项目以及具有探索性价值的研发项目等进行拨款资助。该项计划主要由香港产学研机构提出项目申请，其他机构可以通过赞助或支持的方式参与这些项目，主要包括内地研发机构、澳门研究机构、香港本地企业、知名跨国公司（以总部居于香港的跨国公司居多）。本文搜集数据显示，研发合作过程中内地机构与香港本地企业的参与状况随着时间的推进呈现出快速增加的趋势，澳门则相对较少，外企则保持在一个比较稳定的比例。就环境科技项目合作而言，从世界范围版图看，共生参与主体还以香港机构为主，显示出地理邻近性的优势；而从内地版图来看，参与主体则逐渐延伸至内地沿海及中西部偏远地区，技术人才互补和市场需求匹配的牵引力量逐渐明显。在内地与香港的科技合作中，由于存在资金、技术、人才的相互需求以及制度、地理等接近优势，双方具备了共生的可能性。而在长期合作的过程中，由于知识技术相容催化了共生能量的生成，产生了一系列科研创新成果并有效地推动了两地科研成果产业化。在该共生网络中，共生单元主要是指两地的产学研参与机构，共生模式是不同共生单元之间通过项目合作的方式进行优势互补，受到外部政策环境以及参与单元变动的影响。本文以内地与香港环境科技创新合作为例，通过对共生网络视角下该创新合作网络的指标测度和特征分析，探寻影响跨区域创新合作网络的主要因素，并提出相关的政策建议。

本文选取自香港实施“创新及科技支援计划”以来，截至 2014 年 12 月，内地与香港不同机构在环境科技创新领域的合作项目为研究对象，主要资料来源为香港科技创新署网站。通过在该网站进行项目检索发现，环境科技创新领域的合作项目共有 323 项，其中涉及内地与香港之间的合作项目共有 114 项，包括空气质量检测、河流海岸管理以及节能环保研制等项目的合作。

以前文检索得到的数据为基础，本文根据参与合作项目的内地机构性质（官、产、学、研）进行分类，并构建以下 2—模矩阵。项目组表示香港的不同参与机构，包括香港应用创新研究院、香港中文大学、香港科技大学、香港理工大学、香港生产力促进局、香港城市大学、香港纺织及成衣研发中心、香港大学、香港汽车零部件及发展研究中心、香港纳米级先进材料研发院有限公司、香港浸会大学等，分别用 A、B、C、D、E、F、G、H、I、J、K 表示（见表 1）。矩阵中的数值表示内地与香港不同机构之间的环境科技创新合作次数，如（京官，B）的“3”表示北京的政府机构和香港中文大学存在 3 次合作。可以看出，该矩阵为多值矩阵。

表 1　内地与香港环境科技创新合作初始矩阵

	A	B	C	D	E	F	G	H	I	J	K		A	B	C	D	E	F	G	H	I	J	K
京官	0	3	0	0	0	0	0	0	0	0	0	鲁产	0	1	1	0	0	0	0	0	0	0	0
京产	1	5	0	0	0	1	2	0	0	1	0	鲁学	0	1	0	0	0	0	0	0	0	0	0
京学	0	1	0	2	0	0	0	1	0	0	1	鲁研	0	1	0	0	0	0	0	1	0	0	0
京研	0	4	0	0	0	0	3	0	0	0	0	闽学	0	1	0	0	0	0	0	0	0	0	0

（续上表）

	A	B	C	D	E	F	G	H	I	J	K		A	B	C	D	E	F	G	H	I	J	K
沪官	0	0	0	0	0	0	1	0	0	0	0	苏产	2	0	0	0	1	0	0	0	0	0	0
沪产	0	1	0	0	0	1	0	0	0	0	0	苏研	0	0	0	0	0	0	0	1	0	0	0
沪学	0	0	0	0	0	0	0	0	1	0	0	津产	1	0	0	1	0	0	0	0	0	0	0
沪研	0	0	0	0	0	0	1	0	1	0	0	渝官	0	0	0	0	0	0	0	0	2	0	0
粤官	0	5	1	0	0	0	0	0	1	0	0	渝产	0	0	0	0	0	0	0	0	4	0	0
粤产	1	8	4	3	1	1	5	2	3	2	0	渝学	0	0	0	0	0	0	0	0	2	0	0
粤学	0	4	3	1	0	0	0	0	1	0	0	渝研	0	0	1	0	0	0	0	0	1	0	0
粤研	0	3	1	0	0	0	2	0	1	0	0	赣产	0	0	1	0	0	0	0	0	0	0	0
浙产	1	0	0	0	0	1	1	0	0	1	0	陕学	0	0	0	0	0	0	1	0	0	0	0
浙学	0	0	0	0	0	0	1	0	0	0	0	皖产	0	1	0	0	0	0	0	0	0	0	0

四、共生网络视角下的两地跨区域创新合作网络指标测度

本文以内地与香港环境科技创新合作为研究对象，对共生网络视角下的跨区域创新合作网络进行指标测度。首先进行中心性分析，以便从整体上把握内地与香港不同机构在环境科技创新领域的合作次数；然后进行核心—边缘结构分析，考察创新合作网络中的关键节点和边缘节点。

（一）中心性分析

在共生网络视角下的内地与香港环境科技创新合作网络中，行动者的点度中心度表示内地某一机构与香港相关机构的合作次数，项目组的点度中心度则表示香港某一机构拥有的行动者数量。节点的接近中心度是对可达性的测度，由该节点与其他节点的距离之和，再加上该节点到所有相关事件的距离之和表示（邹波、于渤，2010）。中间中心度则反映该共生网络中的行动者权力大小，即在多大程度上居于网络的中心位置。

从内地不同机构的中心性指标（见表 2）来看，广东省企业（粤产）的点度中心度、接近中心度以及中间中心度都是最高的，说明广东省企业与香港跨区域环境科技创新合作最为活跃。其次，北京市企业（京产）和高等院校（京学）的中心性指标也较高，广东省高等院校（粤学）、研究机构（粤研）以及浙江省企业（浙产）也与香港相关机构保持着密切的合

作关系。江苏省研究机构（苏研）、浙江省和陕西省高等院校（浙学、陕学）等的中心性指标均较低，反映出这些省市与香港的环境科技创新合作关系还较弱。

从香港不同机构的中心性指标（表3）来看，香港中文大学（B）的点度中心度、接近中心度以及中间中心度均居于首位，在环境科技创新领域吸引了最多的内地合作者，另外两个中心性指标较高的香港机构分别是香港纺织及成衣研发中心（G）和香港汽车零部件及发展研究中心（I）。表3还显示，香港科技大学（C）虽然是一所年轻的高等院校，但是与内地的环境科技创新合作已比较密切。

表2　内地不同机构的中心性指标

	点度中心度	接近中心度	中间中心度		点度中心度	接近中心度	中间中心度
苏产	0.182	0.496	0.002	鲁产	0.182	0.607	0.007
浙产	0.364	0.575	0.018	沪官	0.091	0.520	0.000
京产	0.455	0.714	0.064	浙学	0.091	0.520	0.000
粤产	0.909	0.970	0.404	陕学	0.091	0.520	0.000
津产	0.182	0.520	0.003	渝学	0.091	0.528	0.000
沪产	0.182	0.596	0.006	渝产	0.091	0.528	0.000
皖产	0.091	0.575	0.000	沪学	0.091	0.528	0.000
粤学	0.364	0.714	0.055	沪研	0.182	0.596	0.016
京学	0.364	0.631	0.076	渝研	0.182	0.556	0.004
粤研	0.364	0.765	0.077	渝官	0.091	0.528	0.000
粤官	0.273	0.684	0.032	苏研	0.091	0.489	0.000
京研	0.182	0.644	0.017	鲁研	0.182	0.596	0.009
京官	0.091	0.575	0.000	鲁学	0.091	0.575	0.000
赣产	0.091	0.504	0.000	闽学	0.091	0.575	0.000

表 3　香港不同机构的中心性指标

	A	B	C	D	E	F	G	H	I	J
点度中心度	0.18	0.50	0.25	0.14	0.07	0.14	0.32	0.14	0.36	0.11
接近中心度	0.50	0.63	0.52	0.50	0.47	0.49	0.55	0.50	0.56	0.48
中间中心度	0.07	0.40	0.10	0.05	0.02	0.02	0.21	0.07	0.26	0.01

（二）核心—边缘结构分析

核心—边缘结构是一种特殊的分类结构，该结构中的核心部分联系紧密，但边缘结构联系疏松。在 2 - 模矩阵中，行动者和项目都被分作两类，核心部分为共同行动者的“聚类”，表示行动者与相关事件紧密联系在一起；边缘部分虽然也是由一部分行动者构成的，但是不同类型的行动者在项目合作上联系比较疏松（荣泰生，2013）。在本文中，核心部分的行动者之间有着比较密切的创新合作关系，而边缘则是由一些合作经历相对较少的成员组成，与核心部分的成员相比，边缘部分的成员与香港的环境科技创新合作密切程度较低。

表 4 展示了内地与香港环境科技创新合作网络的核心—边缘结构情况，其中包含两个拟合优度指数，最终拟合优度较初始拟合优度有了显著的上升，即核心—边缘分析的拟合优度比较好。分析结果可以分为四块区域，左上区域的块密度为 2.917，右上区域的块密度为 0.444，左下区域的块密度为 0.521，右下区域的块密度为 0.088，显然左上区域的块是 4 个分区中的核心。具体来看，左上区域的香港中文大学（B）、香港科技大学（C）、香港纺织及成衣研发中心（G）和香港汽车零部件及发展研究中心（I）等香港机构，和广东省产学研机构（粤产、粤学、粤研）在内地与香港环境科技创新合作网络中居于核心地位，在整个共生网络中的相互联系也最密切，而其他区域的内地与香港相关机构则处于网络的边缘地位。

表 4　内地与香港环境科技创新合作网络的核心—边缘结构情况

	粤学	粤研	粤产	浙产	津产	沪产	皖产	苏产	京学	京产	粤官	京研	京官	赣产	鲁产	沪官	浙学	陕学	渝学	渝产	沪学	沪研	渝研	渝官	苏研	鲁研	鲁学	闽学
C	3	1	4								1			1	1								1					
B	4	3	8			1	1		1	5	5	4	3		1											1	1	1
G		2	5							2	1	3				1	1	1										
I	1	1	3	1															2	4	1	1	1	2				

（续上表）

	粤学	粤研	粤产	浙产	津产	沪产	皖产	苏产	京学	京产	粤官	京研	京官	赣产	鲁产	沪官	浙学	陕学	渝学	渝产	沪学	沪研	渝研	渝官	苏研	鲁研	鲁学	闽学
A			1	1	1			2		1																		
F			1	1		1				1																		
E			1					1																				
H			2						1																1	1		
D	1		3		1				2	1																		
J			2	1																								
K									1																			

在2－模共生网络中，核心部分的行动者之间合作比较频繁，共生关系比较显著。Ter Wal（2014）认为，地缘因素自身并不能构成相邻区域之间创新的必要条件，而是通过地理邻近性强化社会认知、市场组织、制度等因素的综合作用。由以上分析可知，香港的高等院校、研究机构与广东省产学研机构在环境科技创新合作方面存在着最为紧密的联系，这种现象说明在内地与香港跨区域创新合作网络中，地缘优势依旧发挥着重要的作用，广东省的地理优势使之更容易获得与香港创新合作的各种资源。

五、共生网络视角下的跨区域创新合作网络影响因素分析

为了进一步探寻共生网络视角下的跨区域创新合作网络影响因素，本文将对内地与香港环境科技创新合作网络进行奇异值（SVD）分析。SVD分析主要用来研究2－模共生网络中共同的影响因子。当2－模矩阵中包含较多的行与列时，不易直观地看出行动者与事件之间的主要关联因素，采用SVD分析可以利用其分级技术降低维度，找到事件的主要影响因子（荣泰生，2013）。前文中的2－模矩阵分析和中心性分析主要是针对内地与香港环境科技创新合作网络中的个别行动者，而SVD分析则注重寻找影响创新合作网络形成和发展的主要因素，反映的是共生环境对网络发展的影响。

本文SVD分解结果中给出了11个奇异值（见表5），其中，第1个奇异值是15.613，占总体的39.2%；第2个奇异值是5.597，占总体的14.0%；第3个奇异值是4.421，占总体的11.1%，前3个奇异值的累计占比高达64.3%，可以看出这3个奇异值对内地与香港环境科技创新合作网络的解释

力度最大。因此，本文主要考虑这三个因子对创新合作网络的影响。

表5　内地与香港环境科技创新合作网络影响因子的SVD分解结果

影响因子	得分	百分比（%）	累计百分比（%）	比率（%）	消减误差比例（%）	累计消减误差比例（%）
1	15.613	39.2	39.2	2.790	0.701	0.701
2	5.597	14.0	53.2	1.266	0.109	0.809
3	4.421	11.1	64.3	1.147	0.068	0.877
4	3.855	9.7	74.0	1.372	0.052	0.929
5	2.811	7.1	81.1	1.105	0.027	0.956
6	2.545	6.4	87.5	1.483	0.022	0.979
7	1.715	4.3	91.8	1.215	0.010	0.989
8	1.412	3.5	95.3	1.853	0.007	0.996
9	0.762	1.9	97.2	1.257	0.002	0.998
10	0.606	1.5	98.7	1.191	0.001	0.999
11	0.509	1.3	100.0		0.001	1.000

为了深入挖掘这三个奇异值背后所代表的含义，本文分别对创新合作网络中内地与香港的相关机构进行SVD分析。从表6可以看出，在共同因子1上得分最高的是粤产（0.73），而后是京产（0.33）。广东省和北京市的企业得分最为靠前，与这两个省市拥有丰富的人才资源紧密相关，充足的创新人才是内地与香港进行环境科技创新合作的重要保障，因此可以把共同因子1定义为“人才因子”。同时可以发现，内地与香港跨区域创新合作的过程中，地理因素已不再是唯一的决定性因素，综合来看，相似的人才和知识结构变得更为重要。在共同因子2上，得分最高的依次是渝产（0.64）、渝学（0.32）和渝官（0.32），这三项高分获得机构都集中在重庆市，这与近年来重庆市政府积极开拓国际交流与合作、大力推动科技创新水平密切相关。与我国内地其他区域的合作模式相比，在重庆与香港的跨区域创新合作项目中，大多是靠政府引进、企业积极参与推动，创新合作网络的发展离不开政府政策的大力支持，因此本文把共同因子2定义为“政策因子”。在共同因子3上得分最高的是粤产（0.35）和浙产（0.30），这两个省份都有相对较高的市场化水平，从而与香港的相关机构有更多的合作，本文则把共同因子3定义为“市场因子”。

表6　内地不同机构的SVD分析结果

机构	苏产	浙产	京产	粤产	津产	沪产	皖产	粤学	京学	粤研	粤官	京研	京官	赣产
因子1	0.00	0.00	0.33	0.73	0.02	0.06	0.05	0.29	0.08	0.24	0.30	0.28	0.16	0.02
因子2	0.00	0.00	−0.32	0.24	0.02	−0.07	−0.06	0.05	0.00	0.01	−0.12	−0.26	−0.19	0.04
因子3	0.10	0.30	0.06	0.35	0.10	−0.05	−0.09	−0.44	0.03	0.02	−0.51	0.17	−0.26	−0.03
机构	鲁产	沪官	浙学	陕学	渝学	渝产	沪学	沪研	渝研	渝官	苏研	鲁研	鲁学	闽学
因子1	0.10	0.00	0.02	0.02	0.03	0.06	0.01	0.04	0.03	0.03	0.01	0.06	0.05	0.05
因子2	0.00	0.00	0.00	0.00	0.32	0.64	0.16	0.16	0.20	0.32	0.01	−0.05	−0.06	−0.06
因子3	−0.1	0.2	0.17	0.17	−0.07	−0.14	−0.04	0.14	−0.07	−0.07	0.04	−0.05	−0.09	−0.09

根据上述分析所得的共同因子，能够进一步对照和考察香港不同机构在三个主要奇异值上的负载值。表7给出了香港不同机构的SVD分析结果，从中可以看出，香港中文大学（B）在“人才因子”（因子1）上的负载值为0.82，远高于其他参与合作机构，说明该学校与内地人才资源丰富、研发能力强的区域及机构存在着密切合作关系。香港汽车零部件及发展研究中心（I）在“政策因子”（因子2）上的负载值最高，为0.90，说明该机构与内地在环境科技领域的创新合作中得到了较多的政策支持。香港纺织及成衣研发中心（G）在“市场因子”（因子3）上的负载值是0.77，反映该机构在与内地的创新合作过程中，更加注重产品的市场转化能力。而内地在“市场因子”上得分最高的是广东省和浙江省，这两个省份是我国重要的纺织及成衣制造大省，近年来面临着纺织业等传统产业转型升级的难题，亟须增强产品的创新含量和市场竞争力。

表7　香港不同机构的SVD分析结果

	A	B	C	D	E	F	G	H	I	J	K
因子1	0.07	0.82	0.28	0.17	0.05	0.07	0.37	0.10	0.22	0.12	0.01
因子2	−0.01	−0.35	0.22	0.14	0.04	−0.03	−0.01	0.08	0.90	0.03	0.00
因子3	0.25	−0.39	−0.14	0.17	0.11	0.15	0.77	0.16	−0.16	0.24	0.01

六、结论与政策建议

1. 研究结论

构建并发展跨区域创新合作网络是内地与香港深化科技经济合作、增强凝聚力和共同提升竞争力的主要途径。本文基于共生网络的研究视角，选取香港实施“创新及科技支援计划”以来，内地与香港在环境科技创新领域的合作项目，运用社会网络分析方法，对两地跨区域创新合作网络进行中心性和核心—边缘结构等指标测度，并利用奇异值（SVD）分析探索跨区域创新合作网络发展的主要影响因素，可以得到以下几点研究结论：

（1）中心性指标较高的内地与香港参与机构对两地跨区域创新合作网络的稳定发展起到重要支撑作用。中心性分析发现，内地与香港均拥有中间中心性较高的企业、高等院校或研究机构，这些参与机构处于跨区域创新合作网络的核心位置，对共生网络的知识生成与流动以及网络整体的稳定性具有积极作用。

（2）地理临近性对内地与香港跨区域创新合作网络仍然具有突出作用。网络中的核心—边缘结构依旧存在，表现为香港的高等院校、研究机构与广东省产学研机构在环境科技创新合作方面存在着最为紧密的联系，广东省的产学研机构在共生网络中居于关键位置，而内地大多数区域与香港不存在共生合作关系。

（3）相似的人才和知识结构是内地与香港跨区域创新合作网络发展的核心因素。奇异值（SVD）分析结果表明，地理因素不再是内地与香港跨区域创新合作过程中的决定性因素，相似的人才结构可以使产学研联合研发突破地缘劣势的限制，从而实现异域共生，并有力地促进跨区域之间的创新合作。

（4）政府政策的支持和引导对内地与香港跨区域创新合作网络的形成起着重要作用。根据 SVD 分析结果，重庆市在政策指引下的科技创新合作富有成效，得益于当地政府在对香港跨区域创新合作关系的拓展方面给予了较高的重视，并采取相应的配套措施。

2. 政策建议

（1）保持跨区域创新合作网络中核心成员的科技创新能力，增强非核心成员的科技创新活力。一方面要加强对中心性指标较高成员的支持力度，高中心性的参与者更易在共生网络中产生创新成果，通过政策支持可以激励它们发挥核心作用，提高共生网络的整体创新能力。另一方面，要关注网络中非核心成员的成长和参与情况，非核心成员虽然没有占据关键位置，但它们的参与可以提高网络密度，增加合作过程中产生创新思维的碰撞可能性。

（2）提高粤港创新圈的跨区域创新合作质量，充分发挥地理优势带动周边及内陆地区与香港进行深度合作。粤港创新圈是内地与香港跨区域创新合作的重要窗口，其发展质量不仅关乎粤港两地的经济融合和产业升级，还会对内地与香港构建紧密的创新合作网络起到引领作用。在粤港创新圈发展的基础上，应把广东省作为枢纽和中转站，通过中介机构的建设和合作机制的完善吸引更多的内地机构参与跨区域创新合作。

（3）构建人才和知识方面的耦合机制，通过智力因素的接轨克服地域限制带来的不利影响。共生网络中的人才结构互补性越强，越有利于合作和创新。在跨区域创新合作网络中，内地与香港的共生合作是一种基于相似的人才和知识结构的有意识选择过程，研发活动需要双方具有程度相当的人力资本和知识层次。因此，人才和知识结构是否一致会影响未来内地与香港的创新合作进程，可以通过会议交流、人才流动、相互培训等提高共生网络中人才和知识结构的兼容度。

（4）积极发挥不同地区政府的引领协调作用，鼓励政府在跨区域创新合作中先行先试。在内地与香港跨区域创新合作网络中，尽管企业可以根据市场规则自由选择合作对象，但是偏远地区的企业和科研机构在合作信息获取、科研融资等方面都存在困难。相对来说，政府的信息获取渠道更为顺畅，可以通过参与政府间合作项目为基础加强不同区域之间的深入了解，继而在构建共生网络的过程中推动跨区域创新合作的深入开展。

参考文献：

［1］BROEKEL T，BOSCHMA R. Knowledge networks in the dutch aviation industry：the proximity paradox［J］. Journal of economic geography，2012，12（2）.

［2］CHOPRA S，KHANNA V. Understanding resilience in industrial symbiosis networks：insights from network analysis［J］. Journal of environmental management，2014，141（1）.

［3］GLÜCKLER J. Economic geography and the evolution of networks［J］. Journal of economic geography，2007，7（7）.

［4］FRITSCH M，KAUFFELD-MONZ M. The impact of network structure on knowledge transfer：an application of social network analysis in the context of regional innovation networks [J]. The annals of regional science, 2010, 44 (1).

[5] HEGDE D, TUMLINSON J. Does social proximity enhance business partnerships? Theory and evidence from ethnicity's role in US venture capital [J]. Management science, 2014, 60 (9).

[6] JEONG H, et al. Barabasi AL: the large-scale organization of metabolic networks [J]. Nature, 2000, 407 (6804).

[7] LIANG L, ZHU L. Major factors affecting China's inter-regional research collaboration: regional scientific productivity and geographical proximity [J]. Scientometrics, 2002, 55 (2).

[8] LIU C, CÔTÁ R P, Zhang K. Implementing a three-evel approach in industrial symbiosis [J]. Journal of cleaner production, 2015, 87 (1).

[9] WOERTER M. Technology proximity between firms and universities and technology transfer [J]. The journal of technology transfer, 2012, 37 (6).

[10] SCHWARTZ M, et al. What drives innovation output from subsidized R&D cooperation? —project-level evidence from germany [J]. Technovation, 2012, 32 (6).

[11] TER WAL, A L J. The dynamics of the inventor network in german biotechnology: geographic proximity versus triadic closure [J]. Journal of economic geography, 2014, 14 (3).

[12] 王孝斌，李福刚．地理邻近在区域创新中的作用机理及其启示 [J]. 经济地理，2007，(4).

[13] 刘志迎，单洁含．技术距离、地理距离与大学—企业协同创新效应——基于联合专利数据的研究 [J]. 科学学研究，2013，(9).

[14] 汪涛，等．知识网络空间结构演化及对 NIS 建设的启示——以我国生物技术知识为例 [J]. 地理研究，2011，(10).

[15] 李琳，杨田．地理邻近和组织邻近对产业集群创新影响效应——基于对我国汽车产业集群的实证研究 [J]. 中国软科学，2011，(9).

[16] 吕国庆，曾刚，顾娜娜．基于地理邻近与社会邻近的创新网络动态演化分析——以我国装备制造业为例 [J]. 中国软科学，2014，(5).

[17] 刘洪君，朱顺林．共生理论视角下产业集聚发展的机制与模式——以宁波软件产业为例 [J]. 华东经济管理，2010，(9).

[18] 张萌，姜振寰，胡军．工业共生网络运作模式及稳定性分析[J]．中国工业经济，2008，(6)．

[19] 王曙光，等．生态工业园区产业共生效率的量化评价 [J]．工业技术经济，2013，(6)．

[20] 刘晶茹，等．生态产业园的复合生态效率及评价指标体系 [J]．生态学报，2014，(1)．

[21] 刘光富，鲁圣鹏，李雪芹．产业共生研究综述：废弃物资源化协同处理视角 [J]．管理评论，2014，(5)．

[22] 冯锋，肖相泽，张雷勇．产学研合作共生现象分类与网络构建研究——基于质参量兼容的扩展 Logistic 模型 [J]．科学学与科学技术管理，2013，(2)．

[23] 范斐，等．基于能力结构关系模型的区域协同创新研究 [J]．地理科学，2015，(1)．

[24] 弓志刚．基于社会网络分析的中国跨区域技术创新合作研究[J]．创新管理研究，2012，(10)．

[25] 邹波，于渤．校企知识转移 2－模网络中企业员工吸收能力测度与分析 [J]．哈尔滨工业大学学报（社会科学版），2010，(4)．

[26] 荣泰生．Ucinet 在社会网络分析（SNA）之应用 [M]．台北：五南图书出版公司，2013．

（本文原载于《产经评论》2015 年第 4 期，有删减）

珠三角湾区城市关系测度及其网络结构特征

——生产性服务业企业选址视角

程玉鸿[①] 扈 岩[②]

一、引言

城市关系问题作为城市科学的传统研究领域，自人类文明进入工业社会以来，已大致形成两种研究范式：一种是发轫于工业化快速发展背景下，以中心地理论为基础，主要强调城市间垂直竞争关系的城市层级范式；另一种则形成于经济全球化日益凸显，信息化、网络化社会特征不断发育的背景之下，以流动空间（space of flow）理论为基础，主要强调城市间水平合作关系的城市网络范式。两种范式在城市关系测度思路上，存在显著差异，前者主要通过城市自身的某些属性来间接寻找城市间关系的证据，后者则主要通过挖掘城市间的关系型数据，致力于对城市间关系的直接观察和度量。

回顾城市网络范式的形成与发展历程，大致可追溯至20世纪90年代有关世界城市的研究。在经济全球化不断深化，交通通信技术飞速发展，信息网络社会日益崛起的背景之下，以Taylor为代表的一批学者，在对世界城市进行网络分析的探索中，以Friedmann、Sassen和Castells等学者的研究为基础，在城市间关系从层级到网络的概念化、模型构建和测量方法等方面进行了卓有成效的探讨，逐步形成了城市间关系研究的新范式。有学者将其称为"新城市主义"的网络观点。从范式的一般性定义可将其概括为，基于经济全球化和信息通信技术的发展所产生的"瞬时空间"效应的观察，以流动空间将取代地方空间而在城市空间形态中占据主导地位为前提假设，由网络（network）、核心（hub）、节点（city nodes）、组织机构（organization）和关系型数据（relational data）等构成核心概念体系，

① 程玉鸿，暨南大学经济学院特区港澳经济研究所副教授，理学博士，主要研究方向为城市与区域经济，城市地理与规划，港澳区域合作与发展战略等。E-mail：sgcyh@163.com。

② 扈岩，暨南大学经济学院特区港澳经济研究所硕士研究生。

以网络分析为主要方法的城市关系研究范式。对于这一范式，城市关系型数据的稀缺和获取难度是其在实证研究中面临的主要难题。从已有文献看，城市关系型数据的挖掘主要包括两类方法。其一是以 Castells（1996）流动空间模型为基础，考察为跨境城市网络的形成提供物质基础的城市设施结构的方法。这里的设施主要包括城市的交通设施（航空设施、旅客数量等）和城市的通信设施（带宽、电讯通信容量等）。该方法因其直观性而成为早期城市网络研究的重点，但因数据的城市属性特征，应用并不普遍。其二是在 Sassen 关于世界城市是服务企业的重要聚集地和市场的假设的基础上，以 Taylor 为代表的“全球化与世界城市”网络研究小组（GaWC）所提出的世界城市网络理论及联锁网络模型（Interlocking Network）。该方法主要通过考察先进生产性服务企业为实现服务的“无缝连接”所实施的区位选择战略，及由此形成的跨境城市办公网络，并进行城市的关系型数据挖掘和城市网络实证研究。这一方法被认为是在概念上最接近研究世界城市网络形成实际过程的方法，并以其较强的适用性而为多数学者所接受。如 Rossi 等采用问卷调查法，获取了巴西前 120 家生产性服务企业的组织机构的空间数据以及这些企业客户的空间数据，对巴西城市之间的水平交易关系及其国际交易网络进行了研究。Taylor 通过搜集 175 家生产性服务企业在全球 525 个城市的分布、规模信息，对这些城市的总联结性和不同的生产性服务业网络联结性进行了比较。随着中国区域经济的迅猛发展和城市化进程的加快，国内学界采用该方法针对不同空间尺度的城市网络格局的研究日益增多。尹俊等根据全国主要金融服务业分布数据对中国城市网络进行了定量分析；赵渺希等基于生产性服务业对中国的城市网络体系进行了分析；谭一洺等基于高级生产者服务业对成渝地区的城市网络体系结构进行了探讨；刘涛等基于城市功能网络的概念内涵，以珠江三角洲城市功能网络的演化历程为实例，演示了该地区城市联系的演化历程和空间特征。总体来看，城市网络范式已成为当前国际上关于城市关系研究的前沿领域，相关研究集中在城市关系型数据挖掘、城市关系测度以及网络格局分析等方面，学者们针对不同区域、采用不同的数据来源进行了诸多有益的探讨，但多数研究重点专注于城市关系型数据的挖掘和对城市网络的实证测度分析，而在城市网络形成动因以及网络分析方法的应用等方面则相对薄弱。

本文以珠江三角洲湾区城市群①，简称珠三角湾区（PRDBA）为实证对象，主要基于两点考虑。其一，城市群是我国新型城镇化的主体形态，承担着拓展发展空间、释放发展潜力和参与国际竞争合作的重要功能。国家发改委近日印发《关于加快城市群规划编制工作的通知》，提出 2017 年将启动珠三角湾区城市群规划编制。把香港、澳门和珠三角九个城市作为一个整体来规划，对于香港、澳门更好地融入国家经济体系，确保香港、澳门的长期繁荣稳定有着十分重要的意义。其二，由粤港澳组成的珠三角区域经济形态正在形成。据统计，2015 年，珠三角区域生产总值达到 1.3 万亿美元，进出口贸易额约 1.5 万亿美元。作为重要的交通枢纽，该区域拥有世界级的海空港群，机场年旅客吞吐量接近 1.4 亿人次，港口集装箱吞吐量接近 7 200 万标箱。近年来，随着港珠澳大桥等交通基础设施建设的推进，珠江口西岸城市群与港澳地区的融合进一步深入，珠三角区域一体化迎来全新的发展阶段，形成具有高端、开放、创新特点并具有较强竞争力的湾区经济形态。同时，香港和澳门作为我国的两个特别行政区，使得珠三角湾区成为我国唯一存在制度性差异的城市群区域，具有显著的独特性。探明并揭示“一国两制”框架下珠三角湾区的城市关系及其网络结构特征与动因，对于科学规划珠三角湾区城市群，进一步优化珠三角湾区城市网络，提升城市群整体竞争力无疑具有重要的理论指导意义。

二、研究方法与数据来源

（一）研究方法

联锁网络模型构建的基本思路主要基于城市关系取决于企业的空间战略这一理论，即企业因信息获取、靠近市场或获得低成本生产要素等多种需求而在空间上扩张，并将企业的总部、区域总部及相关分支机构依据不同的目的分设在不同类型、规模、等级的城市中。这种企业空间战略导致企业因内部的组织、运营和管理需要以及与客户的业务往来需要，而在城市间产生诸如人流、物流、资金流、技术流、信息流等各种“城市流”。“城市流”数据虽然属于城市关系型数据，可以直接刻画城市间的联系和城市关系的密切程度，但鉴于相关“城市流”数据类型众多、数量庞大，

---

① 该城市群陆地总面积约 5.59 万平方公里，包括广东省的广州、深圳、东莞、佛山、中山、江门、珠海、惠州和肇庆九个地级以上城市以及我国的香港和澳门两个特别行政区，共 11 个城市。

尚无专门机构统计而难于获取。为此，该方法假定某企业在城市中的活动值（activity value）越大，企业内部不同分支机构之间的“城市流”就越大。拥有企业较大活动值的城市相对于只拥有较小活动值的城市而言就拥有较大的“城市流”。基于此，可将企业及其分支机构的城市空间布局数据（城市属性数据）转化为城市关系型数据，并作为城市关系度量的可行替代方法。该方法的关键在于对企业办公机构依据规模等级及重要程度进行合理的量化赋值（分值通常在0～5之间），并据此计算出在某个既定城市中某个企业的活动值。参考相关文献，具体方法如下：

第一，构建活动值矩阵。假定有 N 个城市和 M 家企业，根据企业 j 在城市 i 的办公机构规模等级及重要程度赋予该城市相应的活动值 V_{ij}，进而可构建 $n\times m$ 阶活动值矩阵 V。

第二，根据矩阵 V 计算任意一对城市 a 与 b 通过 j 企业产生的联系，即基于企业 j 的联锁链接值 $r_{ab,j}$：

$$r_{ab,j}=v_{aj}\times v_{bj} \tag{1}$$

第三，计算出城市 a 和 b 基于所有企业的总联锁链接值，以反映城市关系，并定义为城市联系绝对强度 r_{ab}：

$$r_{ab}=\sum_{j=1}^{m}r_{ab,j} \tag{2}$$

由此，可建立一个 $n\times n$ 阶城市联系绝对强度对称矩阵 E。

第四，城市 a 与其他所有 $n-1$ 个城市的联锁链接值总和，表明其在所有样本城市中的关系总和或总体联系状况，可定义为城市的网络联系绝对强度，以 N_a 表示：

$$N_a=\sum_{i=1}^{n-1}r_{ai}\quad(a\neq i) \tag{3}$$

第五，为消除因样本行业发展水平不同而导致的行业间活动值差异过大造成的城市关系不可比，引入城市联系相对强度概念，用 p_{ab} 表示：

$$p_{ab}=r_{ab}\div\sum_{j=1}^{m}h_j^2 \tag{4}$$

其中，h_j表示企业 j 在所有城市提供的最大活动值。进而，可建立反映所有样本城市关系的 $n \times n$ 阶城市联系相对强度对称矩阵 P，或称之为比值相关矩阵。

第六，根据矩阵 P 可计算出每个城市与其他所有样本城市的比值链接之和，定义为该城市的网络联系度 C_a：

$$C_a = \sum_{i=1}^{n-1} p_{ai} \quad (a \neq i) \tag{5}$$

（二）数据来源

本文以生产性服务业的主要相关企业及其分支机构的城市分布数据作为基础数据来源，结合珠三角湾区城市群的发展特征和数据可获取性，我们选取了银行、证券、保险、咨询、广告、旅游、会计、法律和物流九类生产性服务行业，对生产性服务行业相关企业的网站访问后发现，相关网站几乎全部提供了其办公机构的分布地点和等级数量信息。因而，本文研究基础数据主要通过查找相关企业网站获得。

样本企业的选择主要考虑企业的行业地位，参考九类生产性服务行业的相关企业排名及榜单来确定样本企业的遴选范围。其中，银行、证券、保险主要参考中国金融 500 强；咨询业参考中国管理咨询公司排名；广告业参考大中华区 4A 广告公司 100 强排行榜；旅游业参考全国百强旅行社榜单；会计行业参考会计师事务所综合评价前百家信息；法律行业参考亚洲律师事务所规模 50 强；物流业参考中国百强物流公司名单。对于上述名单中的企业，以满足至少在珠三角湾区 11 个城市中的两个及以上城市设有办公机构为原则，确定有效样本企业。据此，共选取了 54 家银行、25 家证券公司、37 家保险公司、28 家咨询管理公司、31 家广告公司、22 家会计师事务所、19 家律师事务所、27 家旅行社和 32 家物流公司，共计 275 家生产性服务企业。通过对有效样本企业在各城市的办公机构等级和规模（截至 2016 年 10 月）进行量化赋值，获取城市活动值信息。

三、实证分析

（一）珠三角湾区主要生产性服务业发展水平城市分异

珠三角湾区主要生产性服务业活动值分布反映了每个城市所拥有的主

要生产性服务企业的分布等级和集聚规模。一般来说，相关行业在一个城市选址的企业数量越多，企业的办公机构等级越高，则该城市的行业活动值就越大，意味着其行业发展水平也就越高。分析结果显示（图 1），珠三角湾区城市群主要生产性服务行业的发展水平存在显著的城市分异，总体上可划分为两个层级。

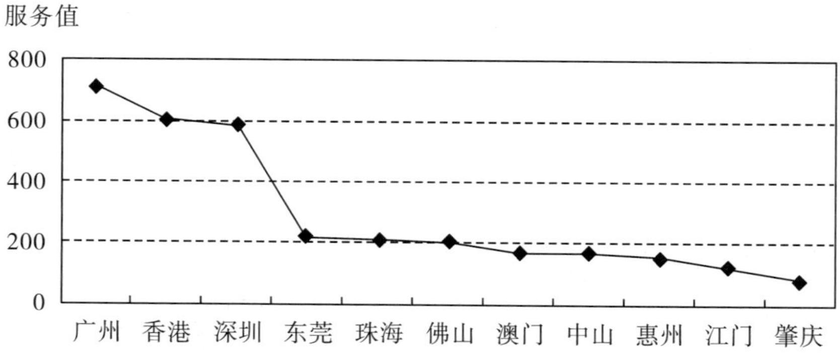

图 1　珠三角湾区主要生产性服务业发展水平的城市分异

第一层级包括广州、香港和深圳。各市的主要生产性服务业总体活动值较为接近，平均水平高达 624，中心城市特征突出。其中，广州的活动值最高，主要得益于广州作为广东省的省会城市，一直是华南的政治、经济、文化教育中心，成为许多生产性服务企业的省级分支机构或华南区总部的首选之地，尤以广告、保险、咨询和旅游等行业表现突出，如国际知名 4A 级广告公司大多在广州设有办事处；香港作为全球重要的区域性国际金融中心，在银行业方面表现突出，活动值最高，这主要得益于外资银行在香港的密集分布，凸显了香港作为外资银行亚太区总部的职能。近年 CEPA 的实施，在推动香港外资银行业向内地拓展的同时，也吸引了众多内地银行进驻香港；而深圳作为中国最早的特区城市之一，证券、保险、会计等行业表现突出，对城市活动值的贡献较大。

第二层级主要包括佛山、东莞、珠海、澳门、中山、惠州、江门和肇庆八个城市。各市主要生产性服务业总体活动值相对较为接近，平均水平约为 168，尚不及第一层级均值的 1/3。总体上，珠三角湾区城市群主要生产性服务业发展水平的空间分异明显，尤其以咨询、广告、会计、法律等为代表的高端生产性服务业，高度集中于广州、深圳和香港，它们基本上承担了整个区域的相关服务功能。

（二）珠三角湾区城市关系型数据挖掘及其特征

依据式（1）~（3），可计算得到珠三角湾区各城市基于主要生产性服务业的分行业及累积联锁链接值（图2）。城市联锁链接值即城市的关系型数据，主要反映城市间的关系密切程度及联系状况。该值越大，说明该城市在城市关系中的权力和地位越高，与其他城市联系越密切。总体来看具有如下特征：

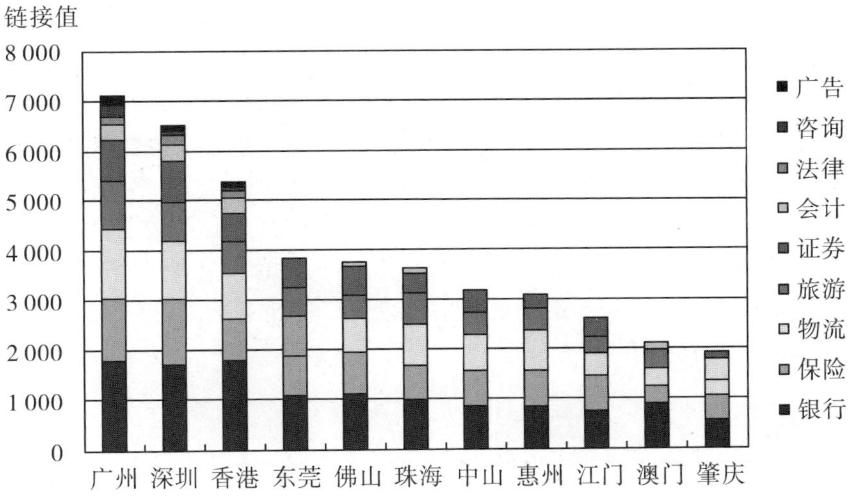

图2　珠三角湾区城市群各市分行业累积网络联系绝对强度

1. 城市生产性服务业发展水平与其在城市关系中的地位具有高相关性

图2显示，珠三角湾区11个城市的主要生产性服务业总联锁链接值由大到小依次为广州、深圳、香港、东莞、佛山、珠海、中山、惠州、江门、澳门和肇庆，比较各市主要生产性服务业发展水平（活动值）序列（图1）可以发现，除香港、珠海与澳门的联锁链接值位序与活动值位序出现不一致外，其他各市的活动值位序与各自的联锁链接值位序均呈正相关关系。究其原因可能在于，香港、澳门主要受制于“一国两制”所导致的与其他城市间的制度差异，而珠海很大程度上与其地理区位有关。从各市在城市关系中的地位来看，广州、深圳、香港分别以高达7 125、6 515和5 385的网络联系绝对强度成为珠三角湾区城市群的联系中心。它们的共同特征表现在，一是联锁链接值高，即远高于珠三角湾区的其他城市；二是主要生产性服务业集聚显著，即全部的九类主要生产性服务业在三市均有布局，而其他城市均存在不同程度的缺失（图2），尤其在咨询、广告、

会计和法律四类生产性服务业的布局方面表现明显。总体来看，城市的生产性服务业发展水平与其在城市群区域中的联系地位具有显著的正相关关系，相关系数达0.947 2，即城市的生产性服务业发展水平越高，与其他城市的关系越紧密，联系越密切。

2. 生产性服务业的行业联锁水平分异显著

从主要生产性服务业在珠三角湾区城市群中的分行业联锁链接情况看（图2），九大主要生产性服务业可大致划分为两种类型。第一类包括银行、保险、证券、旅游和物流五类行业，它们主要从金融、运输和商务等方面为经济活动提供传统型基础类生产性服务，可称其为传统生产性服务业。第二类包括咨询、广告、会计和法律，它们属于生产性服务业中的高级类型，从产业形成和发展历史看，较之传统生产性服务行业，它们相对年轻，同时，其发展壮大对于知识生产和高智力型人才储备更具依赖性和敏感性，可称其为高级生产性服务业。

图3显示，两类生产性服务行业的联锁水平具有显著差异。5个传统生产性服务行业的联锁链接均值高达8 134.4，约为4个高级生产性服务行业均值（645.5）的12.6倍，反映出传统生产性服务行业在珠三角湾区城市群中占据主导地位。

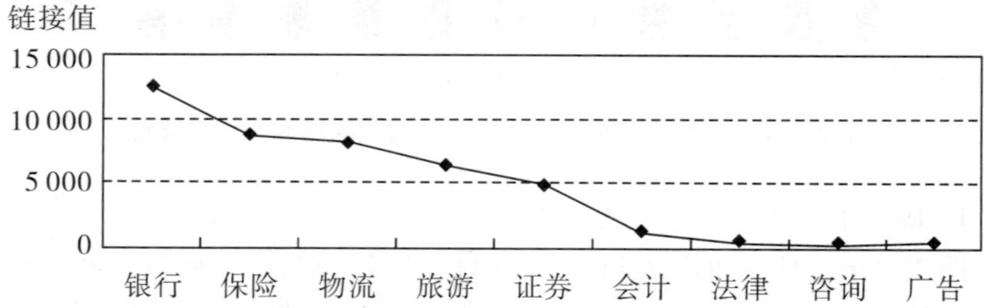

图3　珠三角湾区主要生产性服务行业联锁链接水平分异

（三）珠三角湾区城市群呈现网络化特征

依据式（4），可计算得到珠三角湾区城市群的城市关系对称矩阵（表1）。

表 1　珠三角湾区城市群 11 个城市的比值相关矩阵

	广州	深圳	香港	佛山	东莞	珠海	中山	惠州	江门	澳门	肇庆
广州											
深圳	0.37										
香港	0.32	0.26									
佛山	0.16	0.15	0.10								
东莞	0.16	0.15	0.10	0.10							
珠海	0.15	0.15	0.10	0.09	0.09						
中山	0.13	0.12	0.08	0.08	0.09	0.08					
惠州	0.12	0.11	0.07	0.08	0.08	0.07	0.07				
江门	0.09	0.09	0.06	0.07	0.07	0.06	0.06	0.06			
澳门	0.09	0.07	0.10	0.03	0.03	0.03	0.02	0.03	0.02		
肇庆	0.07	0.06	0.04	0.04	0.04	0.04	0.04	0.04	0.04	0.02	

据表 1，可绘制基于城市关系的珠三角湾区城市网络空间结构图（图 4）。图中，依据相对联系强度可将城市关系划分为四个等级（>0.25、0.15~0.25、0.05~0.15、<0.05）；据式（5）可计算得到各市的网络联系度，也可划分为四个等级（>1、0.8~1、0.6~0.8、<0.6）。图 4 直观显示，珠三角湾区城市群具有明显的网络化特征，并呈现出核心—半边缘—边缘结构。其中，广州、深圳和香港为网络的核心节点，网络联系度均大于 1，在网络中处于核心地位。东莞、佛山、珠海、中山、惠州和江门在网络中相对处于半边缘地位，网络联系度介于 0.6~1 之间；边缘区主要包括澳门和肇庆，网络联系度均不足 0.5。从城市关系来看，核心节点之间联系最为紧密，三个节点间的相对联系强度均在 0.25 以上，尤以广州和深圳突出，高达 0.37。半边缘层节点与核心层节点间关系较为紧密，相对联系强度一般介于 0.15~0.25 之间，但层内节点间相对联系强度明显下降，介于 0.05~0.15 之间。而边缘层节点与网络内其他节点间的相对联系强度最低，除与核心层节点相对联系强度稍高（介于 0.05~0.15 之间）外，与半边缘层节点间的相对联系强度均小于 0.05。

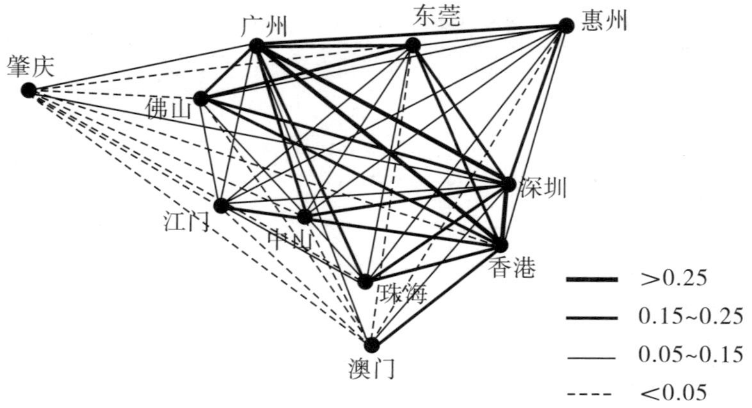

图 4　基于城市关系的珠三角湾区城市网络空间结构

（四）珠三角湾区城市网络结构特征

借鉴社会网络分析方法，将城市看作社会行动者，将城市间的相对联系强度看作关系属性特征，对表 1 进行多值标准化，利用社会网络分析软件 Ucinet 6 分析发现，珠三角湾区城市网络具有如下特征：

1. 城市网络节点中心性差异显著

反映网络节点中心性的三类刻画指标，即度数中心度①、中间中心度②和接近中心度③，测算结果如图 5 所示。图 5 显示，珠三角湾区城市网络中，各城市节点的中心性强度差异显著。其中，广州、深圳拥有最高的度数中心度、中间中心度和接近中心度，反映出广州、深圳两市已成为珠三角湾区城市网络的双核心，居支配地位，并具有最大权力、最强的资源控制能力和中介能力。尽管香港服务业发达，并在珠三角湾区城市网络发展过程中发挥着重要作用，但受制于制度差异，其中心性地位略低于广州与深圳，尤其体现在中介能力和资源控制能力方面。佛山、东莞、珠海、中山、惠州和江门各市具有大致相当的网络中心性，共同的特点表现在具有较高的度数中心度和接近中心度，除东莞、佛山因邻近广州、深圳略具微弱的中介能力外，其他四市均不具有对资源的控制能力和节点间的中介

① 度数中心度指与该节点直接相连的节点数量。该指标反映节点在网络中的权力和地位，数值越高，地位越显著，权力越大。

② 中间中心度指该节点在多大程度上处于其他节点的“中间”。该指标用来测度一个行动者的中介能力和对资源的控制能力。

③ 接近中心度指某个节点与其他节点接近的程度，表示该节点不受他人控制的能力。数值越大，越不易受到其他节点的影响。

能力，处于从属地位；澳门与肇庆的网络中心性最低，处于城市网络的边缘，与城市网络中其他节点的联系很大程度上以广州、深圳或香港作为联系中介。其中，澳门尽管服务业较发达，但其网络中心性低的原因，可能既受制于制度差异的影响，更与其“博彩业一业独大”的畸形产业结构有关。

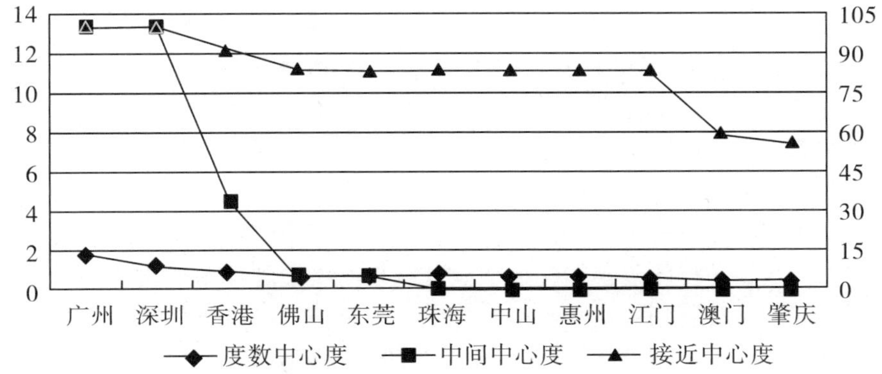

图5 珠三角湾区城市网络的节点中心性

2. 城市网络中小群体现象明显

采用 CONCOR 法，即迭代相关收敛法（Convergence of Iterated Correlation）进行网络聚类（图6）。分析发现，珠三角湾区城市网络的 11 个成员可划分为四组，即四个小群体或子群，各子群包含的成员为：①广州、深圳；②香港、澳门；③佛山、东莞、珠海、惠州、中山、江门；④肇庆。

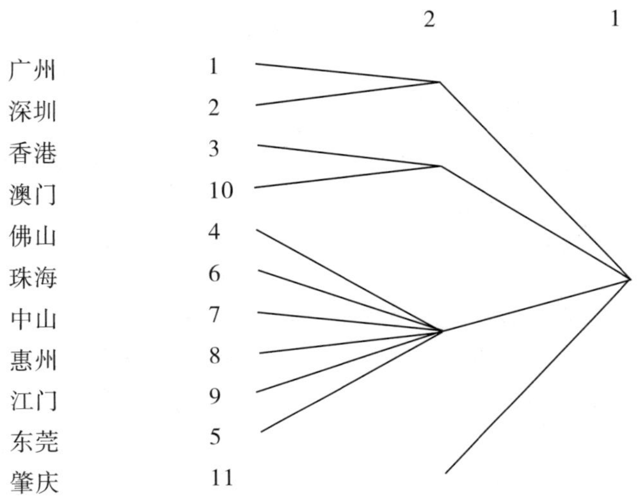

图6 基于 CONCOR 法的城市网络聚类树形图

经计算，基于九类生产性服务业的珠三角湾区总体城市网络密度为0.091 6，以此为标准，对网络密度矩阵进行二值标准化，可得到网络的像矩阵（表2）。分析像矩阵发现，珠三角湾区城市群呈现显著的核心—边缘网络结构，并具有明显的传递性特征。首先，子群①的成员作为网络的核心行动者，相互联系紧密，构成凝聚子群；子群③的成员作为网络的边缘行动者，相互之间不存在关系或存在较少的关系，因而不构成凝聚子群，但它们与核心成员之间存在较紧密的联系。其次，子群②也构成凝集子群，并与子群①形成完备关系，但与子群③和子群④不存在关系或存在较少的关系，反映出网络的传递性特征，即子群②与网络中其他成员间的联系主要以子群①为中介。这种传递性产生的原因，可能主要与制度差异有关，很大程度上体现了“一国两制”政策在珠三角湾区城市网络形成中的影响。再次，子群④仅含肇庆一个成员，与网络中其他子群成员间均不存在关系或存在较少的关系，反映出其作为边缘行动者较子群③各成员处于更加边缘的位置。需说明的是，结合城市联系强度（表1）分析，子群②内部成员间可能也存在关系传递性特征，即澳门以香港为中介，再与网络中其他成员发生联系。也就是说，澳门与网络中其他多数成员间的关系可能需要经过两次传递，显示出澳门在整体网络中与多数成员关系的脆弱性及其边缘位置特征。

表2　珠三角湾区城市网络像矩阵

	①	②	③	④
①	1	1	1	0
②	1	1	0	0
③	1	0	0	0
④	0	0	0	

（五）珠三角湾区分行业城市网络类型特征及其贡献

从经济角度看，生产性服务业的发展是城市网络形成、发展的主要动因，而行业规模及其发展水平很大程度上决定了其对城市网络形成的贡献程度。为进一步解析珠三角湾区城市网络的形成动因及行业贡献，我们对九类生产性服务业进行了分行业城市网络测度。

1. 分行业城市网络类型特征

通过对九个分行业城市网络的综合分析可以发现，根据网络结构特征和发育水平可将九类行业形成的城市网络划分为四种类型（表3）。

（1）层级—完善型，包括保险业、旅游业和银行业。此类网络发育完善，相对成熟，行业服务企业的区位选择因易受行政层级体制影响，所形成的城市网络具有典型的核心—边缘网络结构特征。

（2）扁平—完善型，包括证券业和物流业。此类网络发育也较完善，行业服务企业的区位选择更多地受节点城市的人口规模与经济发展水平影响，所形成的城市网络核心节点数量众多，功能中心分布较分散，呈扁平化网络结构特征。

（3）层级—发展型，包括会计行业与法律行业。此类网络发育尚不完全，功能中心少而集中，服务功能多由本区域核心城市与区域外的连锁公司在本区域设立的分支机构而产生，核心—边缘网络结构特征明显。

（4）扁平—发展型，包括广告业与咨询业。此类网络尚处于发育初期，服务功能主要由区域外连锁公司在本区域设立的分支机构产生，而相关分支机构又往往集中在少数几个核心节点城市，对区域的整体城市网络贡献较少或没有贡献。网络结构多呈块状的凝聚子群形态。

表3　基于不同行业的珠三角湾区城市网络发育特征比较

<table>
<tr><th>网络类型</th><th>行业</th><th>网络密度</th><th>网络核心节点</th><th>网络特征</th></tr>
<tr><td rowspan="3">层级—完善型</td><td>保险</td><td>0.171 8</td><td>广州、深圳</td><td rowspan="3">核心节点少而集中，呈典型的核心—边缘网络结构，网络发育完全，内聚性较高，密度较大</td></tr>
<tr><td>旅游</td><td>0.169 6</td><td>广州、深圳</td></tr>
<tr><td>银行</td><td>0.130 0</td><td>广州、深圳、香港</td></tr>
<tr><td rowspan="2">扁平—完善型</td><td>证券</td><td>0.141 6</td><td>广州、深圳、香港、佛山、东莞、中山、珠海</td><td rowspan="2">核心节点众多，功能中心分布分散，呈扁平化网络结构，网络发育完全，密度较大</td></tr>
<tr><td>物流</td><td>0.105 2</td><td>广州、深圳、香港、东莞、佛山、珠海、中山、惠州</td></tr>
<tr><td rowspan="2">层级—发展型</td><td>会计</td><td>0.036 2</td><td>广州、香港、深圳</td><td rowspan="2">初步形成核心—边缘网络结构，但网络发育不完全，内聚性低，密度较小</td></tr>
<tr><td>法律</td><td>0.016 4</td><td>广州、深圳、香港</td></tr>
<tr><td rowspan="2">扁平—发展型</td><td>广告</td><td>0.006 7</td><td>广州、香港、深圳</td><td rowspan="2">呈凝聚子群形态，网络发育很不完全，密度很小</td></tr>
<tr><td>咨询</td><td>0.008 8</td><td>广州、香港、深圳</td></tr>
</table>

2. 对综合城市网络的贡献

结合九类行业的四种网络类型分析可以发现，九类主要生产性服务行业对珠三角湾区城市网络的贡献程度存在显著差异，由高到低依次是保险、旅游、银行、证券、物流、会计、法律、广告和咨询。其中，前五类行业均属传统生产性服务业，网络发育完全而相对成熟，在珠三角湾区城市网络形成中无疑居主导地位。这五类行业都具有较高的网络内聚性，网络密度均明显大于整体网络密度（0.091 6）；而后四类行业均属高级生产性服务业，网络发育不完全，在珠三角湾区城市网络形成中明显居于从属或辅助地位，表现在普遍具有较小的网络规模和较低的网络内聚性，网络密度均显著小于整体网络密度。进一步结合各行业的网络结构特征来看，一定程度上可以认为，传统生产性服务业因较高的网络发育水平，从总体上决定了珠三角湾区城市网络的规模和结构；而高级生产性服务行业则因网络发育水平较低，主要从两方面对整体城市网络产生影响：其一，因较小的行业网络密度而弱化了整体城市网络的内聚程度；其二，强化了核心节点的网络地位，修正了整体网络的核心—边缘结构及其成员构成。

四、结论与启示

本文采用新城市主义的城市网络研究范式，基于九类主要生产性服务行业的275家企业数据，借鉴联锁网络模型的建模思路，对珠三角湾区城市群11个地级以上城市的关系型数据进行挖掘，并运用社会网络分析方法进行实证分析，得出如下结论。其一，作为中国发展最为成熟的城市群之一，珠三角湾区城市群具有明显的网络化特征。基于主要生产性服务业的城市网络业已形成，整体网络呈现出以广州、深圳和香港为核心，其他城市为边缘的较为典型的核心—边缘网络结构。其二，不同类型生产性服务行业对城市网络的贡献差异显著。现阶段，珠三角湾区城市网络的形成主要由保险、旅游、银行、证券、物流五类传统生产性服务业所主导，并决定了网络的总体规模和结构；而会计、法律、广告和咨询四类高级生产性服务业明显居于从属地位，主要增强了网络核心的中心性及相互联系的密切程度，并强化了整体网络的核心—边缘结构特征，加剧了整体网络结构的不平衡程度。其三，“一国两制”框架下，制度差异强化了珠三角湾区城市网络的传递性特征。这种特征突出表现在制度边界弱化了跨制度城市间的直接联系，分属不同制度的网络核心城市主要承担了跨制度城市联系的中介和桥梁功能。由此导致网络核心的中心性与网络结构不平衡性增强，关系传递性增加，进而导致网络内聚性下降，在一定程度上对城市网络的形成与整体发展水平的提高产生不利影响。

基于上述结论我们得到如下启示：首先，尽管联锁网络模型在城市关系型数据挖掘和城市关系测度中具有很强的适用性，但具体到不同空间尺度的研究对象，样本行业的选择是否科学可能更为关键。对于以全球为空间尺度的世界城市网络研究，选择先进或高级生产性服务行业或许是合适的，而对于空间尺度相对较小的区域性研究对象，如珠三角湾区城市群，仅考虑高级生产性服务行业显然无法准确刻画其城市网络的真实图景。换句话说，样本行业的选择应结合特定区域的实际情况和总体发展水平来确定。其次，结合城市群发展理论，珠三角湾区城市群所呈现出的明显网络化特征，暗示了城市群的发展过程，本质上可看作特定区域城市网络发育、形成和不断发展的过程。而不同类型生产性服务行业对城市网络贡献程度的显著差异，客观上反映了珠三角湾区城市群的发展水平和当前所处的发展阶段，一定程度上暗示了其发展水平距离世界级城市群尚有差距。再次，鉴于制度差异对城市网络的形成与发展存在一定的不利影响，从政策评价角度看，以提高内地与香港、澳门之间的经贸合作水平为基本目标的 CEPA 及相关补充协议的签署与落实，从宏观层面对于消除珠三角湾区的制度性障碍无疑具有积极意义，但具体到城市群这一空间尺度，针对性仍待加强。以珠三角湾区城市网络优化为视角，考虑到城市网络的形成，本质上取决于城市间的分工与合作水平，珠三角湾区城市群未来无疑应继续扩大开放、深化资源整合、加强城市分工与合作，并在“一国两制”框架下注重制度创新，进一步探索消除制度性障碍的发展新模式。具体来看，珠三角湾区城市群当前应以港珠澳大桥建设为契机，在完善城市网络硬件基础设施的基础上，充分借鉴香港、澳门的自由港发展经验，注重发挥香港国际航运、商贸、金融的中心地位，以及澳门作为国际旅游中心城市及联系葡语系国家桥梁的优势，加快广州南沙、深圳前海和珠海横琴的自由贸易区建设，积极探索跨制度网络核心城市消除制度性障碍的分工合作新模式，进一步优化城市网络结构，增强城市群整体竞争力，并适时扩大自贸区试点范围，争取设立珠三角湾区城市群自贸区，积极参与国际竞争，早日成为世界级城市群俱乐部的一员。

参考文献：

[1] CASTELLS M. The rise of network society [M]. Oxford: Blackwell, 1996.

[2] 张闯．城市网络研究中的数据与测量 [J]. 当代经济科学，2009，31 (3) .

[3] STANLEY B. Middle east city networks and the ‘ New Urbanism’ [J]. Cities, 2005, 22 (3).

[4] BATTY M. Urban information networks: The evolution and planning of computer communications infrastructure [M] //BROTCHIE J, BATTY M, HALL P, et al. Cities of the 21st century: New technologies and spatial system. Colorado: Longman Cheshire, 1991.

[5] SHIN K H, TIMBERLAKE M. World cities in Asia: Cliques, centrality and connectedness [J]. Urban studies, 2000, 37 (12).

[6] TOWNSEND A M. Networked cities and the global structure of the Internet [J]. American behavioral scientist, 2001, 44 (10).

[7] MALECKI E J. The economic geography of the Internet's infrastructure [J]. Economic geography, 2002, 78 (4).

[8] MATSUMOTO H. International urban systems and air passenger and cargo flows: Some calculations. Journal of air transport management [J], 2004, 10 (4).

[9] 汪明峰，宁越敏．城市的网络优势——中国互联网骨干网络结构与节点可达性分析 [J]. 地理研究，2006，25 (2).

[10] 吴威，曹有挥，曹卫东，等．开放条件下长江三角洲区域的综合交通可达性空间格局 [J]. 地理研究，2007，26 (2).

[11] TAYLOR P J. Specification of the world city network [J]. Geographical analysis, 2001, 33 (2).

[12] TAYLOR P J, CATALANO G, Walker D R F. Measurement of the world city network [J]. Urban studies, 2002, 39 (13).

[13] TAYLOR P J. World cities network: A global urban analysis [M]. London: Routledge, 2004.

[14] DERUDDER B, WITLOX F. An appraisal of the use of airline data in assessing the world city network: A research note on data. Urban studies [J], 2005, 42 (13).

[15] ROSSI E C, BEAVERSTOCK J V, TAYLOR P J. Transaction links through cities: ‘decision cities’ and ‘service cities’ in outsourcing by leading Brazilian firms [J]. Geoforum, 2007, 38 (4).

[16] TAYLOR P J. Competition and cooperation between cities in global-

ization [J]. GaWC Research Bulletin, 2010 (351).

[17] 尹俊，甄峰，王春慧. 基于金融企业布局的中国城市网络格局研究 [J]. 经济地理，2011，31 (05).

[18] 赵渺希，刘铮. 基于生产性服务业的中国城市网络研究 [J]. 城市规划，2012，36 (9).

[19] 谭一洺，杨永春，冷炳荣，等. 基于高级生产者服务业视角的成渝地区城市网络体系 [J]. 地理科学进展，2011，30 (6).

[20] 刘涛，仝德，李贵才. 基于城市功能网络视角的城市联系研究——以珠江三角洲为例 [J]. 地理科学，2015，35 (3).

[21] 毛铁. 港澳纳入珠三角湾区城市群规划意义深远 [N]. 经济日报，2016－12－19.

[22] HYMER S. The multinational corporation and the law of uneven development [A] //BHAGWATI J. Economics and world order from the 1970s to the 1990s. New York: Macmillan, 1972.

[23] 程玉鸿，陈利静. 城市网络发育特征及其对城市竞争力的影响：基于珠三角主要金融行业 148 家企业选址数据 [J]. 产经评论，2014，5 (4).

（原文《大珠三角城市网络特征及动因分析》收录于《渤海海峡跨海通道与国家区域发展战略研讨会论文集》，本文在原文基础上进行了必要的修改和部分数据的更新与检验）

香港对澳门经济辐射效应分析

赖文凤[①]　王芳芳[②]

香港经济衰弱及澳门经济“一业独大”是当前港澳经济问题研究的热点。从当前文献来看，澳门及香港各自的产业结构及粤港、粤澳经济关系是主要的研究方向，然而，港澳经济关系却常常被人忽视。本文从香港对澳门经济辐射效应的演变与当前香港对澳门经济辐射力的分层解析着手，试图对港澳经济热点的内在联系进行分析。

一、香港对澳门的集聚与辐射效应

集聚与辐射是城市之间相互影响力和作用力的表现，是城市演化的内在动力。在港澳关系上，香港先对澳门经济要素进行集聚以获得自身的发展壮大，而后才发挥对澳门的辐射带动作用。

（一）香港的集聚效应与澳门的衰落

澳门比香港开埠早300年，澳门开埠后以转口贸易为经济发展的起点，16世纪70年代至17世纪40年代，在澳门经商的葡萄牙人建立起以澳门为中转枢纽港、以里斯本为财富归宿地的国际大三角贸易网络。鸦片战争前后，香港被英国侵占后就辟为商埠，实施“自由港”政策。再加上香港拥有的天然深水港的地理优势、完全自由竞争的市场制度以及轮船运输，转口贸易便逐渐向香港集聚，澳门转口贸易的地位日渐衰弱。在这种情况下，为了不致彻底没落，澳门经济转为鸦片走私中心、苦力贸易中心以至黄、毒、赌三业并举。澳门在香港的阴影下发展，形成“大香港、小澳门”的依附地位。

（二）澳门的集聚效应与香港对澳门辐射效应的弱化

澳门回归后，随着中央实施支持港澳繁荣的政策及澳门进行赌权改

① 赖文凤，暨南大学经济学院特区港澳经济研究所副教授，主要研究方向为产业空间分析、港澳经济关系、港台经济关系。

② 王芳芳，暨南大学经济学院硕士研究生。

革，港资在澳门的主导地位也逐步削弱，港澳经济关系开始发生变化。

1. 澳门对内地的集聚效应

自 2003 年起，此前一直是澳门博彩业第一客源的香港，被内地取代，位居第二位。澳门从 2000 年开始一直到 2013 年，GDP 一直保持增长状态，在时间上跟开放赌权是重叠的。GDP 增长的背后是博彩业的快速增长，回归之前游客一直稳定在 700 万～800 万人次每年，其中内地游客从未超过 100 万人次。1999 年澳门回归，当年内地游客数量比 1998 年翻了一番，达到 160 万人次。2003 年虽然有“非典”的影响，但内地由于“自由行”政策的施行，当年内地赴澳门旅游的游客数量非但没有减少，反倒比 2002 年同期增长了 35.4%，达到 570 万人次。2007 年来澳游客数量迅速增加。2009 在全球金融危机和甲型 H1N1 流感的影响下，全年访澳人数较 2008 年明显下跌。之后一直保持持续增长状态。2015 年访澳的游客人数较 2014 年下跌 2.6%。全球经济仍有许多不明朗的因素，促使部分客源市场出现下降情况，与之相应地，2015 年澳门的 GDP 下跌了 20.3%（见表 1）。

表 1　2000—2015 年内地游客与澳门游客总人数的比例

年份	GDP 实际增长率（%）	来澳游客人次总数（千人次）	内地游客总数（千人次）
2000	5.7	9 162.2	22 747.0
2001	2.9	10 279.0	30 057.0
2002	8.9	11 530.8	42 404.0
2003	11.7	11 887.9	5 742.0
2004	26.8	16 672.6	9 529.7
2005	8.1	18 711.2	10 463.0
2006	13.3	21 998.1	11 985.6
2007	14.4	26 993.0	14 996.4
2008	3.4	22 907.7	11 595.1
2009	1.3	21 752.8	10 989.5
2010	25.3	24 965.4	13 229.1
2011	21.7	28 002.3	16 162.7
2012	9.2	28 082.3	16 902.5
2013	11.2	29 324.8	18 632.2
2014	-0.9	31 525.6	21 252.4
2015	-20.3	30 714.6	20 410.6

数据来源：澳门统计暨普查局．澳门统计年鉴（各年度）.

2. 澳门对美资的集聚效应

1937 年，香港的泰兴娱乐总公司获得澳门赌博专营合约，这是港资开始控制澳门博彩业的开始。1961 年，香港富商何鸿燊、霍英东等夺得澳门博彩业专营权，并成立专营博彩业的澳门旅游娱乐公司，直至 2001 年都享有澳门博彩业专营权。2002 年澳门开放赌权，由 3 张赌牌进而发展到 6 张。在这之后，具有丰富博彩发展经验和强大资本实力的美资大举进入澳门。澳门的 6 家博彩持牌机构，超过一半是由美资经营者所控制。根据博彩行业数据显示，2015 年 3 月，澳门博彩业市场占率分别为：澳博占 22.4%，金沙占 22%，银河娱乐占 20.8%，新濠博亚占 14%，美高梅（中国）占 11%，永利澳门占 9.8%。澳博以仅 0.4% 的优势重夺澳门博彩业第一地位，但有美资成份的博企（金沙、美高梅、永利）总共的市场占有率已达四成以上。这显示，以美资为首的外资在澳门博彩业中的占有率大增。美资的大举进入，对澳门的经济和就业产生了举足轻重的影响。港资在澳门博彩业的独大局面结束。

3. 港澳间的集聚与辐射交错

澳门现在进行的多元化经济发展战略从博彩业扩展到了会展业、旅游休闲业等。赌权开放后澳门成为“天下第一赌城”，这威胁到了香港旅游业的地位。澳门还将发展休闲度假中心及国际会议和展览中心，这对香港的会展业、旅游休闲业形成直接的竞争。同时，在澳门建立深水港的呼声不断，认为澳门落后于香港是因为有“自由港”而没有“深水港”。随着港澳旅游业的直接竞争，香港民间修订赌博条例，允许合法开赌的呼声再度高涨起来。澳门经济以旅游博彩业为龙头，香港赌博规例的可能变化，将对澳门经济产生根本性的影响。

自从 2001 年澳门适度放开博彩业经营后，人均 GDP 的增长持续强劲。2007 年在博彩业及旅游业的强劲推动下，2008 年澳门人均生产总值达 22.75 万澳门元，首度超越香港的 21.47 万港元。

二、香港对澳门的经济辐射力分析

经济辐射力分析广泛使用的模型是引力模型，该模型有两个基本的形式，即牛顿型（幂函数）和威尔逊型（指数函数）。因为威尔逊模型是指数函数型的距离衰减模式，解决了牛顿模型的断裂点悖论，故威尔逊模型一提出就受到更大关注与应用。但这两个模型都是考虑以下因素的：两地之间的空间相互作用强度，两地输出和输入规模，两地之间的运输成本及两地间的阻尼系数。基于引力模型分析要点，再综合已有研究和考虑相关数据的可获得性基础上，本文选择采用层次分析法。先将香港对澳门的经济辐射力分为“辐射源”“辐射通道”及“辐射流”，构建一个香港的城市辐射力分析框架，再经分析、筛选，选取20个具有代表性的指标来反映香港对澳门的经济辐射力的二级分析指标。

（一）香港对澳门的经济辐射源

辐射源是指中心城市的综合实力，是中心城市能对外发挥辐射作用的前提和基础。中心城市能对外发挥辐射带动作用，主要是因为具有较高的经济能级，拥有较强的经济实力，因此能在城市互动过程中占据主导地位。本文选取GDP 总量、第三产业占比、城市人口数、人均GDP、土地面积、人口密度六个指标进行对比。另外，由于港澳城市第三产业占了92%以上的比重，因此，增加港澳第三产业中四大支柱行业，旅游业（博彩业）增加值、金融服务业增加值、贸易及物流业增加值、专业及工商业支持服务业增加值的对比（见表2）。从表2中可以看出，香港的辐射是澳门发展的主要动力。香港是亚洲地区的金融中心、货运中心和会展中心，制造、旅游、零售等行业也创下辉煌的成就，对澳门的经济拉动起到了重要作用；但澳门由于赌权改革，博彩业成为对香港的优势产业，并且凭着博彩业的繁荣在人均GDP上超过了香港。

表2　2015年香港和澳门的主要经济状况指标

指标	香港	澳门
GDP总量（亿澳门元）	23 971. 24	3 687. 28
城市人口数（万人）	730. 57	64. 68
人均GDP（澳门元）	328 117	570 080
土地面积（平方公里）	1 106	30. 4
人口密度（万人/平方公里）	0. 66	2. 11
第三产业占比（%）	92. 6	92. 2
旅游业（博彩业）增加值（百万澳门元）	116 400	191 027
金融服务业增加值（百万澳门元）	409 900	22 302
贸易及物流业增加值（百万澳门元）	517 100	29 684
专业及工商业支持服务业增加值（百万澳门元）	288 000	82 722

数据来源：澳门统计暨普查局．澳门统计年鉴（各年度）；香港特别行政区政府统计处．香港统计年刊（各年度）．

（二）香港对澳门的经济辐射通道

经济辐射通道是指人员流动交通条件、信息传播手段和货物运输交通工具等，它直接决定着辐射的有效性，决定辐射的速度和程度，辐射通道与距离有关系。香港、澳门分别位于宽阔的珠江口东西两侧，两地相距63公里，都具有河口海港性质。由于珠江挟带的泥沙主要在珠江口西岸沉积，使澳门港口日益淤浅，远洋轮无法驶入，而香港则拥有深水港和面向太平洋的自然地理位置优势。港澳有往来频繁的水上交通，航程只需1小时，渡轮是来往香港和澳门之间最主要的运输方式。澳门与香港频繁的海上交通，是适应澳门旅游业和博彩业的兴旺而发展起来的。此外，港澳间还有空中快线，提供来往港澳的直升机航班，由香港上环往澳门外港客运码头约16分钟，外港客运码头往香港上环约19分钟。为了说明香港对澳门的经济辐射通道情况，选取客轮、长途电话通话和直升机航班三个指标（见表3）。

表3　2013—2015年香港对澳门的主要经济辐射通道

	2013年		2014年		2015年	
	总数	百分比（%）	总数	百分比（%）	总数	百分比（%）
客轮（班次）	54 133	78. 58	53 982	77. 65	56 876	78. 88
长途电话通话（千分钟）	57 134	20. 29	55 875	20. 76	44 127	19. 93
直升机航班（班次）	6 962	80. 79	6 177	81. 76	6 043	86. 11

数据来源：澳门统计暨普查局．澳门统计年鉴（各年度）．

目前，港澳所在的珠江口是台风频繁登陆区域，轮船与直升机也容易受到台风与大雾等天气的影响。港澳当前没有直接联通的通道，它们之间的联通要经过虎门大桥，这限制了香港对澳门的辐射效应。香港对澳门的辐射是粤港澳大湾区沿海最外环，但由于香港对澳门辐射通道的限制，大湾区是一个A形城市群结构，广州是基地，深莞港是一条边，中珠澳是另一条边，虎门大桥是中间线，构成半个闭环。现在建设的港珠澳大桥方便了香港、澳门的来往及进出珠江两岸其他城市。这就将A形半封闭城市圈结构整合为△形的真正城市群，从而为中国创造出一个最有竞争力的核心经济圈。港珠澳大桥的建成将有利于香港对澳门及珠江口西岸的辐射，这是振兴香港经济最重要的基础建设工程。

（三）香港对澳门的经济辐射流

经济辐射流是辐射效应产生的经济要素，如资本、科学技术、人才、信息等。基于香港对澳门的影响要素，选取入境旅客、离岸货船、进口额、出口额、投资额、港币供应量及博彩业港资七个指标来分析香港对澳门的经济辐射流情况（见表4）。

表4　2013—2015 年香港在澳门的主要经济辐射流

	2013 年		2014 年		2015 年	
	总数	百分比（%）	总数	百分比（%）	总数	百分比（%）
入境旅客（千人次）	6 766	23. 07	6 426. 6	20. 39	6 534. 5	21. 27
香港离岸货船（千吨）	1 574	22. 45	1 349	11. 53	1 501	15. 16
进口额（百万澳门元）	4 856	69. 77	5 812	58. 62	6 326	59. 17
出口额（百万澳门元）	10 501	12. 96	9 234	10. 27	7 535	8. 9
投资额（百万澳门元）	7 410	20. 49	5 471	20. 79		
港币供应量（百万澳门元）	31 856. 8	54. 05	30 328. 4	49. 02	26 699. 9	43. 3
博彩业港资（千澳门元）	11 103	41. 73	671	8. 7	505	3. 84

数据来源：澳门统计暨普查局 . 澳门统计年鉴（各年度）.

香港是澳门产品出口的主要平台和途径，由于澳门缺乏深水港、国际机场（1995 年才启用），同时，澳门对外联系的网络也不够，香港就一直充当澳门对外贸易的中转站。从香港和内地运入工业原料和生活用品是澳门贸易进出口的结构特征，占其进口量的 60% ~70%。澳门经济状况和港口主要依赖于香港经济和香港的港口。

香港资本是澳门博彩业的主要投资来源，香港资本投资澳门博彩业已有悠久的历史。早在20世纪30年代，香港的泰兴娱乐总公司就获得了澳门赌博专营合约。港资大规模进入澳门始于60年代。1961年，香港富商夺得澳门博彩专营权，并成立专营博彩业的澳门旅游娱乐公司，这是港资大规模进入澳门的先声。后来他们一举控制了包括幸运博彩、跑狗、赛马、彩票等在内的诸多项目，甚至整个博彩业。

澳门币与港币挂钩，是因为澳门银行大多是香港银行的分支机构，两地银行的利率也是基本同步的。港币在澳门可以自由流通。在大型银钱交易中，使用港币作为支付手段的数量比澳门币大得多。在银行的存款中，港币也占较大的比重。在澳门的中资和外资银行，大部分直接隶属于其香港总部。由于澳门没有股票市场，投资工具不多，因此，澳门银行的一些业务要在香港进行，澳门居民在股票、黄金方面的投资和买卖，也只能通过相关的代理机构，在香港市场上进行具体的业务运作。

香港是澳门博彩业和旅游业的主要客源市场，由于香港禁止博彩（赛马、六合彩除外），不少香港人前往澳门赌博和旅游，香港是澳门游客最主要的来源地。

三、提升香港对澳门辐射效应的对策思路

（一）落实珠三角发展规划纲要，明确定位，实现错位发展

港澳是港珠澳大湾区的龙头与核心，珠三角规划纲要对港澳分别定位为：巩固香港作为国际金融、贸易、航运、物流、高增值服务中心和澳门作为世界旅游休闲中心的地位。要维持港澳在大珠三角中的龙头地位，要改变长期以来忽视港澳经济一体化的问题，加强两地政府对港澳一体化的大认识，改变多年来港澳一直存在“大香港、小澳门”的现象，改变澳门单向依赖、澳门作用有限或澳门香港化的认识。制定港澳整体区域合作的发展战略目标，使港澳适应经济全球化、区域化、知识化、信息化发展的大趋势；使港澳能配合华南地区、泛珠江三角洲地区、国家与东盟自由贸易区的发展趋势，继续发展成为充满创意、更有竞争力的亚太区域中心和国际都会。

（二）建立平等、互助和双赢的紧密双边关系

改变香港好充当“大哥”角色的习惯，以平等姿态多进行一些官方交

流和往来。港澳应把握经贸合作的战略机遇，坚持互利双赢的原则，充分发挥两地政府的龙头作用，立足长远，勇于开拓，在旅游休闲、会展、金融服务、基础设施建设、信息技术、民用航空等领域充分发挥各自优势，不断深化互利合作，实现双方共同发展。

（三）构建官方和民间的协商合作机制

建立一个港澳之间有效的策略联盟，创建港澳行政首长联席会议机制，以两地政府高层认可和交流为基础，形成固定的合作制度，以提供外部环境支持，巩固港澳现有的优势，接受各自已经形成的经济模式，在优势行业新发展中寻求合作可能，并针对港澳的特点，直接互补性地发展新行业；协商解决由香港开出公海赌船的监管问题；探讨港澳两地官方以至民间、企业和社团的全方位合作方式。

（四）在横琴岛开发通力合作、共同投资

横琴开发有利于拓展港澳经济空间，促进港澳繁荣发展。充分利用横琴岛毗邻港澳的特殊地理位置，发展商务服务、休闲旅游等现代服务业，作为香港服务业辐射发展的有效延伸和有机组成部分，以及澳门旅游业发展的有益补充和配套，扩大香港和澳门的发展新空间，特别是为澳门经济适度多元化发展创造条件。

（五）充分利用港珠澳大桥建成对港澳时空距离的压缩，挖掘新的产业合作机会

港珠澳大桥就是为连接香港、珠海、澳门服务的。大桥的建成将加速香港与澳门的人流、物流的流通。香港和澳门之间的陆上交通时间将从目前的三个多小时缩短为半个小时，这将大大便捷港澳经济联系，压缩港澳间的时空距离，带动周边的人流、物流、资金流、信息流的流通，产生很强的集聚效应，将改变香港和澳门之间长期以来形成的产业分工和社会格局，使两地形成新的产业合作机会，尤其是为澳门打造世界级旅游休闲中心提供重要支撑。

（六）积极引进香港的优质教育资源和国际化专业人才

随着澳门博彩业和旅游业的快速发展，经济多元化逐渐形成，澳门举办展会的数量出现了大幅度增长。但目前澳门会展业正面临着专业人才严重匮乏、管理运作跟不上发展的尴尬局面。建议改革关务，支持港澳两地

人员往来便利化，优化便利免签注。同时，针对目前澳门新兴产业的人才需求，澳门高等学校来不及培养，以及培养成本高的问题，应当充分利用香港的高等院校或科研机构的优势，选派人员到香港进修，同时加强澳门相关高校与香港高校的交流与合作，最低成本、最大限度地培育澳门经济社会发展所需要的人力资源。

参考文献：

[1] 褚俊虹．澳门产业结构调整：第二产业发展的一些观点 [J]．学术论坛，2008 (08).

[2] 港澳经济年鉴编辑部．港澳经济年鉴 [M]．港澳经济年鉴社．2008.

[3] 李炳康．澳门：华人中小企业经贸交流与合作的平台 [J]．当代亚太，2003 (03).

[4] 赵灵敏．港澳关系的新发展 [J]．商周刊，2009 (6).

[5] 王凌峰．珠三角航空物流竞争格局浅析 [J]．空运商务，2008 (22).

[6] 冯邦彦．香港产业结构研究 [M]．北京：经济管理出版社，2002.

[7] 黄平．挑战博彩——澳门博彩业开放及其影响 [M]．北京：社会科学文献出版社，2008.

[8] 王五一．赌权开放的制度反思 [M]．澳门：澳门理工学院出版社，2005.

[9] 杨允中．港澳经济合作大有可为 [M] //刘泽生．迈向新世纪 "九九" 回归专家谈．香港：香江出版社有限公司，1999.